一本书读懂人力资源管理

黄铮 著

中国经济出版社

图书在版编目（CIP）数据

一本书读懂人力资源管理 / 黄铮著 . -- 北京：中国经济出版社，2020.9

ISBN 978-7-5136-6148-5

Ⅰ . ①一… Ⅱ . ①黄… Ⅲ . ①人力资源管理 Ⅳ . ① F243

中国版本图书馆 CIP 数据核字（2020）第 069404 号

责任编辑 张梦初 陈宇慧 戴瑛
责任印制 巢新强
封面设计 卓义云天

出版发行 中国经济出版社
印 刷 者 北京力信诚印刷有限公司
经 销 者 各地新华书店
开　　本 710mm × 1000mm 1/16
印　　张 23
字　　数 298 千字
版　　次 2020 年 9 月第 1 版
印　　次 2020 年 9 月第 1 次
定　　价 78.00 元
广告经营许可证 京西工商广字第 8179 号

中国经济出版社 网址 www.economyph.com 社址 北京市东城区安定门外大街 58 号 邮编 100011
本版图书如存在印装质量问题，请与本社销售中心联系调换（联系电话：010-57512564）

前言

Preface

21世纪是知识经济的时代，个人的发展、企业的发展乃至社会的发展都要依赖对知识信息的吸收、处理和应用。人类对知识资源的生产、占有、分配和消费成为重要的时代因素，而知识资源的载体是人力资源。没有人的参与，知识就像一潭死水，永远也激不起智慧和创造的浪花。在知识经济时代，人力资源作为一种特殊的资本，已经成为现代企业不可或缺的战略性资源。

现代管理学之父彼得·德鲁克曾说："管理是一种器官，是赋予机构以生命的、能动的、动态的器官。但是，如果没有管理，那也就只会有一群乌合之众，而不会有一个机构。而机构本身又是社会的一个器官，它之所以存在，只是为了给社会、经济和个人提供所需的成果。可是，器官从来都不是由它们做些什么，更不用说由它们怎么做来确定的。它们是由其贡献来确定的。"如果把企业比作人的话，人力资源管理就是它的器官，有了这一器官的支持，企业就有了源源不断的动力，从而才能健康、快速、和谐、稳定地运转。

虽然今天的很多企业建立了人力资源管理部门，设立了许多人力资源管理职位，但真正能把人力资源管理做好的企业并不多。这是因为它们将人力资源管理看得过于简单，只是把人力资源管理的重点集中在单一的层面，并没有深入挖掘人力资源管理的精髓，未能建立起一套科学、合理的人力资源管理系统。

人力资源管理是一门大学问，它不仅需要人本思想的指导，还要建立在经济学的基础之上。现代企业对人力资源的管理不应只落实在招聘、甄选、培训、报酬等常规管理形式上，还应落实在人才的测评、考核、归档、离职等特殊管理形式上，要不断扩大人才管理的范围，持续改进人才管理的方法，从而对人力资源实现科学、全面、有效的管理。

企业对人力资源的有效运用既要能满足企业当前和未来发展的需要，又要保障企业战略目标的实现，同时还要最大程度地为人才发展提供便利。在预测和组织人力资源需求的过程中，人力资源管理者要结合企业与岗位的需要，制订人力需求计划、招聘选择人员、考核绩效、支付报酬、制定激励政策等，以实现人力资源的最优化利用。

一般来说，人力资源管理工作主要围绕六大模块来开展，它们分别是人力资源规划、招聘与配置、培训与开发、绩效管理、薪酬福利管理、劳动关系管理。人力资源管理的本质正是诠释这六大模块的核心思想。

人力资源是特定范围内人所具有的劳动能力的总和，它不仅包括人的体力劳动，也包括人的智力劳动，可以毫不夸张地说，它是推动经济和社会发展的原动力。人力资源管理的一般意义在于它能根据企业的发展要求，通过招聘、培训、使用、考核、激励、调整等一系列过程，激发员工的潜能，调动员工的积极性，实现人力资源的合理配置，为企业创造价值和带来效益。

企业要实现战略发展目标就必须要有人力资源管理行为的参与。人力资源的获取、开发、保持和利用分别对应着选人、育人、留人和用人环节，企业需要运用科学的管理方法对这些环节进行合理的计划、指挥、组织、控制和协调，从而帮助企业实现发展目标。

当今世界的主题是和平与发展，而全球化、市场化、信息化是现代文明的基本属性。在知识经济环境下，企业人力资源管理不应该走计划经济时期的老路，而应该适应市场经济条件，不断地改进、变化。因此，人力资源管理体系应以信息技术为依托构筑在互联网这一强大的信息平台上，以形成新型人力资源管理模式。

人力资源管理要基于现代化的科学方法。它不仅是对人力资源的协调，也是对与人力资源相结合的物力资源的协调。管理者通过合理的培训、组织和调配使人力资源与物力资源形成巧妙的平衡，同时也协调和优化了人的思想、心理和行为，实现了人尽其才、人事相宜。

本书内容及体系结构

第 1 章，人才招聘：找对人，才能做对事。

本部分主要阐述企业人才招聘的具体步骤和相关原则，强调了企业必须找对人才能做对事的用人理念，包括如何进行招聘需求分析、怎样制订招聘计划、招聘信息的创意融入及发布、招聘管理制度与表格范例等。作为本书开篇，本章重点论述了人力资源管理的首要环节，能够帮助读者全面了解人才招聘的相关事宜。

第 2 章，面试筛选：有效评鉴与甄别人才。

本部分主要介绍企业在面试筛选过程中如何有效评鉴与甄别人才，包括人才简历的分析与筛选、面试的具体步骤与流程、面试的工具与方法、面试的管理制度与表格范例等。本章意在让读者掌握面试筛选的方法与步骤，规避人才筛选过程中经常遇到的问题，帮助企业构建一个科学合理的面试筛选机制。

第 3 章，人才测评：建立岗位胜任力模型。

本部分主要介绍如何为企业人才测评建立岗位胜任力模型，包括人才测评的概念、特点、作用、要素、原则和方法，人才测评的操作流程，人才测评的技术与工具，测评管理制度与表格范例，等等。意在帮助读者学会建立岗位胜任力模型，帮助企业提高人才测评的质量和效率，为企业搭建一个精准度高、灵活性强的人才测评体系。

第 4 章，入职培训：从 0 到 1 搭建培训体系。

本部分主要介绍了如何从 0 到 1 搭建培训体系，包括员工入职流程与规范、员工培训方案与流程、入职管理制度与表格范例、培训管理制度与表格范例等，为人力资源管理者做好入职培训工作提供了实用的工具与方法。

第 5 章，试用转正：人岗匹配的关键环节。

本部分主要介绍了试用转正过程中试用期考核管理规范、试用管理制度与表格范例，包括试用期考核的目的、标准、方法、流程、内容及相关管理制度的制定等。本章为 HR 在员工的试用转正环节提供了标准的考核管理规范和大量的实用性表格工具，为管理者做好试用期考核工作和实现企业的人岗匹配提供了保障。

第 6 章，薪酬管理：吸引与留住优秀人才。

本部分主要介绍了薪资管理工作中薪资调查的流程要点，薪资调查问卷的设计、分析与撰写，薪资方案的制订与实施，薪资管理制度与表格范例，等等。为企业提供了薪资规范，为人力资源管理者提供了薪资管理的标准方法。

第 7 章，绩效管理：激发员工的内在潜能。

本部分主要介绍了绩效管理的落地实操、绩效考核的设计与构建、各岗位绩效考核表格范例，包括绩效管理的基本概念、主要作用、认知误区、主要内容、体系设计、实操流程；绩效考核的设计原则、指标依据、体系构建、分解工具、各类表格；等等。为激发员工内在潜能，调动员工积极性提供了良好的激励机制。

第 8 章，离职管理：如何应对离职的员工。

本部分主要介绍了员工离职管理操作规范、离职面谈管理技巧和离职管理制度与表格范例，其中不仅包括离职应对方案、离职手续办理、离职交接炒作规范、离职关系管理和离职管理艺术等，还包括离职面谈的六大价值、四个原则、实战技巧和注意事项等，并就如何将离职员工转变为人力资源做了系统的论述，为企业降低人力资本和实现资源转化制订了标准方案。

第 9 章，档案管理：让行政工作更加高效。

本部分主要介绍了员工档案管理的流程与规范，档案管理制度与表格范例，并对档案与文件的关系，档案的主要类型，档案管理的内容、对策以及所存在的问题等进行了详细阐述，为人力资源档案管理者做好档案管理工作提供了实用的方法和工具。

本书内容特色

（1）内容丰富，体系完善。

本书全面系统地介绍了人力资源管理的制度建设与实施流程，对企业人才招聘、面试筛选、人才测评、入职培训、试用转正、薪酬管理、绩效管理、离职管理、档案管理等 9 大业务模块的操作方法与执行要点进行了系统化分析与指导，致力于为企业构建一套行之有效的人力资源管理体系，帮助企业加强人才队伍建设。

（2）必备工具，拿来即用。

本书内容涵盖众多企业人力资源管理方案、图表与范例等实用工具，比如招聘管理实施细则、员工培训管理流程图、人才测评技术、企业内部薪酬调查问卷等，为读者提供了极具操作性的HR管理思路、方法与工具，力求让企业人力资源工作的落地实施更具针对性、可行性，对企业提升人力资本优势具有很强的指导作用。

（3）图文并茂，有趣有料。

本书内容深入浅出、通俗易懂，力求将复杂知识简单化、专业知识通俗化、抽象概念界面化、晦涩内容趣味化。为降低读者的理解难度，增强阅读的趣味性，书中除穿插大量经典案例与场景剖析外，还注重提炼其中的关键信息，将抽象复杂的专业知识以图表的形式呈现出来，让读者一目了然，更好地完成知识转化与应用。

本书读者对象

本书适用群体较广，包括招聘主管、面试官、人才培训讲师，人力资源管理专业的学生，刚刚进入人力资源行业的新人，想要从事人力资源管理工作的人，企业各级管理人员，对人力资源管理感兴趣的人员，从事人力资源管理工作的员工、主管、经理、总监，等等。

总之，《一本书读懂人力资源管理》一书力求做到实用、新颖、可读性和实操性强，争取成为人力资源管理领域具有重要地位的一本工具书，为人力资源管理者提供指导与参考。但由于编写时间有限，书中难免会有疏漏和错误，欢迎广大读者批评指正。

目 录

Contents

8 离职管理：如何应对离职的员工

9 档案管理：让行政工作更加高效

1 人才招聘：找对人，才能做对事

1.1 招聘需求分析

1.1.1 招聘需求分析步骤

一直以来，人才招聘都是人力资源管理的核心问题。为帮企业找到合适的人才，市场上出现了很多配套的服务机构，比如猎头企业、招聘网站、人才测评企业等。其中，猎头企业、招聘网站的主要功能是帮助企业发现所需人才；人才测评企业的主要功能是帮企业对目标人才进行考核，挖掘目标人才的素质与能力，为其匹配合适的职位。但随着企业的用人需求不断变化，需要企业内部专业的HR人员与外部机构联合解决“企业到底需要什么类型的人才”这一问题。

当前，新岗位不断涌现，一些广泛存在的岗位对人的要求也开始变得模糊。大型企业考核人才的标准一般是执行力、协调关系的能力、把握平衡的能力等，而小企业比较重视员工能否根据业务调整进行及时判断、迅速做出决断。为此，这两类企业的HR都要具备人力资源管理方面的专业知识，做好招聘需求分析，不断思考一个问题：在特定的发展阶段与文化背景下，面对不断变化的市场环境与岗位需求，企业到底需要什么类型的人才？

【情景1】

销售部刘经理：小桑，我们部门定编5人，还差2人什么时候到位？

小桑（HR）：已经安排初试，周五上午九点请您集中复试。

销售部刘经理：好的，尽快安排。

小桑：刘经理，周五上午九点的复试安排在第一会议室。

销售部刘经理：那个，最近项目比较忙，没时间复试，先缓一缓吧。

……

【情景2】

技术部王经理：小桑，赵某某是怎么招聘进来的？根本就不适合这个岗位！

小桑：王经理，赵某某是和你部门的赵主管一同面试，经赵主管批准后录用的。

技术部王经理：你们面试的标准是什么？拿来我看看！

……

对于上述场景，负责人才招聘的HR一定非常熟悉。业务部门亟须补足人员，HR经过初步筛选确定面试人员、面试时间与面试场地之后，其主管却因为“忙”无法面试；技术部发现新员工无法胜任工作之后，立即质问负责人才招聘的HR……除此之外，在人才招聘过程中，HR还会遇到很多问题，比如不同部门、不同级别的主管对招聘人才有不同的评价，同一主管对同一岗位的招聘要求经常变化，导致HR迟迟无法招聘到合适的人才。导致这种情况发生的一个重要原因在于：在招聘人才之前，企业没有做好招聘需求分析，没有明确人才招聘标准。

由此可见，在人才招聘过程中，招聘需求分析是所有工作的开端，具体包括以下四个步骤：

◆第一步：岗位信息采集

岗位信息主要包括现有的岗位说明、团队结构、组织结构、用人机制等。为了采集到更多岗位信息，企业 HR 可以采用多种方法，比如实地考察、任职者访谈、绩优者分析等。

◆第二步：岗位信息整理

所有与岗位相关的信息可以总结为以下四点，如表 1–1 所示。

表 1–1　岗位信息的整理提炼

岗位信息	具体要求
岗位职责要求	岗位的关键产出是什么？岗位对人的行为要求是什么？这些要求哪些是对人的，哪些是对事的？
工作环境特点	是否要求承担较大的工作压力？工作节奏如何？岗位在公司中的地位如何？任职人员所在团队氛围如何？
公司文化要求	公司倡导什么样的价值观？公司需要体现什么样的精神风貌？公司需要体现什么样的工作风格？
公司发展需要	公司未来的业务方向是什么？在可预见的未来，业务发展对人的要求将发生怎样的变化？

◆第三步：汇总岗位用人要求

从“知识、技能、经验”“能力”“动机 / 价值观”三个维度对上述信息进行汇总，生成岗位的用人要求。

◆第四步：选择有效招聘要素

上述岗位用人要求是一种理想状态，但对于企业来说，找到“合适的人”最重要。人才招聘无须面面俱到，只需选择一些核心要素作为考察点即可。考察点的衡量标准如表 1–2 所示。

表 1–2　考察点的衡量标准

核心考察点	衡量标准
培养成本	某考察点在短期内培养的难易程度。不易培养的作为主要考察点，容易培养的作为次要考察点或者不进行考察
人群区分度	某考察点在应聘者群体中的差异度与区分度。区分度大的作为主要考察点，区分度小的作为次要考察点或者不进行考察
环境约束度	某考察点因环境因素对职责产生影响的程度。环境约束程度低的作为主要考察点，环境约束程度高的作为次要考察点或者不进行考察
可衡量度	某考察点能用现有方式进行衡量的程度。容易衡量的作为主要考察点，不容易衡量的作为次要考察点或者不进行考察

1.1.2　人岗匹配分析

招聘需求分析主要包括四方面内容，分别是人岗匹配分析、外部供给分析、招聘策略选择及招聘渠道分析。下面对人岗匹配分析进行重点阐述。

人岗匹配分析通过职位分析、团队分析和企业环境与文化分析明确企业对各个职位的要求。

◆职位分析

对于一家企业来说，职位设置直接影响着企业的战略愿景、组织结构与年度计划。那么，职位分析主要包括哪些内容，需要用到哪些方法呢？具体分析如下。

（1）职位分析的内容。以企业薪酬专员招聘为例对职位分析的主要内容进行具体阐述，如表 1–3 所示。

表 1-3 职位分析的内容

职位分析	具体内容
职责	薪酬专员的职责包括薪资调查、薪酬方案设计、薪酬总额控制、数据分析
职位价值点	职位价值点分析的主要内容是在某岗位工作的人能为企业带来何种价值。职位价值点分析有两大目的：第一，判断岗位所需能力与素质，据此对应聘者的素质与能力进行考核；第二，了解岗位目前的薪酬水平在市场上的竞争力，据此对岗位薪酬进行适当调整
对任职者能力素质的要求	立足于工作内容与范围对任职者需要具备的能力进行考核分析。对于薪酬专员来说，任职者应具备大学本科及以上学历，毕业于统计学、微观经济学、财务、人力资源等专业，具备较强的数据搜集、分析与整理能力。如果不是上述专业的人员，但具有较强的数据搜集与分析能力，同时具备良好的沟通与交流能力，也可任用
工作环境分析	包括工作地点、使用设备等
与其他岗位之间的关系	薪酬专员要具备分析与利用绩效结果的能力，学会从薪酬角度对绩效结果是否合理进行判断
主要业绩考核标准	薪酬专员考核的 KPI 指标应包括差错率、出差频率、员工投诉等，其他指标可以选择上级满意度评价等，具体内容应根据当期工作要求确定

（2）职位分析的方法。职位分析可采用访谈法、问卷调查法、职位说明书分析、观察法等诸多方法，如表 1-4 所示。

表 1-4 职位分析的方法

职位分析法	具体内容
访谈法	HR 与该职位的上下级或同事交流，了解人们对该职位的意见与建议
问卷调查法	一般情况下，该方法主要用在说明书确立之前，也可以用于批量调查
职位说明书分析	在职位说明书确定之后，企业可采用这种方法进行职位分析
观察法	一般情况下，职位说明书确定之后不再使用观察法，只有在业务部分与人力资源部门发生分歧时才会使用。这种方法的成本较高，一般不建议使用

◆团队分析

团队分析主要包括两项内容，一是团队特点，二是人员个性和团队特点的匹配程度。

首先，团队特点分析的主要内容是专业背景与性格特征是否一致、互补。在一致性方面，团队建立初期，团队成员的构成比较一致。随着团队发展的速度越来越快，团队规模越来越大，如果团队成员构成过于一致，团队控制往往会出现很多问题。在这种情况下，HR 就要考虑团队成员的互补问题，这也是人员招聘与团队控制必须考虑的问题。

在互补性方面，如果一个团队中各成员的特点比较接近，为其配置一个与整体特征存在一定差异的成员，可以起到有效的互补作用，这一点在人事配置中非常关键。从正面看，这种做法可以使团队更完善；从反面看，这种做法可以在团队内部产生一定的制约作用。当然，这种制约不是权力的制约，而是问题思考方法与思路的制约。所以，何时考虑一致性，何时考虑互补性，与团队发展所处阶段及团队特征密切相关。

其次，人员个性和团队特点的匹配程度分析，这一点与团队领导的期望、企业的期望密切相关。对于人力资源管理者来说，把握好这二者之间的平衡是人力资源管理艺术得以充分发挥的重要标志。

◆企业环境与文化分析

企业环境与文化分析包括三项内容，一是企业价值观，二是企业所处的行业状况，三是企业内部文化，具体如表 1–5 所示。

表 1–5　企业环境与文化分析

企业环境与文化分析	具体内容
价值观分析	企业倡导的行为方式、价值理念与所要招聘的人员是否匹配
行业状况分析	对行业现有特征或潜规则进行判断，企业是否希望应聘者适应这种特点与规则，需要 HR 在招聘环节严格把关
企业内部文化分析	应聘者能否接受并适应企业内部文化，这是企业招聘的标准之一

1.1.3 外部供给分析

如果企业内部的人力供给无法满足需要，企业就要对外部的人力供给情况进行分析。一般情况下，企业在对外部人力供给情况进行分析时必须对以下因素进行全方位考虑，如表 1–6 所示。

表 1–6 外部供给分析的主要因素

外部供给分析的主要因素	具体内容
宏观经济形势和失业预期的影响	对劳动力市场的供给情况进行全方位了解，对预期失业率进行科学判断。一般来讲，失业率越低，劳动力供给越紧张，员工招聘难度越大，反之亦然。HR 可参考各类统计资料与公开出版物获取相关数据
地域性因素	地域性因素涵盖的内容非常多，主要包括企业所在地人力资源的整体状况、供求状况、对人才的吸引程度，企业薪酬及各项福利对当地人才的吸引力，企业本身对人才的吸引力，等等。外部供给就是企业在劳动力市场采取吸引活动引发的，所以，外部供给分析要对企业可能吸引的潜在员工的数量、能力等进行全面分析。企业 HR 可根据以往的招聘经验对潜在员工的性别、经验、成本、工作能力等因素进行全面分析，据此判断他们可以承担的工作种类及可以胜任的工作岗位
劳动力市场状况的影响	在人力资源外部供给预测中，劳动力市场发挥着非常重要的作用，主要表现在以下几个方面：劳动力供应数量与质量；劳动力对职业的选择；当地经济发展现状与前景；为员工提供的工作岗位数量与层次、工作地点、薪酬福利等。通过劳动力市场状况分析，企业可以对招聘某种专业人员的潜在可能性做出科学判断，为企业提供研究新员工来源及新员工进入企业方式的框架
国家政策法规的影响	在影响企业人力资源供给的各项因素中，国家教育政策、产业政策、人力资源政策等因素的影响最大。一个国家要想实现有效的人力资源供给，必须从政策环境、运行机制等方面着手构建劳动力与人才市场，对劳动力与人才市场体系进行完善，健全各项法律法规，将劳动力及人才市场在人力资源配置方面的作用充分发挥出来

续表

外部供给分析的主要因素	具体内容
科学技术的发展	科学技术的快速发展，尤其是互联网及计算机技术的迅速发展，对人力资源外部供给产生了巨大影响。比如，从前需要大量蓝领工人的纺织业、冶金业等行业开始大规模裁员，对掌握高新技术的白领员工的需求量不断攀升；随着办公自动化不断普及，中层管理人员大幅削减，有创造力的员工成为企业的争夺目标。另外，科技的迅猛发展将人们从繁重的生产任务中解脱出来，人们的闲暇时间越来越多，导致服务行业的劳动力需求量越来越大

1.1.4 招聘策略分析

招聘策略分析涉及的内容比较多，主要包括以下几个方面：

（1）企业需要招聘的人员数量？招聘时间？招聘地点？

（2）企业将涉足哪些劳动力市场？

（3）企业应雇用固定员工，还是采取其他的雇用方式？

（4）如果企业采取内外同时聘用的方式，应如何对内部聘任与外部聘任投放资源进行分配？

（5）应聘者必须具备哪些知识、能力、技能与经历？

（6）企业筛选候选人的程序与方式是什么？有些企业是先笔试再面试，有些企业是先面试再笔试，企业应根据自身情况选择合适的招聘策略。

（7）企业采取什么方式传递职务空缺信息？是在报刊发布广告，还是通过网络、猎头企业发布招聘信息？

（8）企业招聘要投入多大的力度？也就是企业准备在招聘方面投入多少时间、资金与精力？

（9）企业是否要通过招聘达到其他目的？以华为为例，2000 年前后，华为在全国招聘了近万名适龄、适岗大学毕业生。当时在北京地区，一名本科毕业生的月工资大约为 1500 元，华为却开出了本科毕业生

5000 元 / 月、硕士毕业生 8000 元 / 月的薪酬。面对华为的这一做法，同行业的其他企业只能提高薪酬、降低利润。通过这种招聘策略，华为达到了除招聘之外的另一个目的——抬高用人成本，对竞争对手施压。

（10）谁来确定招聘策略？不同的企业采用的招聘策略各不相同，主导者也不尽相同。有的企业由人力资源部门制定招聘策略，有的企业由人力资源部门与用人部门商议制定招聘策略，有的企业由人力资源部门向企业领导汇报，由企业领导制定招聘策略。

1.1.5 招聘渠道分析

因为企业对人员的需求不同，再加上应聘者的层次不同，HR 在招聘前应对招聘对象进行划分，有针对性地选取最有效的招聘方式。一般来说，招聘渠道可以划分为现场招聘、网络招聘、报刊招聘、猎头服务等，每种渠道都有优势、有劣势。企业在选择招聘渠道时必须先了解每种渠道的优缺点，选择最合适的招聘方式，发现最适合企业的人才。下面，我们对各主流招聘渠道的优劣势进行对比分析，如表 1-7 所示。

表 1-7 招聘渠道优劣对比分析

招聘渠道	优势	劣势
网络招聘	网络招聘利用互联网人才库选拔人才，选择范围广，获取的信息量也比较大。因为互联网比较发达，可以按行业、职位、专业对求职者进行分类，所以招聘企业可以对号入座，找到自己需要的人才	HR 可以通过互联网获取大量信息，要想从这些信息中发现所需人才，需要投入大量的时间与精力。有时通过电子简历筛选出来的优秀人才，面试时表现极差，导致企业的招聘资源严重浪费
校园定向招聘	校园招聘可以提升企业在高校圈的知名度，为企业储备大量人才，为校企合作奠定良好的基础。而且校园招聘的成本非常低，知名企业甚至能获得免费入场券	校园招聘虽然能吸引大量潜在人才，但这些人才的职业化水平普遍较低，流失率较高，需要企业投入大量精力管理、培训

续表

招聘渠道	优势	劣势
现场招聘会	这是一种传统的人才招聘方式，企业需要投入的费用适中。在现场招聘会上，HR 可以和应聘者面对面交流，迅速淘汰不合格人员，对应聘者的数量与质量进行有效控制，效率相对较高。除此之外，现场招聘会还能直接展示企业的风采与实力	现场招聘会深受展会主办方宣传推广力度的影响，无法保证应聘者的数量与质量，所以这种招聘方式常用于招聘一般型人才
企业内部招聘	一些有规模的企业常采取内部招聘方式，这种招聘方式成本低、节奏快。因为推荐者对企业产品、文化比较熟悉，所以会有针对性地为企业推荐人才，所推荐的人才大多具有同行业操作经验，上岗后可快速上手工作。再加上所推荐人才与推荐人存在一定的关系，可以快速融入团队	选择范围小，人员供给数量有限，存在一定的局限性，容易形成派系，决策时无法提出差异化的意见与建议，会给企业改革与创新造成一定的制约。因为是经人推荐，所以 HR 在进行人才审查时会有所松懈，导致招聘进来的人员素质参差不齐
猎头企业招聘	猎头企业招聘就是企业委托行业咨询企业利用其人才库、关系网，在短期内定向寻找企业所需人才的一种招聘方式	成本较高。正规猎头企业的收费都比较高，达到被猎成功人员年薪的 20% ~ 30%
媒体广告招聘	因为报纸仍是很多求职者获取信息的重要平台，所以媒体广告在当地的覆盖范围较广，目标受众较多。企业通过这种方式招聘不仅可以提升本企业在当地的知名度，还能对企业业务进行有效宣传，一举多得	这种招聘方式会吸引到很多不合格的应聘者，需要人力资源部门投入大量时间与精力筛选简历，导致招聘周期较长。另外，这种招聘方式费用较高，黄金版位与版式的费用更高
招聘告示	在招聘媒体形成之前，这是一种使用范围最广的招聘方式，目前常用于中小企业、服务行业的人员招聘。这种招聘方式简单易行，可以满足文化水平不高、经济能力较差的人的求职需求	这种招聘方式会在一定程度上影响企业形象，而且有违“禁止胡乱张贴广告、告示”的规定
员工推荐	成本低，应聘者与企业现有员工存在一定的关系，人员素质基本符合要求。通过这种方式，企业可以在最短的时间内找到与现有人员素质基本相近的员工	选择范围较小，很难选拔到能力出众的特别优秀的人才

1.2 制订招聘计划

1.2.1 编写岗位说明书

岗位说明书是企业希望员工承担哪些职责，如何履行职责，在什么情况下履行职责的说明与汇总。企业在发布招聘岗位之前必须有一份完整、成熟的岗位说明书，否则很容易导致招聘工作陷入混乱。那么，企业应如何编制岗位说明书呢？

◆岗位梳理和工作分析

企业在设定岗位之前必须明确组织架构，根据组织架构编制岗位说明书，对岗位进行梳理、分析。对于新增岗位，HR 必须明确该岗位在组织中的地位以及企业设置该岗位的目的。为做好这项工作，HR 可采用问卷调查、岗位总结分析、员工记录、直接面谈等方法，明确招聘岗位目标。

◆明确岗位职责

岗位职责指的是一个岗位需要完成的工作内容及应承担的职责范围。具体来说就是该岗位应该做什么，如何做，要达到怎样的标准与结果，等等。管理咨询领域的专家认为岗位目标设定、准备实施、实施结果评定等工作都应由该岗位员工负责，要让该岗位员工认识到自己的责任，遇到问题主动解决，而不是向上司反馈，等待上司批示。因为在整个过程中，上司只发挥辅助作用。

◆确定工作权限

HR 应以组织架构、工作分析和岗位职责为依据，确定该岗位的所属部门、具体工作权限与管辖权限、直接负责的上下级关系与管辖人数等；应以岗位胜任能力为依据确定岗位任职资格，包括年龄、工龄、资格证书、工作经验、职业技能、管理能力、学历学位、工作业绩等内容。

下面以某集团人力资源部部长招聘为例对岗位说明书的编制进行详细解析，如表 1–8 所示。

表 1–8 人力资源部部长岗位说明书

岗位名称	人力资源部部长	岗位编号	
直属上级	总裁	直属部门	人力资源部
工资级别		直接管理人数	3
岗位目的	确保公司发展所需的人力资源，完善人力资源管理体系		
工作内容： 制订并提交本部门年度工作计划、人员计划； 负责本部门员工的考评，培训指导、选拔人才； 编制公司人力资源战略规划，审核年度招聘计划并监督落实； 健全公司人力资源管理制度并监督实施； 组织对公司各部门的定岗定编工作； 参加对应聘人员的面试并签署部门意见； 指导各对外投资控股企业招聘计划的实施； 建立公司内部人才的分类及梯队体系，制订员工职业生涯发展计划； 负责公司紧缺人才的考察和引进工作； 建立员工的综合考察体系，对员工的转正、定级、培养、任用和晋升提出建议； 负责公司员工、控股企业经营班子成员和外派人员的年终绩效考评方案设计并组织实施； 负责员工工资、公积金和加班费的审批，年终奖金的发放工作； 审定公司的薪酬和福利保障制度； 审核员工培训计划并监督落实； 完成上级交办的其他工作			
工作职责： 对公司人力资源规划的制定与实施负责； 对公司人才储备和梯队建设的成效负责； 对公司薪酬方案实施成效负责； 对公司绩效考核方案的有效性负责； 对公司年度招聘计划的落实负责			
与上级的沟通方式：接受总裁书面或口头指导			
同级沟通：与各部门经理以及各控股企业经营班子成员的交流和沟通			
给予下级的指导：对本部门员工的业务指导，与公司其他部门员工的交流和沟通			

续表

岗位资格要求： 教育背景：硕士以上学历（或同等学力），人力资源管理相关专业。 经验：8 年以上工作经历，3 年以上中型企业的人力资源管理相关工作经验
岗位技能要求： 专业知识：掌握人力资源、心理学的相关知识，熟悉相关政策、法规，了解人力资源管理发展的趋势。 能力与技能：外向性格，优秀的沟通能力、亲和力，善于发现人才的眼光

◆申报审批实施

确定了基本框架之后，企业各部门进行讨论，人力资源部门对讨论结果进行总结提炼，将其填入统一模板，递交总经理审批，通过审批后组织实施。

◆岗位说明书的调整

随着行业不断发展、持续变革，会不断地对岗位提出新要求。在这种情况下，岗位说明书要实时调整。企业在编制完岗位说明书之后，要对岗位说明书建立动态管理机制，由专人负责管理、更新。一般来讲，随着企业规模不断壮大，每隔一段时间就要对岗位说明书进行一次修订，使其适应企业发展，与企业发展保持同步。

1.2.2 组建招聘团队

如果企业没有专业的招聘团队，就只能毫无组织、漫无目的地开展招聘工作，很难接触到真正的人才流动，很难找到企业真正需要的人才。这一问题产生的原因不在于招聘人员不专业，而在于企业高层领导没有认识到组建招聘团队的重要性，导致招聘人员单纯地以“找到人”为目的开展招聘工作，完全不考虑这个人是否与企业价值观相匹配。通过这种方式招聘到的人员不仅不利于企业发展，还有可能成为企业的负累。

企业要想解决这一问题，最好的方式就是组建一支招聘团队。招聘团队是企业为完成招聘任务抽调人员组建的一个正式组织，很多企业都是临时组建，个别大型企业常设招聘团队。招聘团队身兼重任，不仅要承担人才招聘工作，而且要负责检验人才质量。另外，在求职者眼中，招聘团队相当于企业的形象代言人，决定着他们对企业的第一印象。

那么，企业应如何做好招聘团队建设？一支完整的招聘团队应包括哪些人员呢？

◆成员一：招聘 HR

企业产生用人需求之后，负责招聘的 HR 要通过各种渠道发布招聘信息，接收求职者投递的简历，安排专人对简历进行筛选、审核，向符合职位要求的求职者发出邀约，了解其基本情况，与其进行初步的沟通交流。

◆成员二：用人部门负责人

负责招聘的 HR 组织求职者进行面试，通过面试的求职者进入复试。至此，招聘 HR 就完成了自己的工作，可以退居幕后，让用人部门的负责人亲自参与复试。因为用人部门的负责人最了解岗位职责与工作内容，让他们参与复试，可以对求职者的专业技能与工作水平做出科学评定，找到最适合该岗位的人才。

◆成员三：HR 经理 / 总监

在企业中，人力资源部门直接负责人才招聘，人力资源总监或经理就是招聘工作的总指挥，最先与求职者会面，负责对首轮面试结果进行把关，把控初试结果。同时，HR 经理或总监还要对招聘工作进行统筹，对人才招聘工作进行组织安排。一些特殊岗位还需要 HR 经理或总监组织复试，做好岗位管理。

◆成员四：副总裁或企业老板

企业老板或 CEO 每天需要处理各种事务，将人才招聘工作交给人力资源部门之后就不再过问。事实上，对于一般岗位人才，HR 经理或总监确实能够保证招聘效果。但对于中高层管理人才，必须由企业老板或CEO参与招聘工作，直接指挥，亲自挖掘。

1.2.3 选择招聘时间

只有选择好时间才能让招聘工作取得事半功倍的效果。因为人才市场有一定的运行规律，不同的时间，求职人数、人员结构、人员素质与岗位需求各不相同。在这种情况下，HR必须根据各岗位的具体情况选择恰当的时间组织招聘，挖掘企业所需人才。

一般来讲，在选择招聘时间方面，企业必须考虑以下两大内容。

◆公司因素

首先，企业要根据自身因素考虑自身的影响力，尤其是中小企业，因为在行业中的影响力较弱，所以要合理选择招聘时间，避免与大企业发生冲突。

其次，不同的行业应选择在不同的时间组织招聘。特殊行业要做好行业划分。一般来讲，暑假用工行业最好在每年的5月、6月组织招聘；房地产、商场类企业可选择在9月、10月组织招聘，因为每年秋季是这些行业的消费高峰；酒店要做好随机招聘，根据装修进度选择招聘时间，组织招聘服务人员；外包企业需要制订全年的招聘计划，随时准备为企业选拔所需人才。

企业需要什么类型的人才，需要多少人才，什么时间组织招聘，这些都在一定程度上取决于企业的业务发展。为此，招聘HR必须密切关注企业的业务发展，了解各项业务的开展情况，让人才招聘与业务需求实现紧密结合。

另外，企业在选择招聘时间时还要考虑人员流失情况，根据历年各时间段的人员流失情况提前做好规划，根据企业当前发展情况提前预估需要补充的人员数量，在人员流失率最高阶段做好人才储备工作。

◆市场变化情况

在业内，每年 3 月、4 月是各大企业组织招聘的高峰期；6 月是特殊行业的招聘期，企业选择这个时间节点组织招聘可以挖掘到很多特殊人才或年初招聘遗留人才；9 月、10 月是跳槽旺季，也是校园招聘的最佳时期；11 月、12 月是猎头高峰，在此阶段，企业 HR 可与各大猎头企业做好对接，在高级人才选拔与聘请方面抢占先机。

我们将上述几个步骤串联起来就形成了“选择招聘时间”的完整流程。下面，我们通过思维导图对企业如何选择招聘时间进行详解。如图 1–1 所示。

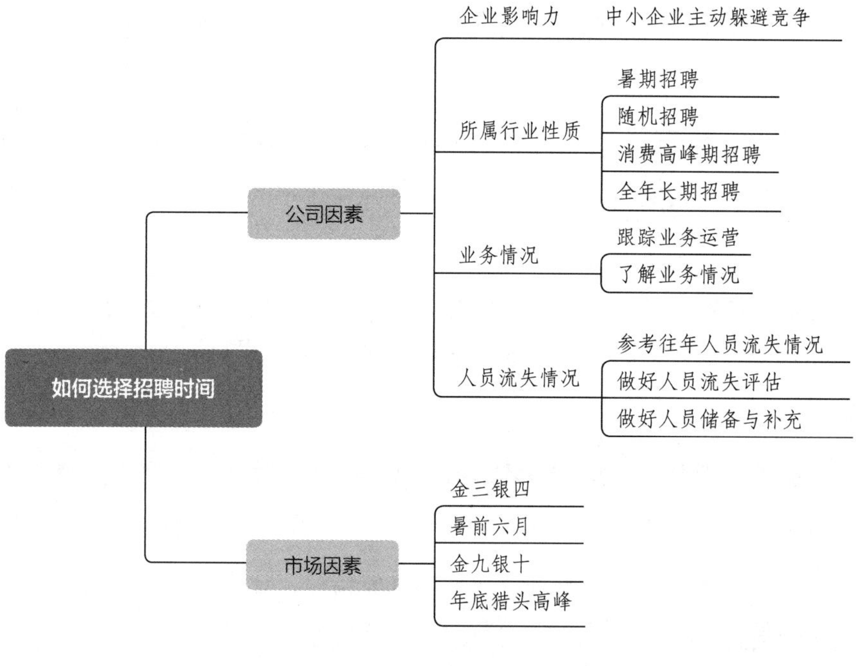

图 1–1　如何选择招聘时间

1.2.4　评估招聘预算

企业做好招聘预算可以有效控制招聘成本，防止某一招聘环节消耗过多资金，导致招聘活动因经费不足而中断。

企业的招聘预算要结合市场调查，根据市场的具体情况进行。一般来讲，招聘经费大致包括交通费、广告费、资料费、场地费、通信费等。表 1-9 为某企业内部招聘预算表。

表 1-9　内部招聘费用预算表

科目		说明	金额
招聘信息发布		将招聘广告张贴于各部门公告栏中，共需（　）份	（　）元 / 份 ×（　）份 =（　）元
笔试成本	试卷印刷	试卷印刷费用	（　）元 / 份 ×（　）份 =（　）元
	监考成本	监考员的工资成本	A + B + C + … =（　）元 A=（　）元 / 日 · 人 ×（　）日 ×（　）人 =（　）元 B=（　）元 / 日 · 人 ×（　）日 ×（　）人 =（　）元 C=（　）元 / 日 · 人 ×（　）日 ×（　）人 =（　）元 ……
面试成本		面试考官的工资成本	D + E + F =（　）元 D=（　）元 / 日 · 人 ×（　）日 ×（　）人 =（　）元 E=（　）元 / 日 · 人 ×（　）日 ×（　）人 =（　）元 F=（　）元 / 日 · 人 ×（　）日 ×（　）人 =（　）元
培训费		对招募者进行培训的费用	培训费（　）元 + 招募者的工资成本（　）元 =（　）元
办公用品费用		在招聘过程中消耗的办公用品费用	（　）元
核算人	××	总计	（　）元

1.2.5 优化招聘效率

对于企业来说，提高招聘效率是获取所需人才的关键。因为优秀的人才总是广受欢迎。如果企业在收到简历之后，没能及时进行审查、组织面试，就会错失良机，导致人才流入其他企业，甚至是对手企业。从某个层面来说，在基本条件相差无几的情况下，哪家企业的招聘效率越高，哪家企业就越能率先获得所需人才。

因此，在招聘之前，企业的人力资源部门必须制定一套完整流畅的面试流程，不仅要确定招聘环节，还要确定招聘人员及其工作职责，确定招聘时间、招聘地点、各项招聘细节，使整个招聘过程有条不紊地进行。

具体来看，优化招聘流程要做到以下三点：

◆明确 HR 部门与人员需求部门的职责与权限

在招聘过程中，HR 部门的主要职责是考察求职者的基本素质，对相关资料的真实性进行审核。从某种程度上来看，HR 部门相当于老板的眼睛，代替老板选拔各部门所需人才。至于人员需求部门，其主要职责就是对求职者的知识、技能、经验进行考察，判断其是否能够胜任这项工作。对于专业技术人员，应由人员需求部门决定是否录用；对于管理人员，应由主管高层领导决定是否录用。

◆明确不同岗位人员的测试环节、测试方法

面对不同的岗位，HR 部门应设计不同的招聘环节及测试方法，然后按流程执行。目前，我国大部分企业设计了一套适用于所有岗位的测试环节与方法。比如，某企业招聘文员与会计都要安排三次面试，而且两个岗位的测试方法完全相同，根本无法对求职者与岗位要求相匹配的胜任特征做出有效检验，看似完整的测试环节与方法在实际招聘过程中并未发挥太大作用。

◆明确新员工入职程序

对于通过层层面试决定录用的新员工，为了保证他们能快速进入企业，走上岗位，人力资源部门必须制定一套规范的入职程序，帮助新员工快速融入企业，尽快适应角色。比如，在新员工入职之前，HR告诉新员工需要准备哪些入职资料，以免因为资料不全拖慢入职进程；新员工入职后，企业要为其配备电脑、电话等基本办公器材，做好新员工用餐安排。对于新员工,HR必须处处留意，时时关心，制定清晰的入职流程，不遗漏任何一个环节，以免给新员工造成不良的心理影响。

1.3 发布招聘信息

1.3.1 撰写企业简介

在企业招聘中，发布招聘信息是一项基础工作，但正是这项工作决定了企业能否收到更多求职简历，邀约到更多求职者。只有拥有足够多的候选人，HR才有机会挖掘到更多适合企业的人才。由此可见，企业招聘信息的撰写非常重要，企业简介更是重中之重，因为它在很大程度上决定了求职者对公司的第一印象。

很多求职者在选择企业时没有特定的目标，对企业不太了解，大多凭借招聘信息来选择自己心仪的企业。对于HR来说，在撰写招聘信息时必须注意一点，就是招聘信息的目的在于吸引人才，而不是留住人才。所以招聘信息的撰写必须具有吸引力，吸引更多求职者投递简历、前来面试。在人才招聘阶段，HR最重要的任务就是将人才吸引过来，然后再进行筛选。

一份优秀的招聘信息必须包含以下内容：企业需要什么类型的人才；对人才的能力有哪些要求；该职位的工作内容及工作量；工作时间；薪

资待遇；等等。通过这些信息让求职者对企业及岗位有一个大致的了解，从而决定是否投递简历。

对于求职者来说，企业简介是其了解企业的第一途径。很多求职者都喜欢向大企业投递简历，因为他们对大企业知之甚多。相比之下，那些没有品牌支撑、缺乏口碑支持的中小企业在吸引求职者方面毫无优势。面对这种情况，中小企业必须学会包装自己，利用一些技巧与方法对企业简介进行修饰，让其变得更具吸引力。

企业发布招聘信息的目的在于让求职者了解企业对人才的需求，自然需要先向求职者介绍企业，发布一些与企业有关的信息，比如企业的品牌、发展现状、业务类型、人员规模等，通过全面细致的描述增强求职者投递简历的意愿。

事实上，很多企业都不太注重企业简介，甚至没有企业简介，这一现象在招聘网站上非常常见。在求职者看来，这些企业的信息过少，不可信任，基本上不会投递简历。其实，从求职者的角度来看，企业主动介绍自身情况是对他们的尊重，企业简介越详细，越容易获得他们的信任。为此，企业 HR 必须撰写一个专业且精简的企业简介，给求职者留下一个好印象，吸引更多优秀的求职者关注。

1.3.2 完善职位说明

职位说明是招聘信息的灵魂，一份专业、完整、极具吸引力的职位说明必须涵盖公司描述、福利政策、岗位职责说明等内容，具体如表 1-10 所示。

表 1–10　职位说明要点及内容

职位说明要点	具体内容
福利政策及薪资	薪资待遇、福利政策是求职者关注的重点，如果求职者没有在招聘广告中看到这些内容，大多不会投递简历。所以，企业在职位说明中必须注明薪资待遇及福利政策，如果不方便确定某个数额，可以写一个大概范围。因为大部分求职者都希望获得一个明确的薪资概念，快速做出是否投递简历的决策，减少犹豫时间。除薪资待遇外，五险一金、假期等对求职者来说也非常重要。另外，如果公司能为求职者提供一些特色福利，比如培训活动、团队活动等，会进一步增强对求职者的吸引力
公司地点要完整	职位说明中还应包括公司的详细地址以及交通指南。因为在互联网环境中，企业的招聘信息可以被世界各地的求职者看到，企业要为这些求职者提供详细的指引
职位名称要清楚	职位描述要清晰，要能够帮助求职者快速明确该职位的大概发展方向。比如，“高级会议讲师”“高级会计师”等，这些职位描述让人一目了然
岗位职责描述要精准	岗位职责描述要准确、具体，如该岗位的日常工作职责是什么？需要员工具备哪些能力与素质？新员工如何融入团队？岗位职责描述要具体、生动、具有吸引力，要想方设法将岗位“推销”出去，吸引具备相关能力的优秀人才前来应聘。清晰的岗位职责具备初步筛选过滤功能，一方面对有实力的求职者提出了更清晰的要求，鼓励其投递简历；另一方面将不具备相关能力的求职者拒之门外，极大地减少了无效简历的数量，减轻了简历筛选的工作量，不仅节省了招聘时间，还有效提升了招聘效率
技能要求	该岗位有哪些技术要求，求职者必须具备哪些技能？具备哪些技能的求职者企业会优先考虑？HR 要将岗位的技能要求在招聘信息中清晰地描述出来，描述得越清楚、越详细，招聘工作进展得就会越顺利
工作经验和培训经历	该岗位是否要求求职者有相关的工作经验？要求求职者具备几年的工作经验？最低学历要求是什么？是否要求求职者接受过某方面的专业培训？这些内容都要在职位说明中体现出来
清晰的面试程序引导	求职者看完职位说明之后产生了投递简历的意愿，是通过邮箱投递，还是通过招聘网站申请？这就需要企业发布清晰的面试程序进行引导。明确面试流程可节省咨询时间，为招聘者与应聘者提供方便。为了刺激应聘者尽快决断，HR 可在描述中凸显该岗位的稀缺性，表现公司对这类人才的渴求，引导符合条件的求职者尽快投递简历
格式	招聘信息中的职位说明要做到条理清晰、方便阅读。如有必要可使用精准的目录，将关键词句加粗，借此吸引求职者的注意

总而言之，一份完整的企业招聘必须包含以下内容：企业介绍、招聘目的、招聘职位、岗位要求、对应聘者的要求、招聘流程、联系方式等。语言力求简洁、准确、专业，以降低招聘成本，缩短求职者的决策时间，提升招聘效率，为企业找到最合适的人才。

1.3.3 让招聘更有创意

对于招聘 HR 来说，仅掌握招聘信息的撰写方式远远不够，要想吸引求职者的注意，激发求职者投递简历、进入企业的意愿，还需要融入创意，撰写出与众不同的招聘信息。不同的招聘渠道适合不同的招聘信息，比如招聘网站适合使用文字形式的广告，现场招聘、新媒体招聘适合使用图文并茂的广告。具体来看，一份富有创意的招聘信息应具备以下几大特征，具体如表 1-11 所示。

表 1-11　创意招聘的主要特征

创意招聘的特征	具体内容
引起注意	首先，招聘信息要能够抓住求职者眼球，吸引求职者注意。如果招聘信息以图片形式呈现，那么其排版、颜色、标题、格式、字体、篇幅等都既要突出重点，又富有创意。一些网站平台有很多模板，HR 只需下载模板更改内容即可
产生兴趣	要想激发求职者对企业以及岗位的兴趣，HR 要在吸引求职者眼球的基础上增添一些实质性的内容，设计出能够激发求职者兴趣的点，比如生动的语言、富有内涵的文字等，否则企业的招聘信息就是徒有其表，无法发挥实际效用
激发愿望	对于求职者来说，做到上述两点远远不够，HR 还必须想方设法激发其投递简历的意愿。心理学研究证明，人的愿望有两大来源，一是内部需要，二是外部刺激。在招聘场景中，内部需要指的是求职者是否希望企业为其提供工作，外部刺激指的是求职者应聘到该岗位能获得哪些好处。HR 要想刺激求职者投递简历，必须将这两方面刺激清晰地讲述出来
采取行动	企业投放招聘信息的最终目的就是获得大量求职简历。只要做到上述三点，求职者自然会采取行动。在此阶段，HR 要做的就是写明联系人、联系方式、面试地址等信息

续表

创意招聘的特征	具体内容
留下记忆	企业投放的招聘信息会被很多人看到，有些符合企业要求，有些不符合企业要求。无论什么类型的求职者，也无论求职者是否向企业投递了简历，这个招聘信息总会在其脑海中留下深刻印象，从而达到企业宣传的目的

1.3.4　招聘信息发布

企业通过各个网站发布招聘信息，求职者会利用网站的搜索功能进行职位筛选，选择一家或多家心仪的企业投递简历。

为提高搜索的精准度，更快找到目标职位，求职者往往会对筛选条件进行限定，这种限定就决定了企业能否将发布的职位直接推送到求职者面前。根据实际情况来看，求职者限定的条件大多是“所在行业”“职位名称”“职位发布时间”“所在地区”。

一般情况下，求职者不会选择发布时间太久的职位，因为职位发布时间越久，企业结束招聘的可能性越大，筛选出来的职位数量也就越多。所以，求职者对“职位发布时间”的限定一般在一周以内。基于求职者的这一习惯，企业在发布职位时必须对职位进行准确定位，定位不同，收集到的简历数量会有很大的区别，这一点需要企业 HR 注意。

例如，某网站招聘销售人员，过去只在互联网行业发布招聘信息，招聘效果一直不太理想。后来，HR 将职位发布范围从互联网行业拓展到了医疗行业、广告行业等，求职者数量与质量得以迅速提升。这个案例告诉我们，行业范围越精准，企业发布的招聘信息越容易被看到。

因为求职者大多对近期发布的职位感兴趣，所以企业 HR 要定期刷新职位。需要注意的是，一天中刷新职位的时间不能过早，否则职位信息很容易被其他企业的职位信息覆盖，刷新时间最好固定在上午 10 点左右，保证自己发布的职位信息在网站排名尽量靠前。这样一来，无论求职者如何进行条件限制，发布的职位信息都非常容易被找到。

1.4 招聘管理制度与表格范例

1.4.1 招聘管理制度范例

【范例 1 人才招聘管理制度】

第一节 总 则

第一条 企业依靠自己的业务和文化，机遇与发展，薪酬和福利来吸引和招揽优秀人才。企业在招聘和录用中，注重人的素质、潜能、品格、学历和经验。

第二节 招聘原则

第二条 人力行政部统一制定企业的人事招聘、录用制度，供子企业参照执行。

第三条 多种渠道、选贤任能、广揽人才；招聘人才首先面向内部，立足于在企业现有员工中发现、使用、培养人才；确定用人标准时，以适用人才为主；企业各部门的员工在性格特征、结构上形成互补。

第三节 招聘申请

第四条 计划审批。

1. 每年度末，企业各部门根据业务发展和工作需要，对下一年度的人员需求做出计划，报人力行政部，人力行政部根据企业各部门下一年度发展计划、现有人力资源储备情况及预计人员流动等因素，结合人员需求计划，制订出下一年度人力资源编制计划，报总经理批准。

2. 经过审批的年度人力资源计划是员工招聘的依据。在年度人力资源计划确定的人员编制范围内，用人部门可根据不同阶段的具体情况，按程序填写《人才需求申请表》。重点落实岗位描述，提出具体的招聘需求，包括需求职位、任职要求、所需人数、基本条件、到位时间等，报人力行政部审核。

3. 人力行政部在对各部门提出的人员需求做审批时要根据是否在计划范围内、用人部门的业绩状况、用人部门现有人员情况来决定。人力资源主管制订招聘计划、费用预算，填写《招聘计划表》，报总经理审批。

4. 经审核通过的招聘需求，作为实施招聘的依据。

5. 不包含在年度计划内的人员需求，需经上述同样的报批程序，经批准后执行。

6. 为集中岗前培训和降低招聘成本，招聘统一安排进行。

第四节　招聘渠道

第五条　内部招聘。

在企业内部优先调配人才或公开、公平竞争。

1. 逐步形成电脑化的职业生涯行进系统。通过搜寻企业内部员工的信息：教育背景、工作业绩、培训情况等，确认候选人。

2. 主管推荐。由空缺职位的部门的主管推荐候选人。

3. 工作张榜。将工作职位空缺通知贴出，以使所有员工都能看到。内容：岗位描述、薪水、工作日程和必要的工作资格，公开竞聘。

第六条　外部招聘。

1. 刊登招聘广告。通过报纸、电台、电视、专业杂志、互联网络刊出广告。

2. 参加人才招聘会。参加定期或不定期举办的人才交流会、人才市场、人才集市。

3. 检索各类人才资源库。

4. 委托猎头企业，物色高级人才。

5. 与大专院校联合，招募发展潜力大的优秀新人才。

第五节　招聘方式及录用流程

第七条　招聘程序。

1. 用人部门填报《部门用人申请表》，人力行政部与用人部门共同确定招聘方案。

2. 人力行政部负责拟订招募计划，内容包括下列项目：招聘岗位及人数；希望到职时间；工作职责；任职资格；发布招募信息；应聘信息处理。

3. 需求信息发出后，对收到的求职资料，人力行政部将根据岗位要求与应聘者的情况对应聘人员进行初步筛选，并将比较合适的应聘资料推荐给用人需求部门。

4. 用人需求部门应在接到应聘材料一天内将需要面试的应聘材料交由人力行政部安排，经审核后，人力行政部对合格应征者发出初试通知，通知应聘者前来本企业接受甄选。

5. 对于不合格应聘资料，归档一个月后销毁；对于资料合格但暂不应聘者，纳入企业人力库储备。

6. 因违纪等被企业开除的员工不具备再录用资格。

第八条　甄选。

1. 由用人部门、人力行政部组成招聘小组，并明确各方职责。

2. 用人部门职责：

（1）负责提供专业技术测试题。

（2）负责招聘人员专业胜任素质项的考察、评价。

（3）协助参与涉及本业务职位人员专业胜任素质项的考察、评价。

3. 人力行政部职责：

（1）负责整个招聘过程组织、安排。

（2）安排应聘者填写《应聘登记表》。

（3）负责招聘人员基本胜任素质项的考察、评价及涉及企业薪酬、福利、培训发展等事项面谈。

（4）负责出具应聘人员综合评价意见。

4. 招聘小组各方根据笔试、面试情况填写《面试评价表》，人力行政部根据各方评价出具综合评价意见，且确定拟录用人员。

第九条　录用。

1. 录用准则。

（1）应聘者的学历、工作经验及行政、管理能力是否符合空缺职位的要求。

（2）应聘者所要求的工资是否符合企业制定的薪酬架构；是否符合其有关工作经验。

（3）应聘者能否通过面试及笔试。

（4）应聘者为人处事态度是否正面。

（5）应聘者提交上任雇主的推荐信内容是否符合企业对应征者的要求。

（6）应聘者年龄、住址、过往行为等是否符合职位的要求。

（7）应聘者是否已经与原单位解除劳动合同。

（8）应聘者的个人性格能否融入企业的企业文化。

（9）应聘者的健康状况是否能达到工作要求。

（10）应聘者对所应聘职位是否有较高的渴望。

以上准则并非按先后次序或重要与否排列，它们的比重应由进行面试的部门、单位自行决定。在评价过程中决策者应遵循平等对待的原则。

2. 主管人力行政部的副总及总经理在《面试评价表》上签字批准后方可录用。

第十条　背景调查。

经甄选合格后，初步拟定的人选，人力行政部将视情况对其进行有效的背景调查，见《背景调查表》。

第十一条　体检。

1. 经批准录用人员，由人力行政部通知其到企业指定医院体检，体检不符合相关要求的，不予录用。

2. 只有面试与体检均通过的人员才可在企业开始试用。体检是否合格以企业指定医院的体检结果为准。

第十二条　正式聘用。

1. 人力行政部经理需确认拟录用员工的部门、岗位、薪资、福利等，形成《聘请通知书》，经主管副总审核、总经理审批。

2. 体检合格者，由人力行政部发出《聘请通知书》。

3. 接到录用通知后，新进人员须按指定日期到人力行政部报到，如因故不能按期报到的，应与人力行政部取得联系，另行确定报到日期。

【范例2　人才招聘工作流程】

为进一步规范企业的不同岗位人员的招聘，以保障企业及招聘人员的合理需求，大致可分为以下几个方面来进行。

第一步　设定招工需求计划

第一条　企业各部门需招聘新员工，招聘的部门、岗位、条件、人数应设定一个计划，通过填写《招聘人员申请表》，注明需要招聘人员的原因，提出招聘的职位、人数及要求。

第二条　人力资源部门根据各部门人员编制情况和部门招聘申请，与各部门充分沟通后提出初步意见，报总经理审核，批准后执行招聘。

第二步 招 聘

第三条 招聘原则：公平竞争、择优录用。

第四条 招聘方式：分为外聘和内聘。

外聘：推荐面向社会登报招聘、参加人才交流会及劳务市场现场招聘、网络招聘等形式。内聘：企业内部员工都可以根据所需岗位要求并结合自身能力参与竞聘，但需要参与企业组织的面试和考核。

第三步 应 聘

第五条 应聘人员应如实填写《应聘登记表》，并提交学历、简历、身份证、各类职称证书等应聘材料的原件及复印件。

第六条 人力资源部门在收齐应聘者材料后，会同用人部门管理者对应聘者资格进行书面材料初审。

第七条 应聘者书面材料初审合格者通知面试或当场面试。

第四步 面 试

第八条 招聘小组一般由人力资源部门与用人部门领导等人员组成。

第九条 面试内容及招聘小组职责：

1．审核应聘者是否具备专业素质及资格。

2．对应聘者是否具备正式录用资格以及综合素质进行评审。

3．对小组成员的意见进行综合分析后，做出初步决定。

第十条 面试评价：

1．面试小组成员应对面试结果做出评价并表明意见。

2．评价标准应根据企业实际情况和岗位业务需要确定。

第十一条 面试结果审核：

面试（加试）结束后，由人力资源部对面试结果进行汇总，合格者将拟录用者的材料，并报总经理批准。

第五步　录　用

第十二条　录用名单确定后，及时确定并通知；对招聘未入选面试及面试不合格者，由人力资源部将其资料整理入企业人才库。

第十三条　对于确定录用人员由总经理进行最终面试并确定。

第十四条　对合格人员，人力资源部会同用人部门协商其进入企业日期，并确定其职级后报总经理审批。

第十五条　被录用者须办理的进入企业的相关手续：

1．按要求提供个人材料，包括身份证、学历证明、经历证明等。

2．提供正式、有效的人事手续，如辞职证明或其他相关资料等。

3．对不能按要求提供有关材料或弄虚作假者，应取消其录用资格并报主管领导。

第六步　员工加入企业当日手续

第十六条　员工本人填写详细的《员工档案登记表》，并领取考勤卡开始考勤。

第十七条　办理相应手续或签订相关协议（视岗位需要）。

第十八条　企业基本情况介绍、部门人员引见、申领相关办公用品和设备等。

第十九条　人力资源部组织入职引导，然后由部门组织业务技能培训。

第七步　因录用发生的经济问题

第二十条　因录用发生的被录用人与以前相关单位的一切经济问题应自行处理。

第二十一条　应聘应届毕业生与原学校产生的任何问题，由被聘者自行解决。

第八步　不适用性

第二十二条　本规定不适用于企业招聘的临时工、钟点工和实习生。

第九步 附 则

第二十三条 本规定由人力资源部负责解释。

第二十四条 本规定自发布之日起执行。

1.4.2 招聘管理表格范例

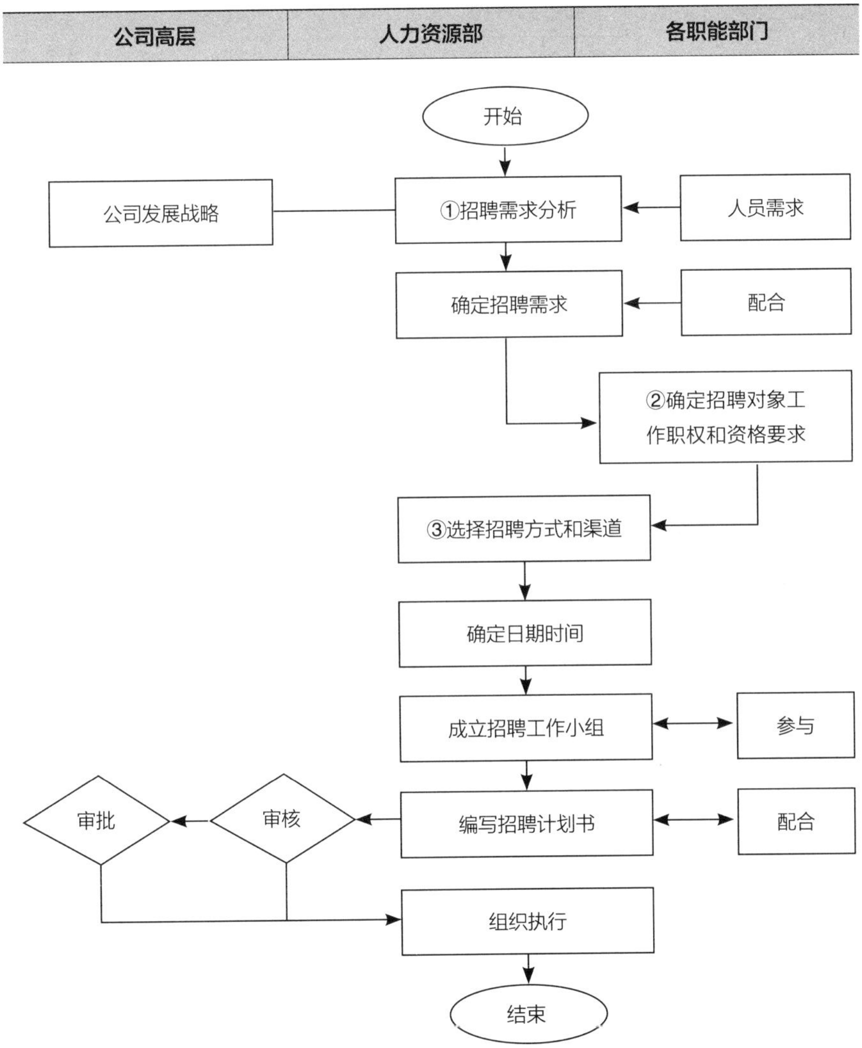

图 1-2 招聘计划流程图

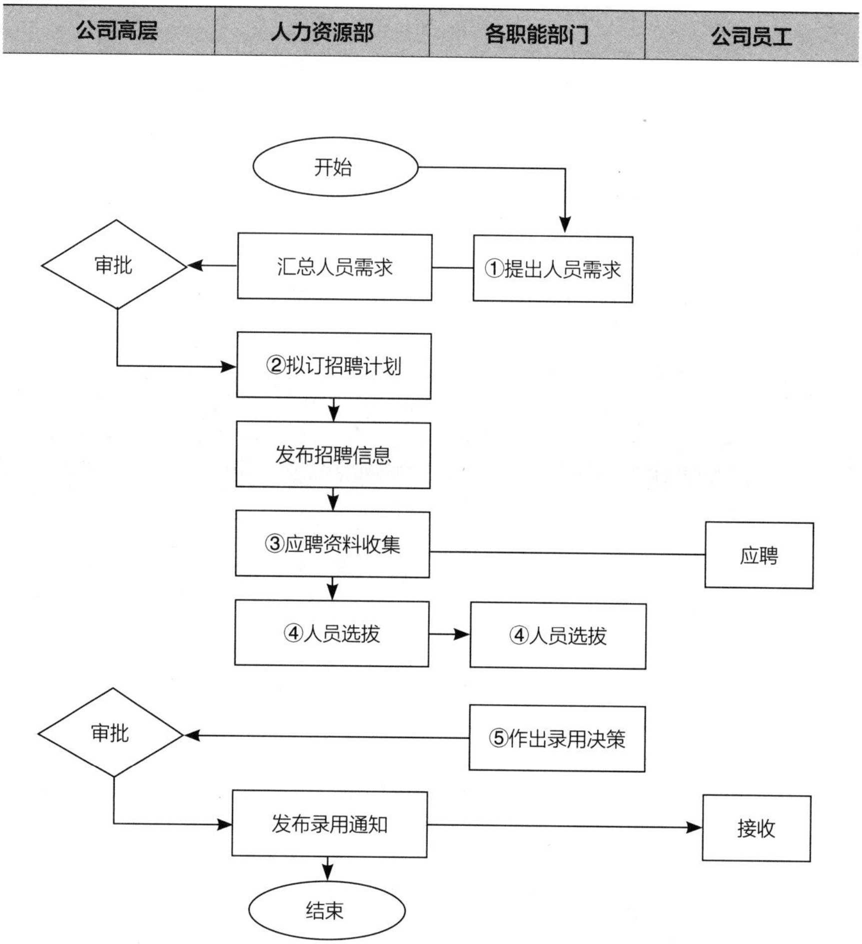
公司高层
人力资源部
各职能部门
公司员工
开始
审批
汇总人员需求
①提出人员需求
②拟订招聘计划
发布招聘信息
③应聘资料收集
应聘
④人员选拔
④人员选拔
审批
⑤作出录用决策
发布录用通知
接收
结束

图 1-3　内部招聘流程图

表 1-12 人员需求申请表

<table>
<tr><td>申请部门</td><td></td><td>岗位名称</td><td></td><td>需求人数</td><td></td><td>工作地点</td><td></td></tr>
<tr><td>岗位需求</td><td colspan="7">□离职补充 □调动补充 □人员储备 □岗位扩编 □临时用工</td></tr>
<tr><td>需求等级</td><td colspan="7">□非紧急 □一般紧急 □紧急</td></tr>
<tr><td rowspan="4">岗位要求</td><td colspan="7">一、岗位资格（按要求重要程度由强到弱填写）</td></tr>
<tr><td colspan="7">1. 性别要求：□男 □女 □不限
2. 年龄要求：
3. 学历要求：□大专及以上 □本科及以上 □硕士及以上 □博士 □其他_______
4. 专业要求：
5. 技能要求：
6. 证书要求：
7. 其他要求：</td></tr>
<tr><td colspan="7">二、工作职责（按要求重要程度由强到弱填写）</td></tr>
<tr><td colspan="7">1.
2.
3.
4.
5.</td></tr>
<tr><td>薪资建议</td><td colspan="7">1. 试用期工资：___________；试用期限_____个月
2. 合同期工资：___________；合同期限_____年
3. 其他：</td></tr>
<tr><td colspan="2">招聘执行人</td><td colspan="2"></td><td colspan="2">岗位复试责任人</td><td colspan="2"></td></tr>
<tr><td>部门负责人意见</td><td colspan="3">□同意 □不同意（说明原因）
签名： 日期：</td><td>综合管理部意见</td><td colspan="3">□同意 □不同意（说明原因）
签名： 日期：</td></tr>
<tr><td>副总经理意见</td><td colspan="3">□同意 □不同意（说明原因）
签名： 日期：</td><td>总经理意见</td><td colspan="3">□同意 □不同意（说明原因）
签名： 日期：</td></tr>
<tr><td>备 注</td><td colspan="7">1. 基层岗位（员工级）招聘周期：_____个月；
中层岗位（主管、部门经理级）招聘周期：_____个月；
中高层岗位（部门经理、总监级）招聘周期：_____个月；
高层岗位（副总级以上）招聘周期：_____个月。
（以上招聘周期均为原则上的招聘周期，实际情况可根据需求岗位的紧急程度进行小幅调整）
2. 招聘执行人根据以上招聘要求进行招聘，并向岗位复试责任人提供符合以上要求的不少于_______位候选人，若岗位复试责任人均不予聘用则进入下一个招聘周期</td></tr>
</table>

表 1–13　招聘时间安排表

时间		工作事项	参与人员	备注
周一		体检合格者入职		
周二	上午	对网络、电话咨询、邮件等形式求职人员的简历进行初步筛选，筛选通过的简历进行电话预约，并短信告知确定初试时间	招聘专员	
	下午	初试，内容包括面试和笔试		
周三	上午	按实际情况选择性地参加现场招聘会	招聘专员	
	下午	复试，由领导对参加复试的求职者再进行面试，选拔出优秀人才	用人部门领导、人力资源部主管	
周四	上午	对以网络、电话咨询、邮件等形式求职的人员的简历进行初步筛选，筛选通过的简历进行电话预约，并短信告知确定初试时间	招聘专员	
		预约本周六人才市场展位		
	下午	初试，内容包括面试和笔试		
		通知本周二复试合格者周五参加体检		
周五	上午	预约下周三人才市场展位	招聘专员	
周六	上午	按实际情况选择性地参加现场招聘会	招聘专员	
	下午	复试，由领导对参加复试的求职者再进行面试，选拔出优秀人才	用人部门领导、人力资源部主管	
		通知本周四复试合格者下周一参加体检	招聘专员	

表 1–14 内部竞聘申请表

<table>
<tr><td>申请职位</td><td></td><td>所属部门</td><td></td><td>申请日期</td><td></td></tr>
<tr><td>姓　名</td><td></td><td>目前所在部门</td><td></td><td>职　务</td><td></td></tr>
<tr><td>直接领导</td><td></td><td>进入公司时间</td><td colspan="3"></td></tr>
<tr><td colspan="6">在本公司的工作情况</td></tr>
<tr><td>职位</td><td>所属部门</td><td>工作起止时间</td><td>工作职责描述</td><td colspan="2">薪酬水平</td></tr>
<tr><td></td><td></td><td></td><td></td><td colspan="2"></td></tr>
<tr><td></td><td></td><td></td><td></td><td colspan="2"></td></tr>
<tr><td colspan="6">培训经历</td></tr>
<tr><td colspan="2">培训课程</td><td colspan="2">培训起止时间</td><td colspan="2">培训部门</td></tr>
<tr><td colspan="2"></td><td colspan="2"></td><td colspan="2"></td></tr>
<tr><td colspan="2"></td><td colspan="2"></td><td colspan="2"></td></tr>
<tr><td colspan="6">所受的奖励</td></tr>
<tr><td colspan="6"></td></tr>
<tr><td colspan="6">1. 申请该职位的原因：</td></tr>
<tr><td colspan="6">2. 信息来源的渠道：</td></tr>
<tr><td colspan="6">3. 您为什么觉得您能胜任该职位：</td></tr>
<tr><td colspan="6">填写说明：
1. 保证您所填的信息真实可靠，填完后按照指定的日期同个人简历一并交到人力资源部
2. 请注意职位招聘的时间有效性，逾期无效</td></tr>
</table>

2 面试筛选：有效评鉴与甄别人才

2.1 简历分析与筛选

2.1.1 简历分析的价值

作为一名招聘 HR，想必有过这样的经历：看到一份合适的简历，立即打电话邀约面试。但是，经过一轮又一轮的面试，始终没有招聘到企业需要的人才。面对这种情况，很多招聘 HR 百思不得其解，不知道哪里出现了问题。其实，问题的根源就在于忽略了简历分析。很多 HR 认为进行简历分析就是浪费时间，殊不知正是跳过这个看似浪费时间的环节才真正造成了时间与资源的极大浪费。

在邀约面试之前，HR 有必要对求职者的简历进行全面分析，对其经历、能力、素质进行大致的了解，据此决定是否发出面试邀约，进而确定面试时的关注重点及需要讨论的问题范围。对于企业招聘人员来说，简历分析的价值主要体现在以下三个方面，如图 2-1 所示。

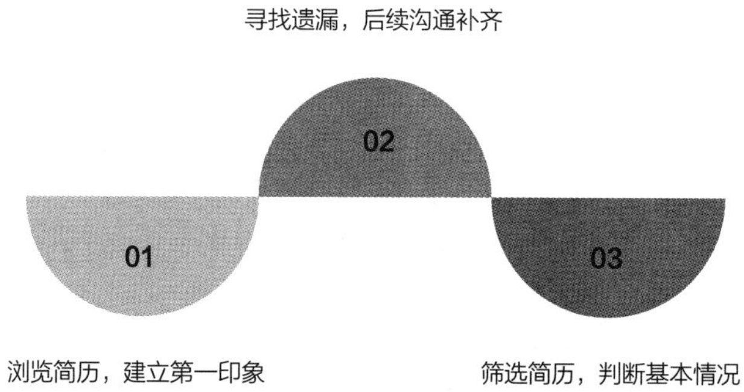

图 2-1　简历分析的价值

◆浏览简历，建立第一印象

HR 在浏览简历时，首先应观察简历是否简洁，内容是否全面，凭借第一印象决定这份简历的去留。如果简历信息明确、条理分明、语句简洁、内容清晰，就说明这位求职者的基本素质合格，可以发出面试邀约；如果一份简历排版混乱、内容模糊，可以直接淘汰，或者在电话预约测评时对其工作态度、逻辑思维能力进行初步评判，结果合格再发出面试邀约。

◆寻找遗漏，后续沟通补齐

一份完整的简历应涵盖求职者个人的基本信息、工作意向、教育背景、培训经历、工作经历、自我评价等内容。HR 在浏览简历时需要确认这些信息是否完整，如果存在信息遗漏或缺失现象，可以先记录下来，在后续的沟通中进一步问询了解。比如年龄、婚姻状况等，这些因素可能会影响到求职者对工作地域的选择，甚至有可能影响到工作的稳定度及其在工作中的投入度。如果求职者的简历中没有这些信息，HR 必须主动问询，了解求职者对工作地域的要求以及求职者对工作的投入度。

◆筛选简历，判断基本情况

简历筛选有可能对招聘效果及结果产生直接影响。为此，HR 必须明确：如何筛选简历？在简历筛选环节注意哪些细节？

（1）基本信息是否准确？求职者的基本信息包括姓名、性别、年龄、学历、籍贯、求职职位、薪酬要求、有无工作经验等。在求职者的个人简历中，这些信息是重要组成部分，需要 HR 重点关注。一是判断这些信息是否符合企业的基本要求，二是判断这些信息是否前后矛盾，三是判断这些信息是否存在明显错误。

（2）关注与职位相关的信息，特别是工作经验、社会实践等。HR 应根据这些信息对求职者的基本能力做出科学判断。

（3）自我评价，包括技能专长、个人优势等。HR 可通过分析求职者的自我评价挖掘其潜藏的个性特点与能力素质，判断其是否是企业需要的人才。

HR 在分析求职者的个人简历时必须遵循“对各项内容进行交叉分析、综合分析”的原则，对求职者做出最全面的评价。当然，HR 不能仅凭借简历分析判断求职者是否符合岗位要求，能否胜任岗位，还需要通过笔试、面试对求职者的能力与素质做进一步了解。

2.1.2 基本信息分析

应聘者的基本信息主要包括：姓名、个人照片、性别、身高、年龄、婚姻状况、现所在地等，如表 2–1 所示。

表 2-1 应聘者的基本信息分析

基本信息	具体内容
姓名	简历上的姓名必须是应聘者的真实姓名，无特殊符号或网络名称。一旦发现应聘者的姓名不实，HR 要对其心智成熟度或工作态度持怀疑态度，可以在之后的沟通中进行简单问询，但不建议直接淘汰
个人照片	（1）证件照：如果应聘者在简历上的照片是证件照，说明应聘者对应聘的这份工作比较重视，同时在某种程度上也能体现出应聘者成熟、稳重的职业素养。 （2）生活照：如果应聘者在简历上附带了生活照，可能体现出其性格中真实、活泼的一面，但对于一些不合时宜的生活照，HR 应该谨慎辨别。比如高中照、合影照、墨镜照、闭眼照、侧脸照等，建议直接淘汰。 （3）艺术写真照：如果应聘者在简历上的照片是艺术照，说明应聘者对自己的外形比较自信，并且希望他人关注其外在形象
性别及身高	HR 可简单了解应聘者的性别与身高，无须重点考察。如果招聘岗位对应聘者的性别、身高有特殊要求，则另当别论。比如，某企业招聘前台文员，要求女性，身高 160cm 以上，外形气质佳。如果应聘者不满足这些条件，可以直接淘汰
年龄	应聘者的年龄可以反映应聘者的思想是否成熟，阅历是否丰富，精力是否充沛，同时，HR 还能通过年龄判断应聘者的学历及工作经验。例如，应届本科毕业生的年龄一般为 22 ～ 24 岁，如果应聘者 20 岁，且有一年工作经验，HR 就要怀疑其学历的真实性；如果应聘者 28 岁，刚刚毕业，HR 就要判断其就读的是全日制大学还是成人教育。如果应聘者的年龄较大，工龄较长，HR 就要深究其换工作的原因，对其工作的稳定性予以重点关注
婚姻状况	应聘者的婚姻状况会在一定程度上影响应聘者工作的稳定性及工作投入度。例如，如果应聘者是已婚人士，企业各方面条件都能够满足其需求，其工作稳定性往往比较高。但是否会因为照顾家庭影响工作投入度，这一点需要通过深入沟通来判断
现所在地	应聘者现在的居住地会在一定程度上影响其对工作区域的选择。为此，HR 必须确认应聘者现在的居住地与招聘岗位所在地是否相同。如果不同，应聘者是否愿意跨城市工作？跨城市工作的动机是什么？如果应聘者的年龄较大，跨城市工作不仅会增加其生活成本，还会影响其工作状态。在后续沟通中，HR 要重点关注这一问题

2.1.3 教育背景分析

应聘者的教育背景分析主要包括：毕业时间、学制情况、所学专业、培训经历等，如表 2–2 所示。

表 2–2 应聘者教育背景分析

应聘者教育背景	主要内容
毕业时间	HR 对求职者毕业时间的分析要关注两点：第一，HR 要结合求职者的年龄、初始工作时间判断求职者就读的是否是全日制大学，是否正常毕业，如果不是全日制大学毕业，那么是脱产学习、在职自考还是其他。第二，HR 要根据求职者的毕业时间判断其是否已经毕业，是否可以提供学位证、学历证、就业推荐表等
学制情况	HR 可通过求职者的教育经历判断其真实的学历情况。例如，正常情况下，大专是三年制，本科是四年制，硕士是三年制，本硕连读是七年制，专升本是五年制。如果发现求职者的教育经历出现异常，比如本科就读时间只有三年，专升本就读时间只有四年，都必须做好记录，在之后的交流谈话中明确原因。另外，HR 在分析求职者的学制情况时，还要关注求职者简历上的学习时间与工作时间是否一致，如果两个时间发生重叠，是否代表求职者边学习边工作
所学专业	所学专业在一定程度上影响着求职者的工作意向，HR 可结合求职者的工作经历、期望职位判断招聘岗位是否符合求职者的工作期望。如果求职者是双学位，HR 要明确哪个是第一专业，哪个是第二专业，为什么要修第二专业，等等。通过这些问题，HR 可以对求职者的学习能力、职位发展趋向进行判断。另外，如果招聘岗位对专业性的要求较高，可以直接将不符合专业要求的简历剔除
培训经历	培训经历包括在校培训与工作培训两种。分析求职者的培训经历时，HR 需要重点关注求职者所学专业与培训内容是否相契合。如果二者存在出入，是否表示求职者曾有过向这方面发展的意愿。HR 需要注意的是，培训经历无法代替实际的工作经验，求职者通过若干课时的培训所学知识有限，根本无法与实际的工作经验相比。另外，如果求职者所学内容比较杂乱，表示其对自身的职业规划不明确

2.1.4 工作意向分析

应聘者的工作意向分析主要包括：期望工作地区、期望职位（应聘职位）、到岗时间、期望薪资待遇等，如表 2–3 所示。

表 2-3 应聘者工作意向分析

应聘者工作意向	具体内容
期望工作地区	HR 需要结合求职者的年龄、婚姻状态、工作地点等因素对其期望的工作地点进行评估，判断其期望的工作地点与招聘岗位所在地是否存在较大差别。 例如，招聘岗位所在地在北京，求职者之前一直在上海工作，突然选择到北京求职，原因是什么？是因为家庭在北京还是因为突然想离开上海？如果是后者，求职者离开上海工作的原因是什么？是因为工作节奏快、生活成本高？求职者是否能接受北京的工作环境与生活节奏？能否长期在北京工作？这些因素会对求职者的就业意向产生较大影响，为了进一步明确求职者的就业意向，HR 必须与求职者进行深入沟通
期望职位（应聘职位）	通过期望职位分析，HR 可以直接获知求职者的工作意向。在这里，HR 要重点关注求职者选择的职位数量与职位之间的关联性。例如，如果求职者只选择一个职位或只选择同一类职位，表示求职者有非常明确的求职意向。如果招聘岗位恰好符合求职者的求职意向，说明意向匹配度较高，HR 可进行进一步确认。 如果求职者同时选择了多个不同类别的职位，表示求职者的求职方向不明确，即便某一意向岗位与招聘岗位相符，HR 也要对其工作稳定性及从业意向的坚定性进行重点考核。 如果收到的简历所写应聘职位与招聘职位有所出入，HR 可以初步判定求职者是“病急乱投医”，没有清晰的职位规划。对于这种简历，HR 可直接将其剔除
到岗时间	HR 可通过求职者的到岗时间对其最快参加工作时间进行判断，进而判断其能否尽快参加面试或到岗。为了提升对到岗时间评判的准确性，HR 要考虑求职者当前的工作状态。假设求职者简历上写着“随时到岗”，但工作状态显示“在职”，HR 需要向求职者确认其到岗时间，保证录用人员可以按时到岗
期望薪资待遇	HR 可通过分析求职者对薪资待遇的要求了解其物质需求。大部分人都希望通过工作获取更多物质层面的回报，这是人们不断跳槽的主要原因。但也有一些求职者愿意接受比其现有薪酬低的工作，促使其这么做的原因有很多，比如：希望跳转工作领域；希望进入一家知名企业；因为长期失业亟须寻找一份工作；等等。所以，在分析求职者期望的薪资待遇时，HR 要结合求职者的年龄、学历、工作经历等进行客观评价。 同时，HR 还要对求职者的岗薪匹配度进行初步确认。比如求职者期待薪酬与招聘岗位的薪酬范围是否相符？如果不符，两者之间是否存在较大差距？能否通过其他的福利填补？如果差距很大，是否需要考虑其职位接受度？

2.1.5 工作经历分析

工作经历是 HR 评价求职者基本能力的出发点，是整份简历中最需要关注的内容。如果是应届毕业生，HR 就要了解其在校期间的社会实践经历。具体来看，工作经历分析主要包括工作时间、工作内容这两项，如表 2–4 所示。

表 2–4 应聘者工作经历分析

应聘者工作经历	具体内容
工作时间	工作时间包括总工作时长、每项工作的具体时长、工作频次、两份工作的间隔时间等。 （1）HR 可通过总工作时长了解求职者的工作经验，结合工作内容、时间频次对求职者的任职资格做出初步判断。 （2）HR 可根据求职者在每项工作中投入的时长与跳槽频率对其工作稳定性进行初步判断。如果求职者在同等时间内频繁跳槽，就说明其工作稳定性不高，而且在每项工作投入的时间也不长。因为一般来说，面对一项工作，从刚接触到初见成效至少需要 6 ～ 12 个月，如果工作时间不足 6 个月，可看作没有积累工作经验。如果一位求职者频繁跳槽，HR 要通过交谈了解其跳槽原因。 （3）了解求职者前后两份工作之间是否存在空白期或重叠期，如果存在空白期，且空白期超过 2 个月，HR 需了解求职者在此期间做了什么事情，为什么长时间没有找工作？如果求职者所从事的几份工作之间没有时间间隔，HR 有必要怀疑求职者工作经历的真实性，为什么每次离职后都能立即找到工作？ 在分析求职者工作时间过程中，HR 必须注意一点：有些求职者知道企业会重点审查工作时间的连续性，所以即便很长一段时间没有工作，也会将这段时间归入某段工作中。对于这一点，HR 可通过背景调查进行辨别
工作内容	工作内容分析主要包括工作描述、职位名称、职位匹配度等。 （1）HR 要关注求职者的工作描述是否具体。如果工作描述比较简单或者含混不清，HR 就需要通过进一步沟通了解其工作内容。如果求职者的工作描述非常详尽，HR 就需要通过进一步沟通判断其描述的工作内容是否真实，还要关注求职者之前从事的几份工作之间是否存在相关性。如果求职者之前从事的工作存在较大差异，而且每份工作投入时间都不长，HR 有必要怀疑其职位规划方向的正确性，要在了解原因后对求职者工作的稳定性进行科学判断。

续表

应聘者 工作经历	具体内容
工作内容	（2）职位名称指的是 HR 要对求职者对之前工作职责描述的清晰度进行判断，还要结合工作内容及该职位在工作中发挥的作用进行考核。如果求职者在职位名称中只写部门，不写职位，表示其对之前所担任的职位不自信；如果求职者的职位名称描述不具体，HR 需进行细致了解与问询。 （3）HR 要结合求职者的工作经历对其工作经验与招聘岗位的匹配度进行判断。如果求职者已经在前一家企业做到一个相对高的职位，却来主动应聘一个较低的职位，HR 必须提高警惕，考虑求职者的工作经历是否真实。如果是伪造的，可直接将其剔除；如果是真实的，要考虑其应聘动机

2.1.6 自我评价分析

自我评价就是让求职者对自己进行主观描述，可以显露出一部分潜在意识，面试官可以据此发现求职者隐藏的个性特征与能力。比如，某技术岗位的候选人在自我评价中没有凸显自己的技术能力，有可能是因为对自己的技术水平不自信；如果求职者抄袭别人的自我评价，不是不自信，就是态度不积极。

在自我评价部分，HR 要重点关注求职者自我评价的真实性，让求职者举一些例子来证明这些评价都是真实的。如果求职者的自我评价与其他的求职者不同，HR 要了解求职者为什么会对自己做出这样的评价。

除此之外，对于求职者个人简历上一些晦涩不明的信息，HR 要主动询问，了解清楚。比如，如果求职者在个人简历上要求企业“每月按时发薪”，就要了解求职者之前是否遇到过拖欠薪水的情况；如果求职者的离职频率比较高，而且没有注明离职原因，HR 就要追问其中是否存在什么隐情。总而言之，在这个阶段，HR 有任何问题都可以和求职者沟通，了解事情真相。

2.2 面试步骤与流程

2.2.1 建立面试标准

在建立面试标准之前，HR 必须明确用人岗位对人员的胜任力要求，通过研究分析形成岗位胜任力模型或画像。以开发工程师为例，其胜任力要求包括专业知识、开发能力、项目经验、运维能力、架构能力、业务能力、项目计划和跟踪、沟通能力、学习提炼能力、承压能力等。在明确了这一点之后，HR 就要围绕这些能力建立面试标准。

具体来说，面试标准主要包括以下四个方面，如图 2–2 所示。

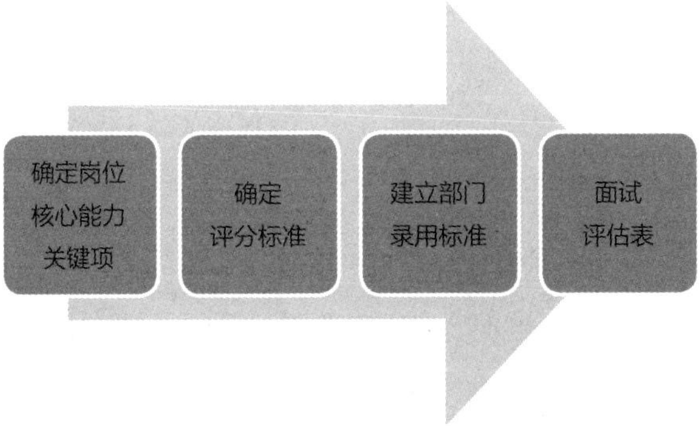

图 2–2 面试标准的主要内容

◆确定岗位核心能力关键项

根据现有的岗位胜任力与用人部门的负责人进行讨论，明确各岗位的核心能力关键项。一般情况下，专业能力考核关键项与综合能力考核关键项最好都控制在 5 项以内，总评价最多不能超过 10 项。

◆确定评分标准

根据已确定的岗位关键能力在岗位中的比重，明确不同能力的打分标准，并进行打分。比如某岗位要求任职人员具有较好的承压能力，HR

就可以围绕承压能力制定一个 0 ～ 3 分的评分标准，如表 2-5 所示。

表 2-5　岗位评分标准

评分	评分标准
3 分	有好奇心，愿意尝试新事物，在完成自身工作的同时，愿意承担边际模糊的工作，在遇到困难和挑战时积极寻找解决办法，勇于承担风险，尝试突破
2 分	能够独立完成任务，面对困难和挑战可以独立解决，且能在任务完成之后总结经验，不断提升自己的能力
1 分	有一定的抗压能力，任务完成过程中遇到困难会积极寻求支持与帮助
0 分	达不到 1 分标准的就是 0 分

当然，不同的企业对于承压能力的定义不同。目前，人们对承压能力的定义大多是遇到问题不抱怨，能积极解决，愿意承担边际模糊的工作。问题解决之后会主动总结经验与教训，不断提升自己的能力。

◆建立部门录用标准

HR 要根据用人部门的情况确定录用标准，如确定优秀、合格、待定、不通过四个层级，根据评分标准确定每个层级的分值分布。

在建立部门录用标准时，HR 还要结合用人部门对整体能力的分位要求进行。分位要求一般是 75%、80%、85%、90% 或其他。如果用人部门对整体能力的分位要求为 75%，总分为 30 分，合格档的分数就应该是 23 分，超过这个分值的求职者就可以录用。求职者的分数能够达到 27 分就应视为优秀。

初期，分位值预估可以定得低一些，75% 左右即可。这样一来，如果用人部分临时调整用人策略，提升招聘要求，HR 就可以建议用人部门录取评分为“优秀”或“卓越”的员工，无须根据用人部门的调整进行调整。

◆面试评估表

HR需根据面试标准设计一套面试评估表，面试评语最好有范例，而且一定要根据面试标准给出最中肯、最正确的评价。面试评估表内可以附上对关键问题的回答。

2.2.2 面试前期准备

面试是面试官与求职者就某一特定工作岗位交流信息，判断求职者是否符合岗位要求，能否胜任岗位的会谈过程。在具体实践过程中，往往因为面试官没有做好面试前的准备，导致面试结果失准，无法完成为组织招聘合适人才的任务。由此可见，面试前期的准备对面试过程的开展和面试结果都非常重要。下面我们来看一个案例：

小李到某大型企业面试，面试结束后说了这样一番话：

"上周五，我到全市最有名的一家高科技企业应聘。经过人力资源部面试后，我被推荐到生产部下属的制造部进行考核。生产部门非常气派，生产车间大得像个迷宫，我从二楼到一楼，又从一楼到三楼，问了好几个人才找到制造部负责人办公室。"

"我敲门进入的时候，制造部的刘经理正在和员工谈话，我站在那里等了20分钟，刘经理才有空和我交谈。在交谈过程中，刘经理办公桌上的电话频频响起，不是有人索要材料，就是有人通知刘经理开会。可见，刘经理确实非常忙。因为谈话频频中断，我开始变得心烦意乱，只想尽快结束这场面试，离开这家企业。"

在这个案例中，因为前期准备不当，制造部刘经理没能给小李提供一个安静的面试环境，导致原本斗志昂扬的小李变得焦躁不安，毫无继续面试的意愿。作为用人企业、用人部门，究竟应该如何做好面试前的准备呢?

◆面试场地准备

面试场地的准备工作，主要考虑以下几点内容，如表 2-6 所示。

表 2-6　面试场地安排

面试场地安排	具体内容
确认面试场所不受外来干扰	面试地点要尽量安静，内部环境尽量封闭，适合交流、谈话，但也不能过于私密，以免让求职者产生诡异感
手机关机提示牌	面试场所可以设置一个提示牌，提醒面试官或主持人关闭手机，或者将手机调到静音状态，以免面试过程被突如其来的短信或电话打断
桌椅板凳完整齐全，座次摆放合理有序	面试前的准备要关注各种细节，比如桌椅板凳等办公用品是否准备妥当，座位摆放次序是否合理，负责这场面试的主考官是谁，哪些部门主管陪同，主管的名字是什么，等等。为保证面试可以顺利开展，HR 要对这些细节问题进行详细检查、反复确认
面试场所设置指引牌，安排面试引导人员	提前在面试场所摆放指引牌，或者安排专门的面试引导人员，为前来面试的求职者指引方向，体现企业的人文关怀

◆面试资料准备

面试资料的准备主要包括以下几项内容，如表 2-7 所示。

表 2-7　面试资料准备工作

面试资料准备工作	具体内容
应聘者资料	主要是指应聘者的个人简历。如果是第二轮或第三轮面试，还要准备前几轮面试的内容及应聘者的背景调查资料，尤其是前几轮面试官对应聘者的评价，这一点非常重要
主考官名片或座次卡	大型企业的面试往往会有多个领导参加，面对这种多对一的面试，负责人必须明确谁是主考官，谁是陪考官，提前准备好名片与座位卡，切忌不分主次，胡乱排序
其他道具	如果面试需要用到其他道具，负责人要提前准备好，比如试题、调查问卷、面试表格等。负责人必须提前与人力资源经理做好沟通，询问各种细节，逐一落实

◆面试人员准备

面试人员的准备工作主要包括以下几项内容，如表 2–8 所示。

表 2–8 面试人员准备工作

面试人员准备工作	具体内容
人员分工	大型企业的面试非常严格，不是某个人可以独立完成的，需要多部门配合，多部门员工相互协作。所以，在面试之前，负责人要确认每一位即将参与面试的人都清楚自己的任务，并做好了准备
面试流程	无论什么类型的面试，一对一、多对一还是一对多，都需要负责招聘的 HR 提前与面试官做好沟通，明确面试流程，保证面试可以有条不紊地开展
评价标准	面试不是简单的问与答，它涉及很多细节，其中对面试者的评价标准是否统一非常重要。尤其是不同的部门、岗位对人员素质与能力的要求不同，销售岗位需要人员活泼、开朗、健谈，财务岗位要求人员细心、稳重。所以，面试标准是什么非常重要，对于不同的岗位，可以制定不同的标准，但同一个岗位必须使用同一个标准

2.2.3 电话邀约面试

对于 HR 来说，邀约面试是一项基本能力，也是面试工作中非常重要的一个环节。面试邀约的成功率决定着参加面试的人员数量，而这个数量又影响着 HR 第二天的工作安排。假设 HR 第一天通知了很多人前来面试，第二天到场面试的人却寥寥无几，这不仅会严重打乱之前的工作安排，还会造成一定程度的资源浪费。

为提高面试邀约的成功率，HR 通过电话向求职者发起邀约，不仅要通知对方面试时间、面试地点，还要给对方留出反馈时间，尽可能多地获取一些信息，通过对方的反馈判断其能否按时到达。

具体来看，HR 招聘人员电话邀约应聘者时应注意以下几点，如表 2–9 所示。

表 2-9　电话邀约注意事项

电话邀约注意事项	具体内容
前期准备	提前查看面试当天的天气情况，如果天气状况不佳最好不要安排面试，以免求职者因客观原因迟到或不到；确定招聘小组成员的时间，以免应聘人员抵达之后，因招聘小组成员迟迟无法到齐等待太长时间，导致面试周期被拉长；初步拟定面试时间安排表，以免过于被动，浪费时间；提前查询企业附近的站牌，确定可以抵达企业的公交车路线，在必要时为求职者提供指引；准备好纸笔随时记录与应聘者的电话沟通情况
企业名称和应聘岗位	HR 要在电话中询问求职者是否应聘该岗位，是否了解该岗位的工作内容，如果对方不了解，HR 可简单介绍一下岗位情况。在对方确定该岗位符合自己的求职意愿之后，再向其发出面试邀约，保证对方可按时到场
企业地址、附近交通状况	在与求职者进行电话沟通时，HR 要明确求职者能否接受这个距离范围内的企业。如果对方不确定，HR 可以帮助求职者确定往返时间。很多求职者对家与企业之间的距离有要求，如果距离比较远，车程超过 1 个小时，入职后往往会出现两种比较极端的情况，要么来得特别早，要么经常迟到
面试时间、面试资料	HR 要在电话中与应聘者沟通面试时间，确定对方能否按时到达。如果不能按时到达，原因是什么？如果是因为不熟悉路线或者距离太远无法控制好时间，可以适当地给予宽限。另外，HR 要提醒面试者携带好面试所需的各种资料
邮件或短信的发送	在了解了各种信息之后，HR 要向能够按时抵达的人员发送一封正式的电子邮件，邮件内容应包括求职岗位、面试时间、面试地点、企业介绍、应聘岗位介绍等。如果可以，HR 可以将面试地点、面试时间通过短信发送给求职者，向求职者体现企业的人文关怀
及时回复应聘者	邮件发送成功之后，对于求职者的提问，HR 要及时回复。如果问题比较复杂，HR 可通过电话与其沟通

在上述工作全部完成后，HR 要提前做好面试准备，以免面试当天发生突发状况。在通过电话向求职者发出邀约时，HR 要时刻提醒自己保持良好的服务态度，提前对可能发生的情况进行预测，以便在情况发生后能够游刃有余地应对。

2.2.4 正式面试阶段

◆面试流程的五个阶段

整个面试过程可划分为五个环节，层层导入，分别是预备阶段、引入阶段、正题阶段、变换阶段、结束阶段，如表 2–10 所示。这五个环节如何安排，选择何种提问方式与提问顺序，需要 HR 根据求职者的实际情况灵活处理。

表 2–10 面试流程的五个阶段

面试流程	具体内容
预备阶段	主动向求职者打招呼，告知对方自己的姓名和职位；向求职者解释面试目的与流程；告诉求职者你会记录面试过程，并设法消除对方的紧张情绪
引入阶段	了解求职者的基本情况，向其询问一些简历中没有的问题。比如你在学校的时候参加过哪些课外活动和社会活动？你是怎样进入 ×× 企业工作的？你的职责是什么？工作期间有变化吗？你喜欢这个职位的哪些方面？不喜欢哪些方面？
正题阶段	在了解了求职者的基本情况之后，HR 可以将话题非常自然地转向素质与能力考核。比如“谢谢你的回答。现在，我想再问你一些问题，详细地了解一下你过去的经历”
变换阶段	在对求职者的能力与素质做出初步了解后，接下来就是对企业及岗位情况进行简单介绍，向求职者发放以下资料，比如企业的用人政策、企业文化、主要业务、加班薪酬的计算、培训政策、发展空间等
结束阶段	在了解了求职者的素质与能力之后可以结束面试，结束面试的方法有：询问求职者是否还有问题；对面试结束后的下一个步骤进行解释；等等

◆面试环节的注意事项

（1）避免歧视。在面试过程中，HR 应将关注点放在求职者的能力是否与岗位招聘要求相匹配方面，不应该因为求职者的某些个人情况对其产生歧视，比如求职者的年纪、性别、怀孕情况、婚姻状况等，以免诱发潜在的法律风险。

（2）避免偏见。在面试过程中，面试官经常会在无意中对求职者产生偏见，这种偏见存在于每个人的脑海中，会无意识地触发。很多时候，我们自以为已经做出了理性决策，殊不知在决策时，不仅个人意识在工作，无意识思维也在工作，从而不知不觉中对人们的决策产生了影响。因此，在面试过程中，HR 要努力规避无意识的偏见，做出最理性的聘用决定，以免受到某些求职者光环效应的影响，或者受到自己对某类求职者存在偏见的影响。

2.2.5 面试评分标准

面试评分标准包含举止礼仪、对本职位的欲望、综合能力、综合素质、职位匹配度等要素，招聘面试人员可参考以下面试评分标准模板，如表 2–11 所示。

表 2–11 面试评分标准

<table>
<tr><td>姓名</td><td></td><td>性别</td><td></td><td>年龄</td><td></td><td>应聘职位</td><td></td><td>籍贯</td><td></td></tr>
<tr><td>毕业院校</td><td colspan="3"></td><td>专业</td><td colspan="2"></td><td colspan="2">工作年限</td><td></td></tr>
<tr><td colspan="2">评分要素</td><td colspan="7">参考标准</td><td>得分</td></tr>
<tr><td colspan="2">举止仪表健康状况（8 分）</td><td colspan="7">仪表端正，装扮得体，举止有度</td><td></td></tr>
<tr><td colspan="2">对本职位的欲望（8 分）</td><td colspan="7">对本集团做过初步了解；面试经过精心准备；面试态度认真；待遇要求理性</td><td></td></tr>
<tr><td rowspan="5">综合能力（25 分）</td><td>自我认知能力（4 分）</td><td colspan="7">能准确判断自己的优势、劣势，并针对劣势提出弥补措施</td><td></td></tr>
<tr><td>沟通表达能力（6 分）</td><td colspan="7">准确理解他人意思；有积极主动沟通的意识和技巧；用词恰当，表达流畅，有说服力</td><td></td></tr>
<tr><td>分析能力（5 分）</td><td colspan="7">思路清晰，富有条理；分析问题全面、透彻、客观</td><td></td></tr>
<tr><td>应变能力（4 分）</td><td colspan="7">有压力状况下：思维反应敏捷、情绪稳定、考虑问题周到</td><td></td></tr>
<tr><td>执行力（6 分）</td><td colspan="7">在任何情况下都能服从领导的工作安排，全力以赴完成工作任务</td><td></td></tr>
</table>

续表

综合素质（35分）	可塑性（8分）	拥有较强的学习能力；能理性接受他人的观点；对他人、他事无成见	
	主动性（9分）	找借口还是找方法；工作方法的灵活多样性	
	服从性（9分）	能服从自己不认可的领导；服从并接受自认为不合理的处罚；能接受工作职责外的任务	
	团队意识（9分）	过去自认为骄傲的经历中有团队合作事项；能为团队做出超越期望值的付出	
职位匹配度（24分）	经历（4分）	是否经常换工作，工作稳定性，平均每份工作时间最少应超过1年	
	性格（5分）	自信、谦和、积极乐观、心态成熟、性格与岗位要求相匹配	
	专业背景（4分）	所学是否为相关专业；有无相关工作经验	
	对本职位的认识（5分）	了解本岗位的工作内容和工作方式，能预见并接受可能出现的困难	
	对企业的认同程度（6分）	对以前企业和领导的态度；是否认同教育行业和集团未来的前景，是否认同集团的文化和管理方法	
评定总分			
评语及录用建议			
面试人	签字：	日期：　　年　月　日	

2.2.6　发出录用通知

面试之后，符合企业用人要求的，企业就会向应聘者发出录用通知。而关于面试录用通知书的撰写格式要求，招聘面试人员可参考以下范例。

【范例1　录用通知】

尊敬的女士/先生：

根据我们前期的面试与沟通，现在我们很高兴地通知您，您已被企业录用，职位为<u>产品运营经理</u>，在此对您加盟××科技有限企业表示热烈欢迎。

具体事宜如下：

1. 入职日期：请您于2020年3月1日上午8时30分来企业人力资源部报到，我们会为您办理入职相关事宜。

2. 月度薪资：试用期4500元，转正后6000元，转正另加餐补300元和房补300元。

3. 试用期：企业会与您签订为期1年的劳动合同，按照国家相关劳动法规规定，您的试用期将为1个月。

4. 具体各项规章制度详见《员工手册》。

5. 企业需要您在来企业报到时提供以下文件：

（1）学历证明、职称证书原件及复印件；

（2）2张1寸身份证照片；

（3）身份证原件及复印件1张；

（4）中国银行账户号码及开户支行全称；

（5）社保卡原件及复印件，就业登记证。

如您确定并接受以上条款，请自我保留原件，并确保您所填的资料真实可靠，如发现资料有虚假之处，我企业可以终止合同。如果您有任何疑问，请致电综合部咨询。

××科技有限公司

2020年2月25日

2.3 面试工具与方法

2.3.1 半结构化面试法

半结构化面试是介于非结构化面试与结构化面试之间的一种面试方式，一部分试题做统一规定，一部分试题由考官随机提出。在半结构化面试中，求职者先回答预先设定好的试题，然后回答面试官的随机提问。

◆半结构化面试特点与程序

半结构化面试结合了非结构化面试与结构化面试的双重优点，解决了因采用单一方法所产生的各种问题。总体来看，半结构化面试有很多优点：第一，在面试过程中，主动权主要掌握在评价者手中；第二，半结构化面试具有双向沟通性，面试官可以通过与求职者交谈获取更多信息；第三，面试内容可以做到结构性与灵活性相结合。基于这些优点，半结构化面试越发流行，在企业实现了广泛应用。

半结构化面试包含以下三大程序，如表 2–12 所示。

表 2–12　半结构化面试的程序

半结构化面试的程序	具体内容
面试的准备	包括岗位分析、面试题目编制、设计评分表、确定测评要素等
面试的主持	包括主持的准则、面试进程的控制、面试结束时机的选择及结束方法的选择等
面试的判断	包括面试记录的方法与要求、各种线索的利用、信息的整合等

◆半结构化面试的实施步骤

半结构化面试的实施大致需要经历五个步骤，分别是建立融洽关系阶段、介绍阶段、核心阶段、确认阶段和结束阶段，具体如表 2–13 所示。

表 2–13　半结构化面试的实施步骤

半结构化面试的实施步骤	具体内容
建立融洽关系阶段	在整场面试中，这个环节占时大约为 2%，虽然耗时短但非常重要，为其他面试环节奠定了基础。这个阶段的目标是帮求职者缓解紧张情绪，放松心情，鼓励求职者公开谈论自己，通过与求职者的交谈对其工作适应能力进行有效判断。为达到这一目标，面试官可在这一阶段提一些随意的、与工作话题无关的封闭式问题
介绍阶段	在整场面试中，这个环节占时大约为 3%。在这个环节，面试官可以向求职者提 2 ～ 3 个开放式问题，激发求职者的表达意愿，积极听取求职者的回答，做出初步判断
核心阶段	在整个面试过程中，这是最具实质性的阶段，占时大约为 85%。其中，面试官要花费大约 65% 的时间提出素质考核问题，大约 20% 的时间提出封闭式问题、开放式问题、举例式问题和假设式问题等 4 类问题。面试官要通过提问，根据工作要求与职责规定搜集求职者的 4 项能力，即技术能力、知识水平、行为能力和人际交往能力
确认阶段	在整场面试中，这个环节占时大约为 5%。面试官的主要任务是核实求职者的工作水平，向求职者提一些开放式问题与封闭式问题，也可以提一个素质考核问题。需要注意的是，在此阶段，面试官不能再引入任何新话题
结束阶段	在整个面试过程中，该阶段是“最后机会”阶段，求职者有一个最后展示自己的机会，占时大约为 5%。在此阶段，面试官可以向求职者提出一些素质考核问题，保证所提问题可以帮自己获取更多信息，并可以根据这些信息做出聘任决定

◆半结构化面试的沟通技巧

半结构化面试有很多语言沟通技巧，包括开放式提问、封闭式提问、清单式提问、假设式提问、重复式提问、确认式提问、举例式提问等，还涉及很多非语言沟通技巧，具体如表 2–14 所示。

表 2–14　半结构化面试的沟通技巧

半结构化面试的沟通技巧	具体内容
开放式提问	通过开放式提问让求职者自由表达自己的想法与观点，获取所需信息，以免使自己陷入被动。开放式问题如“谈谈你的工作经验”等

续表

半结构化面试的沟通技巧	具体内容
封闭式提问	通过封闭式提问获取明确答案，比如“你是否担任过某企业的市场部经理？”这一问题的答案只有两个，“是”或者“否”
清单式提问	鼓励求职者讲述优先选择，了解其做决策的能力。比如“你认为在活动过程中突发意外的原因是什么？”
假设式提问	鼓励求职者从不同角度思考问题，引导求职者发挥想象力，了解求职者的态度与观点。比如“如果你在活动现场遇到这种情况会怎样处理？”
重复式提问	面试官通过重复式提问让求职者知道自己接收到了哪些信息，并对这些信息的正确性做出有效验证，如“你是说……”“如果我理解正确的话，你的意思是……”
确认式提问	鼓励求职者与面试官积极交流，对求职者传达出来的信息表示关心和理解，如“我明白你的意思！这种想法很好！”
举例式提问	举例式提问又名行为事件访谈或行为描述提问，是一项非常重要的面试技巧。面试官围绕求职者过去工作行为中的特定例子进行提问，所有提问行为都要遵循行为连贯性原则，所提问题不能集中在一个点上，而应该是一个连贯的工作行为。如“过去半年你策划过的最成功的活动是什么？在策划过程中遇到了哪些问题？采取了什么措施？取得了怎样的效果”等

2.3.2　STAR 行为面试法

20 世纪 70 年代初期，为帮助美国政府寻找驻外联络官，哈佛大学心理学教授麦克米兰博士及其研究小组创造了行为面试法，该方法又称为行为事件面试（Behavioral Event Interview，BEI）。

行为面试法的理论基础非常简单，即一个人的行为风格在一段时间内相对稳定，所以可以根据这个人过去与现在的行为对其将来的行为进行预测。

在面试中，面试官可以采用行为面试法，通过求职者对以往工作事件的描述以及对求职者的提问来判断其工作素质与能力，对其在今后工作中的行为表现进行推测。如果面试官决定使用行为面试法进行提问，一般会采用“STAR”方法，其中“S”指的是 Situation（背景），“T”指的是 Task（任务），“A”指的是 Action（行动），“R”指的是 Result（结果）。STAR 面试法建立在“过去的行为是未来行为的最好预言”这一基础上，面试官采用该方法提问应遵循“多问过去，少问将来”的原则，根据求职者过去的行为进行判断，不能只听信求职者的一面之词。

一般情况下，求职者会在求职材料上填写自己过去获得的荣誉、取得的成绩，内容比较空泛。面对这种情况，面试官的主要任务就是了解其取得这些成绩与荣誉的过程与方法，据此对求职者所具备的知识、经验及其工作风格、性格特点做出全面了解。

◆ STAR 行为面试法过程

在面试过程中，面试官很难通过简历对求职者做出全面了解，非常需要采用 STAR 行为面试法获取充足的信息，对求职者做出全面且客观的评价。STAR 行为面试法如图 2-3 所示。

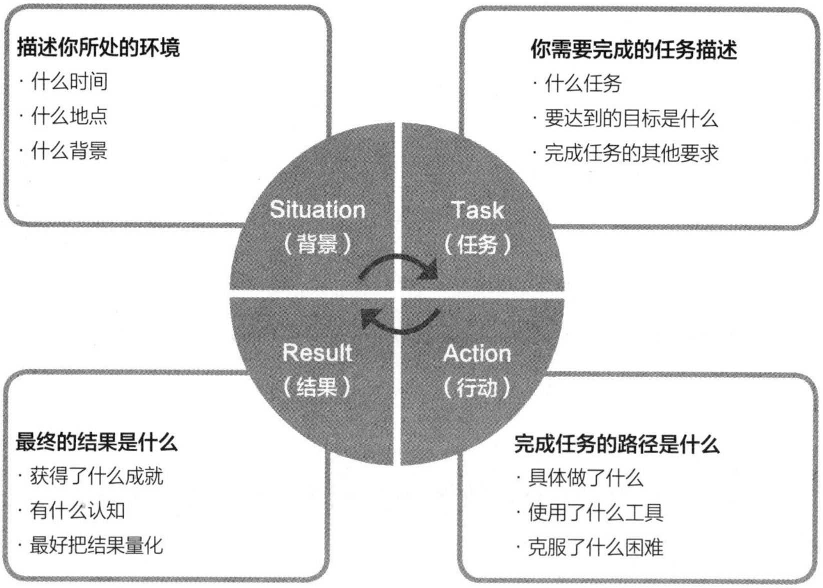

图 2-3 STAR 行为面试法

（1）Situation：工作背景分析。

首先，面试官必须了解求职者在工作中取得优秀成绩的背景。面试官通过向求职者提问与工作业绩有关的背景问题，了解其取得优秀业绩的前提，进而判断这些业绩中哪些与应聘者个人有关，哪些与市场有关，哪些与行业特点有关。

（2）Task：任务描述。

面试官要通过提问了解求职者为完成业绩目标需要完成哪些工作，这些工作的具体内容是什么。通过这些问题，面试官可以获知求职者的工作经历与经验，判断其是否能够胜任目前企业空缺的岗位。

（3）Action：行动分析。

了解求职者为完成任务采取了哪些行动，这些行动对任务的完成产生了哪些作用。通过这些问题，面试官可以对求职者的工作方式、行为方式、思维方式等做出进一步了解。

（4）Result：结果分析。

在任务推进过程中，求职者每采取一项行动取得了怎样的结果，这些结果是好还是坏，其原因是什么。

通过上述四步，面试官可以有条不紊地对求职者进行引导，挖掘更多信息，为最终的用人决策提供更多支持。这不仅可以帮企业招聘到合适的人才，对企业负责；也可以帮助求职者展现自我、推销自我，对求职者负责，实现双赢。

【范例2　STAR 行为面试范例】

考官：如果你通过面试，成为我企业的一名业务代表，为做好客户维护，你会采取哪些措施？请举例说明你在做业务代表期间维护客户的一个场景。

面试者：如果我有幸通过面试，进入贵企业，在客户维护方面我会采取三大措施：第一，提升有效电话数量，逐渐实现从量变到质变；第二，对客户进行分级，针对不同级别的客户采取不同的维护方法；第三，开发更多客户维护方式，尽量做到因人而异、精准维护。

考官：请具体描述一下你的目标客户群？每天的有效电话有多少？请详细阐述一下客户分类情况，并举例说明你是如何有针对性地进行客户维护的。请阐述客户维护方法，以及面对有代表性的客户，你采取了哪些维护措施。

面试者：去年，我遇到一位高质量的客户。一开始，我先通过电话与他进行沟通，进展比较顺利，然后我提出上门拜访请求，希望当面向他介绍我的产品。因为他在企业的职位比较高，工作比较忙，所以我想了很多办法才和他见到面。（回答问题不全面，缺少结果）。

考官：（进一步跟进问题）请详细描述一下你见到这位客户之后采取了什么方式进行沟通，沟通结果怎么样？你的上级如何评价？

面试者：……

在使用STAR行为面试法组织面试时，面试官必须对求职者的回答进行深入分析，判断其回答是否涉及了上述四大要素，即是否说明了事件发生背景、是否交代了所采取的行为方式、预期目标是什么、最终结果如何。如果求职者有遗漏，面试官要及时追问。

2.3.3 无领导小组讨论面试法

无领导小组讨论（Leaderless Group Discussion，LGD）是一种使用频率极高的测评技术，采用情景模拟的方式组织求职者进行集体面试。1920年，德国军队采用无领导小组讨论面试法选拔军官，这是目前可追溯到的最早使用该方法的案例。1950年，企业开始使用无领导小组讨论面试法来选拔管理人员，对管理人员的潜力进行评估。之后，无领导小组讨论面试法被世界500强企业用来选拔中高级人才，但近几年，这种面试法的应用范围越来越广，被很多企业采用，甚至出现在了很多校园招聘中。

一般来讲，无领导小组讨论面试法具备以下几大特点：

- 新的团队——讨论小组是临时组建的一个团队。
- 新的问题——讨论的问题候选人可能从未见过。
- 时间范围——讨论一般要在45分钟内完成。
- 互动讨论——面对问题，候选人会产生不同的认知与理解，需要进行充分讨论以达成共识。

◆提高面试官面试技能

无领导小组讨论面试质量深受面试官与求职者的影响。在面试过程中，面试官可从以下几个方面对求职者的素质与能力进行考察，具体如表2–15所示。

表2–15 提高面试官面试技能

提高面试官面试技能	具体内容
起	谁发起了讨论？谁制定了讨论规则？谁在大家沉默时打破了僵局？
承	谁积极配合，努力进行智慧输出？谁在努力营造讨论氛围？谁在化解矛盾，积极推进讨论？谁在主动邀请他人表达观点，并仔细聆听？
转	谁在讨论离题时努力拉回主题？谁在讨论即将无果时重新找到要解决的问题？
合	谁在倾听、总结大家的观点？谁能将看似矛盾、对立的观点整合起来，形成第三种思维？谁代表小组做总结性发言，质量如何？

在观察求职者讨论的过程中，面试官不仅要看求职者是否有上述行为，还要评判求职者上述行为的质量，判断其行为是否达到了预期效果。招聘HR必须明白一点，组织无领导小组讨论面试的目的不在于找到形式上的领导者，而是要选择出能够真正为团队做贡献，能够真正胜任岗位的人。

◆确保题目设计的科学性与可测评性

无领导小组讨论的问题大概有五种类型，分别是开放式问题、两难问题、多项选择题、操作性问题、资源争夺问题。每种类型的问题都各有优势与劣势，题目设计要遵循“提高测评效率与质量”的原则，在具体操作过程中要注意以下两点，具体如表2–16所示。

表2–16　面试题目设计的注意事项

面试题目设计的注意事项	具体内容
贴近候选人的经历	题目设计要尽量贴近候选人的经历，最好能够被候选人理解，激发候选人的兴趣，让候选人在讨论过程中可以充分表现自己，不至于无话可说，借此保证面试评价的公平性
可辩性	可辩性指的是题目没有对错之分，存在很多可以争辩的点，能够刺激候选人围绕题目进行激烈讨论，在讨论过程中将真实的自己展现出来。面试官可以通过观察对候选人的各项素质与能力进行科学评价。另外，题目答案具有开放性，经过讨论，不同的人会持有不同的答案。通过答案，面试官可以在一定程度上了解求职者的素质、能力和性格

◆使用方法得当

一般来说，无领导小组讨论面试法比较适合用来招聘那些经常与人打交道的岗位，具体如下：

（1）招聘选拔管理人员，包括领导、管理、行政、公关、销售等，这是无领导小组讨论面试法最经典的运用。

（2）招聘非管理人员时，测评通用素质，比如语言表达能力、人际沟通能力、团队协作意识、逻辑思维能力、责任心等，这是无领导小组讨论面试法的拓展应用。

一般来讲，无领导小组讨论面试法考察的要素不能过多，最好为5～7个。考察要素太多，面试官不得不将大量精力投放在打分上面，会忽略对求职者的观察。具体来看，考察要素设计原则如表2–17所示。

表2–17 考察要素设计原则

序号	设计原则
1	依照职位说明书，按职务要求设计最需要考察的要素
2	与其他测评方式相结合，其他测评方式可以考察的要素，尽量不要出现在无领导小组讨论中
3	结合无领导小组讨论的特点，对人与人互动的要素进行充分考察，通过考察单个候选人可以获得的信息最好不要出现在无领导小组讨论中

2.4 面试管理制度与表格范例

2.4.1 面试管理制度范例

【范例3 面试管理制度】

第一条 总 则

1. 本公司为招聘人才，为公司的发展服务，特制定应聘面试管理制度。

2. 有关应聘员工面试事项，均依本制度处理。

第二条 面试考官应具备的条件

1. 本公司人事部门工作人员为面试考官，面试人员本身需要给人一种好感，能够很快地与应聘者交流意见，因此面试人员在态度上、表情上必须表现得十分开朗，让应聘者愿意将自己想说的话充分地表达出来。

2. 面谈人员本身必须培养极为客观的个性，理智地去判断一些事务，绝不能因某些非评价因素而影响了对应聘者的客观评价。

3. 不论应聘者的出身、背景之高低，面试人员都得设法去尊重应聘者所表现出来的人格、才能和品质。

4. 面试人员必须对整个公司组织情况、各部门功能、部门与部门间的协调情形、人事政策、薪资制度、员工福利政策有深入的了解，才能应对应聘者随时提出的问题。

5. 面试人员必须彻底了解该应聘职位的工作职责和必须具备的学历、经历、人格条件与才能。

第三条 从面试中应获得的资料

1. 观察应聘者的稳定性：应聘者是否无端常换工作，尤其注意应聘者换工作的理由，假如应聘者刚从学校毕业，则要了解应聘者在学校中参加哪些社团，稳定性与出勤率如何。另外，从应聘者的兴趣爱好中也可以看出应聘者的稳定性。

2. 研究应聘者以往的成就：研究应聘者过去有哪些特殊工作经验与特别成就。

3. 应付困难的能力：应聘者过去面对困难或障碍是否经常逃避，还是能够当机立断挺身而出解决问题。

4. 应聘者自主能力：应聘者的依赖心是否极强？如应聘者从学校毕业，则可观察他在读书时是否一直喜欢依赖父母。

5. 对事业的忠心：从应聘者谈过去主管、过去部门、过去同事以及从事的事业，就可判断出应聘者对事业的忠诚度。

6. 与同事相处的能力：应聘者是否一直在抱怨过去的同事、朋友、公司以及其他各种社团。

7. 应聘者的领导能力：当公司需要招聘管理者时，特别要注意应聘者的领导能力。

第四条 面试的种类

根据本公司状况，面试可分为下列两种：

1. 初试：初试通常在人事部门实施，初试的作用无非是过滤那些学历、经历和资格条件不合格的应聘人员，通常初试的时间为15～30分钟。

2. 评定式面试：经过初试，如果发现有多人适合这项工作，就要由部门主管或高级主管做最后一次评定式面试，这种面试通常为自由发挥式的面谈，没有一定的题目，由一个问题延伸到另一个问题，让应聘者有充分发挥的机会，这类面试通常需30～60分钟。

第五条 面试的地点及记录

1. 面试的地点最好在单独的房间，房间只有面试人与应聘者，最好不要装电话，以免面试受到电话的干扰。

2. 面试的时候，必须准备面试表格。通常初试表格最好是打对勾方式的。在评定式面试中，最好用开放式的表格，把该应聘者所说出来的一切当时就记下来。

第六条 面试的技巧

1. 发问的技巧。好的面试人员必须擅于发问，问的问题必须恰当。

2. 学会听。面试人员要想办法从应聘者的谈话里，找出所需要的资料，因此面试人员一定要学会听的艺术。

3. 学会沉默。面试人员问完一个问题时，应学会沉默，看应聘者的反应，最好不要在应聘者没有开口回答时，或者感觉应聘者不了解你的问题时，就解释你的问题。这时你若保持沉默，你就可以观察到他对这个问题的应对能力，因为应聘者通常会补充几句，而那几句话通常是最重要的也是最想说的几句。

第七条 面试的内容

1. 个人的特性。应聘者的资格包括应聘者的体格、举止、健康情形、穿着、语调、坐和走路的姿势。应聘者是否积极主动、是否为人随和、是否有行动以及个性内向或外向，这些要依靠面试人员对应聘者的观察。

2. 家庭背景。家庭背景资料包括应聘者小时候的家庭教育情形、父母的职业、兄弟姊妹、兄弟姊妹的兴趣爱好、父母对他的期望以及家庭的重大事件等。

3. 学校教育。应聘者就读的学校、科系、成绩、参加的活动，与老师的关系，在校获得的奖励，参加的运动，等等。

4. 工作经验。除应聘者的工作经验外，更应该从问题中观察应聘者的责任心、薪酬增加的状况、职位升迁的状况和变化情形，以及变换工作的原因。从应聘者的工作经验里，我们可以判断出应聘者的责任心、自动自发的精神、思考力、理智状况等。

5. 与人相处的特性。从应聘者的结交来了解与人相处的情形，包括了解应聘者的兴趣爱好，喜欢的社团以及所结交的朋友。

6. 个人的抱负。包含应聘者的抱负、人生的目标及发展的潜力、可塑性等。

7. 面试一般性提问：

（1）关于求职动机：

为什么选择我们公司？

对公司工作的预期（工作条件、目标、薪酬等）是什么？

（2）关于人格品行：

你择业考虑的主要问题是什么？

个人未来职业生涯的预期是什么？

如何理解幸福的人生和成功事业？

目的：了解个人价值、抱负、生活理念等。

（3）关于敬业精神：

谈一件你的经历中最值得自豪的事件，你是如何获得成功的？

你的职业态度是什么？

目的：考察以往的业绩、职业态度、责任感、进取精神、开拓精神。

（4）关于专业知识特长经验：

简单描述一下你受的教育经历（学历和培训）。

如何使你对公司更有价值。

目的：从专业的角度了解求职者的特长及知识的深度与广度，考察其是否具备岗位所需的专业知识和专业技能。

（5）自制力和自控力：

你最大的优点是什么？最大的缺点是什么？

如何发挥优点和克服缺点？

你遇到最大压力时的处理方式？

目的：考察其能否客观地进行自我了解和自我剖析。

（6）表达能力：观察面谈过程中的口头表达的准确性，发音的准确性。观察体态语、语言感染力音量、音调、节奏。

（7）未来发展能力：

如果工作需要实行计算机自动化办公，你认为你能适应吗？

假设公司未来几年获得高速发展，此时如何适应工作环境的变化？

目的：在于考核求职者的知识面，自我学习能力，身体状况，对未来的预期，等等。

【范例4　面试实施办法】

第一条　总　则

1.人员的选拔是从应聘者中选出适合岗位要求的人员的过程，而面试是人员选拔辨别和甄选的重要过程，为了确保为公司挑选出具有相应技能、知识和经验都相对能满足公司发展需要的合适人员，根据《××

有限公司工作实施办法》制定本细则。

2. 本细则适用于 ×× 有限公司内部和外部招聘人员的面试。

3. 面试的实施必须贯彻公开、平等、竞争、择优的原则。

第二条　面试具体实施步骤

（一）面试前的准备阶段

1. 根据“×× 公司”制订的人员招聘需求计划和拟招聘岗位的《岗位说明书》确定需要面试的事项和范围，确定面试的目的，选择合适的面试类型、面试题目，并且确定面试的时间和地点。面试考官在面试前应详细了解应聘者的资料，发现应聘者的个性、履历、学历、社会背景及对工作的态度、是否有发展潜力等。

2. 根据招聘职位的性质、特点和测评要素拟制《面试评估表》和《面试评估汇总表》。

3. 如招聘专业类岗位人员，小组可以从整个公司抽调与该岗位专业类相关的人员一起面试。

（二）面试阶段

1. 阶段一。

先从应聘者可以预料到的问题开始提问，然后再过渡到其他问题，以消除应聘者的紧张情绪，便于观察应聘者的外在表现，以求全面了解应聘者。

2. 阶段二。

采用灵活的提问和多样化的形式交流信息，进一步观察和了解应聘者，密切注意应聘者的行为和反应，重点了解应聘者的综合素质和再学习的能力。提问内容应包括基本的寒暄问候，年龄、学历、户籍、专业、成长历程、宗教信仰、婚姻、子女、父母情况、工作经历和角色、离职原因，对社会、企业和人生的关系认知，自我实现和追求；观察内容应包括坐姿、站姿、礼仪、语气、形象气质、语言的组织能力和表达能力、应变能力、心理承受能力、理解能力等。

入围人员的要求：影响能力（引导、驾驭、魄力）较强；表达能力（准确流畅、有理有据）较好；思辨能力（创新、深刻）较强；融他性（倾听、理解、包容）较强；个性魅力（仪表气质、自信心、感受能力）较强；知识结构的完整性；思想的相对成熟性。

3. 阶段三。

在面试考官问完了所有预设的问题后，给应聘者询问问题的机会，看应聘者是否有补充或修正错误之处，整理面试记录（面试考官应对面试者可能提出的问题有预见性，并能有效应对）。

4. 阶段四。

面试结束后，面试考官根据面试记录对应聘人员进行评估，根据岗位性质采取评语式评估（围绕入围要求抓住核心优势进行点评，同时对特别明显的劣势进行点评）。将评估结果和拟录用（入围）人员名单上报组长。

本办法自 ×× 年 × 月 × 日起实施。

2.4.2 面试管理表格范例

表 2–18 应聘人员面试通知表

先生 / 女士：

您好！

首先感谢您对本公司的信任和大力支持。

经过初次接触，我们认为您基本具备加盟本公司的能力，因此特别通知您以下时间、地点到我公司进行正式面试。具体要求如下：

面试时间	年 月 日（星期 ） 时 分		
面试地点		面试时限	小时 分钟
行车路线			
面试内容说明	个人进行 3 分钟的演讲，内容为个人姓名、出生年月、毕业学校、所学专业、个人爱好及特长、对公司前景展望及个人目标设计 （注意：只限 3 分钟，请勿超时）		
个人准备	携带个人身份证及复印件、学历证书及复印件、职称证书及复印件； 资格证书及复印件、获奖证书及复印件； 个人一寸免冠彩色照片 张； 男士着装要求： 女士着装要求：		

单位名称：（盖章）

年 月 日

表 2-19　应聘人员面试登记表

应聘职位：　　　　　期望月薪：　　　　　到岗时间：　　　　　填表日期：　　年　月　日

姓名		性别		年龄		出生日期		毕业院校	
籍贯		民族		身高		政治面貌		所学专业	
学历		职称		健康状况		婚姻状况		紧急联系人 / 电话	

已办理的福利项目（画“√”）	养老□ 失业□ 基本医疗□ 工伤□ 生育□ 住房公积金□ 其他□

家庭住址			户口所在地	

电话（家）		手机		E-mail		身份证号码	

所受教育	起止时间	学校名称	专业	学历

工作经验	起止时间	公司名称	所担任职务	离职原因	相关证明人及电话

工作业绩 / 培训经历 / 职称情况 / 执业证书及注册情况

请列出您的工作业绩，个人优势，培训经历（培训机构、培训内容、证书），职称情况（级别、专业名称及评定时间）和执业证书（级别、专业、注册单位）

社会关系（范围仅限配偶、父母、子女）

姓名	与本人关系	联系电话	工作单位

您的健康状况如何？得过什么大病或传染病吗？	良好 □　无 □　有 □（详细说明）
您最看重（画“√”）	薪金□　职务□　个人发展□　办公环境□　福利□　其他______
应聘渠道	网站□　业务接触□　亲友介绍□　公司员工推介□　（列出姓名）其他__

声明：本人知悉在呈交本申请书时因隐瞒或所提供的资料不真实而产生的一切后果均由本人负责，包括愿意接受公司与本人解除劳动合同。授权公司及其委托方对本人进行背景调查，并提供便利

本人签名：____________________　　　　日期：__________________

表 2-20　应聘人员面试记录表

<table>
<tr><td>候选人姓名</td><td></td><td>拟录用部门</td><td></td><td>拟录用职位</td><td colspan="3"></td></tr>
<tr><td>评定项目</td><td colspan="3">面试问题</td><td colspan="4">评分（画“√”）</td></tr>
<tr><td>仪容仪表及表达能力</td><td colspan="3">通过观察应聘者的穿着、打扮、言谈举止等来判断</td><td>优秀</td><td>良好</td><td>一般</td><td>较差</td></tr>
<tr><td>求职动机</td><td colspan="3">选择本公司的原因和选择工作时最重视哪三项因素</td><td>积极</td><td>明确</td><td>不明</td><td>不良</td></tr>
<tr><td>专业知识和技能</td><td colspan="3">询问与职位要求相关的专业知识和相关领域的问题</td><td>优秀</td><td>良好</td><td>一般</td><td>较差</td></tr>
<tr><td>个性品质</td><td colspan="3">座右铭或人生信条及抗压能力</td><td>优秀</td><td>良好</td><td>一般</td><td>较差</td></tr>
<tr><td>人际沟通能力</td><td colspan="3">了解其与原来单位同事相处情况和社会交际能力、酒量</td><td>优秀</td><td>良好</td><td>一般</td><td>较差</td></tr>
<tr><td>对其以往职场评价</td><td colspan="3">了解其以前工作单位性质和背景以及本人离职原因，掌握其对企业忠诚度及对本职位了解程度与渴求程度</td><td>优秀</td><td>良好</td><td>一般</td><td>较差</td></tr>
<tr><td>初试意见（行政与人力资源部招聘专员）</td><td colspan="7">初试评价：
意见：□建议复试　□储备　□转岗面试　□淘汰
签字：　日期：</td></tr>
<tr><td>复试意见（用人单位部门经理）</td><td colspan="7">复试评价：
意见：□建议试用　□终试　□储备　□转岗面试　□淘汰
签字：　日期：</td></tr>
<tr><td>终试记录（用人部门分管副总）</td><td colspan="7">终试评价：
薪资建议
试用期：________　转正后：________
试用期：__个月　合同时间：____年__个月
签字：　日期：</td></tr>
<tr><td>行政与人力资源部经理意见</td><td colspan="7">评价：
薪资建议
试用期：________　转正后：________
试用期：__个月　合同时间：____年__个月
签字：　日期：</td></tr>
<tr><td colspan="8">总经理意见：
签字：　日期：</td></tr>
</table>

表 2-21　应聘人员面试测评表

部门	评分项目	极佳 10 分	佳 8 分	一般 6 分	略差 4 分	极差 2 分	面试提问参考
人力资源部	形象气质	衣着发型精致，精神面貌极佳，言语交流带艺术感，举止端庄文雅，气质出众	衣着发型整洁，精神面貌较佳，言语交流融洽，举止得体大方，注重气质	衣着发型整洁，精神面貌较佳，言语交流正常，举止正常	衣着发型合体，整洁度一般，精神面貌欠佳，言语低沉，举止随意	衣着凌乱不得体，精神状态极差，不注意语言文明，举止轻浮	A. 您认为自己是帅哥（美女）吗？今天是您最好的打扮吗？ B. 您对自己衣着打扮如何看？有研究过吗？喜欢的是什么？ C. 您认为自己的气质如何？应该怎样展示您的最佳气质？ D. 您认为您所应聘的岗位应具备什么形象气质？
	求职动机	个人求职意向强烈，职业目标规划分明清晰，并作自我战略分析，职业及经历技能匹配度极佳	个人求职意向较强，职业目标规划清晰，自我剖析清楚，职业匹配度较佳，并有一定的职业积累	个人求职意向清楚，有职业目标，有规划，自我分析基本明确，职业匹配度尚可	个人求职意向不清楚，有职业目标，无规划，自己喜好清楚，自我优势不清楚，职业相融度一般	个人求职意向模糊，职业目标不明确，无任何规划，对自己认识不清楚，喜好不清楚，工作茫然度极高	A. 您在选择工作中最看重的是什么？（成长空间、培训机会、发挥平台、薪酬等） B. 您为什么会想做这份工作？ C. 您认为自己以现在的条件应得到什么样的收入？ D. 您认为自己过往的工作经验能达到这个岗位要求吗？如果不能，还有多大差距？愿意去学习消除差距吗？
	工作稳定性	工作更换频率极低，职业经历呈阶梯或上升趋势，职业技能匹配度极好	经历有 2 家以上，5 年期稳定单位，跨行经历少，职业技能匹配度较好	工作持续性经历以 3 年以上居多，跨行业经历稳定，职业匹配度尚可	工作更换频率较低，工作持续性以 2 年以上居多，偶有跨行经历流动	经常频繁更换工作，工作持续性以 1 年内的较多，跨行业经历多	A. 您怎么看待跳槽？您认为您跳槽频率高吗？ B. 您每次跳槽的动机是什么？ C. 您对新环境的适应能力如何？ D. 从今以后的五年时间里，您计划做些什么？

续表

部门	评分项目	极佳10分	佳8分	一般6分	略差4分	极差2分	面试提问参考
人力资源部	沟通能力	兴趣广泛，知识渊博，注重语言艺术及个性风格把握，表情动作丰富得体	性格偏外向，交流顺畅，能引领话题，具备丰富的语言词汇，并能较好运用表情动作	性格适中，交流正常，语言组织、语意表达正常，有交流话题主导	性格偏内向，交流正常应答，语言组织一般，语意表达一般	性格沉闷，从不主动说话，交流无应答，语言组织表达能力极差	A. 跟上司的想法不一致的时候您如何去沟通？ B. 一个孩子在哭，您如何让他停止？ C. 如果有一个同事，你已经跟他说过 3 遍了，但他仍不明白，你怎么办？ D. 您的 2 个发小吵架了，您如何去阻止？ E. 您怎样能成功地把梳子卖给庙里的和尚？
	经历与公司匹配程度	经历同行业同等规模或较大规模同行企业，相同岗位并具有一定领先优势	行业经历与公司同行业，技能经验与公司岗位一致	行业经历与公司行业有相通性，技能经验与公司岗位相关性较大	行业经历与公司行业有差距，但技能经验与公司岗位有一定相关性	行业经历与公司行业相差甚远，技能与经验与公司岗位要求相差较大	A. 原来的行业（岗位）跟现在有什么区别？ B.（假如是跨行业）您对这个行业了解多少？ C. 您掌握了多少这个行业的经验或技能？ D. 您如何将以往的工作经验运用到您所应聘的岗位上来？
	个性与岗位适合度	能根据岗位要求自我调控，把握个性，并具有一定影响力	个性鲜明，明晰掌握岗位各方面特性要求，自控能力及自我调节能力较好	个性特征明显，了解岗位胜任关键要求，具有一定的自我控制能力	具有某些个性，不清楚该岗位胜任能力或关键要求上稍有差距	无个性，做人做事盲目偏激，与岗位胜任能力要求差距很大，控制力较差	A. 您自认为您的个性是什么？有哪些优点和缺点？ B. 您认为什么样的性格的人做这个岗位是最合适的？ C. 您认为你的个性对这个岗位有什么优势？ D. 如果有个很强势的直接上司，您能适应吗？如何去适应？
用人部门	与职位相关经验和专业知识	具有同行业相关经历，经验丰富，具有很强的专业知识并能灵活运用，实践和理论很好地结合起来，专业匹配度极佳	有同行业相关工作经历，有一定的工作经验积累，有较好的专业理论知识，专业匹配度较好	对行业有接触，工作经验不多，工作经验与岗位匹配尚可，专业知识一般，运用过于机械化	对行业很少接触，本岗位专业知识和经历有所欠缺	无任何经历，对工作无兴趣，不具备任何经验	A. 您觉得您在以前类似于我公司提供的这个岗位上的工作经历中有哪些方面做得不足？ B. 您打算在以后的工作中采取哪些改善措施？ C. 如果您到我们公司来任职还有没有补充改善措施？ D. 专业知识提问（选取有针对性的问题）

续表

部门	评分项目	极佳 10 分	佳 8 分	一般 6 分	略差 4 分	极差 2 分	面试提问参考
用人部门	领悟反应能力	能理解问题的多重关系和内在联系，陈述逻辑思维性强，能融会贯通，具有较强的灵活应变能力，能迅速、简洁、准确回答问题，能妥善解决突发事件并镇静处理	能理解问题因果关系，陈述逻辑性强，善于总结，反应速度较快，短时间内组织自己的思维，能迅速、简洁、准确回答问题	能理解问题的基本关系，陈述逻辑性一般，反应速度一般，言语表达尚可，能准确回答问题，速度一般	能初步理解问题的表面现象，领悟不到基本关系，反应迟钝，言语表达没有条理性，回答问题很慢	经常会错误地理解问题，答非所问，反应很慢，不能回答问题	A.（若答无，问）您好像不太连续去追求卓越，您认为您能胜任我们提供给您的这份工作吗？检验一下对方在某种压力下对一般问题的反应能力。测评灵活应变能力、逻辑思维能力、语言表达能力 B. 5+3+8/2=?（能在 5 秒内回答为一般，3 秒内为佳） C. 爸爸的妈妈的其他儿子与您的关系？（叔侄） D. 黑人和白人生的女婴，请问她的牙齿是什么颜色？ E. 哑巴通过比画动作买到了牙刷，盲人买墨镜该怎么办？
	培养发展潜质	对个人发展有全面的规划，切合实际考虑，工作热情，接受继续教育经历丰富，个人进取心强烈，学习能力强，具有极强创新能力	对个人发展有全面的考虑，主动工作，接受继续教育经历比较多，个人进取心较强，学习能力较强，有创新的事实案例	对个人发展有一定的考虑，但不全面，按时完成工作任务，有接受继续教育经历，个人进取心良好，学习能力一般，务实勤奋好学	对个人发展考虑很少，工作的积极性不高，少有接受继续教育经历，个人进取心较差，学习主动性不高，学习能力不强	对个人发展没有考虑，被动工作，无接受继续教育经历，无个人进取，学习能力很差	A. 您怎么评价您自己？ B. 您的目标是什么？ C. 您如何达成您的目标？ D. 您最想学哪方面的知识技能？如何提升自己？ E. 如果现在让您当公司的管理人员，您会怎么办？
	团队协作能力	有极佳的团队领导能力，可带领团队，能主导展开团队活动，有协调团队内部矛盾的能力，并鼓舞团队的士气	一直主动配合他人工作，且有较强的协调能力，效果良好，有较强的团队意识，能营造团队氛围	主动配合或协助他人开展工作，能参与团队活动，能得到团队的认同，有团队协作的成功案例	多方督促时才能配合他人工作，且效果较差。不是很积极地参与团队的活动	个人主义严重，不能良好配合他人工作，团队意识浅薄，融入团队能力极差	A. 谈谈您的上司还有您的工作伙伴，他们是如何评价您的？ B. 您认为如何来理解“团队”这个词？团队意味着什么？什么样的团队是最佳的？ C. 您有经历过团队协作才完成的工作任务吗？那时您在团队里怎么做？ D. 当个人利益和团队利益有冲突时，您怎么办？

表 2–22　辞谢通知函

先生 / 女士： 　　你好！ 　　十分感谢你应聘本公司职位。我们仔细讨论了每位应聘者的资料，你的学识、资历、修养和气质均给我们留下了良好的印象；可惜本次名额有限，暂时不能委以重用，但我们已将你的资料列入人才储备档案，期待有机会再合作。 　　最后对你应征本单位的热诚，再次致谢，也希望你能继续关注我们公司的发展。 　　预祝事业顺利。 ××有限公司人事部 年　月　日

3 人才测评：建立岗位胜任力模型

3.1 人才测评的基本认识

3.1.1 人才测评的概念

人才测评属于人力资源管理的范畴，它借助履历分析、评价中心技术等方法，能够对一个人的专业知识、执行能力、潜力大小和性格偏好等方面做出科学评价。人才测评以行为科学、管理学等理论为指导，被广泛应用于企业管理领域。

人才测评作为具有归纳特征的科学，包含了计算机技术、行为学、心理学、管理学、统计分析等多个学科，在招聘职工、安排岗位、考核绩效、学习培训、提升等级等人力资源管理工作中具有不可替代的作用。人才测评凭借对人员的综合性科学评价，成为企业做好人力资源管理工作的第一步，并为企业以后的人才管理与利用打下了良好的基础。

◆人才测评的类型

人才测评主要包括以下五种类型，如表 3–1 所示。

表 3–1　人才测评的类型

人才测评的类型	具体内容
选拔型测评	选拔型测评是指依据岗位要求，在众多人员中选拔出相对优秀的人才，是一种强调区分性的素质测评。除了强调区分性，选拔型测评的特征还包括客观性、刚性、选择性，测评结果为分数或等级。同时，选拔型测评还要遵循公平公正、差异可比以及准确性的原则
配置型测评	配置型测评作为一种素质测评，要求人员能力要与岗位要求相符，以达到人事合理配置的目的。它的特征主要是：针对性（表现于测评的目的）、客观性（表现于测评的标准）、严格性（表现于测评安排与进行的过程中）、准备性（表现于测评活动的开始）
开发型测评	开发型测评着眼于人才素质开发，服务于人力资源管理，以发展潜力为指标对人才进行科学评价，以达到提高人才素质的目的。它的特征主要是：审查性（查明素质高低）、协作性（与开发素质相协作）、推动性（推动素质的提高）
诊断型测评	诊断型测评同样也是一种素质测评，它的目的是评判人才素质或分析问题产生的根源。它的特征主要是：内容全面细致、过程追本溯源、结果不公开、系统科学
考核型测评	考核型测评的目的是就某种素质的存在与否和高低优劣来对人员进行检验，也被称为鉴定型测评，常与选拔型测评和配置型测评结合使用

◆人才测评的分类

（1）按照测评性质分类。

按照测评性质划分，我们可以将人才测评分为以下几种类型，如表 3–2 所示。

表 3–2　按照测评性质分类

按照测评性质分类	具体内容
社会性测评	以全世界某些特定人群为对象，由包括国家、行业协会以及其他公共机构在内的非私人组织实施的人才测评。比如公务员考试、初级会计职称考试、英语四六级等
组织内测评	以组织内人员或组织的预备人员为对象，以完成组织工作计划与管理任务为目标的人才测评。比如考核绩效测评、学习培训测评

续表

按照测评性质分类	具体内容
教育测评	以校内学生为对象，由学校或教育辅导机构实施的一种考试测评，一般包括学业水平测试与升学考试两种。比如中考、高考、期中考试、期末考试

（2）按照测评目的分类。

按照测评目的划分，我们可以将人才测评分为以下几种类型，如表3–3所示。

表 3–3　按照测评目的分类

按照测评目的分类	具体内容
选拔性测评	以选拔人才为目的，由国家或组织实施的人才测评
总结性测评	对某个或某些人员在特定时期的学习、工作或培训成果进行查验的测评。比如职业技能测试
诊断性测评	为了找到可能存在的问题、隐患以及明确问题产生根源而实施的测评
发展性测评	着眼于人员培训策划，以提高人员素质为目的的测评

（3）按照施策主体分类。

按照施策主体划分，我们可以将人才测评分为以下几种类型，如表3–4所示。

表 3–4　按照施策主体分类

按照施策主体分类	具体内容
内部测评	是指实施主体为组织内部人员的人才测评
第三方测评	是指实施主体为与组织无关的第三方专门机构的人才测评

3.1.2　人才测评的特点

人才测评的主体有两个，一是主持测评者，二是测评对象，人才测评活动是一种复杂的社会认知活动。由于这两个主体都是存在于社会中的人，因此人才测评具有一些其他测评所没有的特点，大体包括以下几点。

◆人才测评是心理测量，不是物理测量

人才测评主要对人员的心理因素进行测评，不是把测评对象的身高、体重等作为主要测量内容。虽然物理测量有时也会纳入人才测评，但最重要的还是对人员的个性、素质、“三观”和专业能力等心理、思想层面的内容进行测量。美国心理学家西尔斯曾挑选1000个聪明的孩子作为测评对象，发现有的孩子长大后取得了非常瞩目的成就，而有的则一直过着普通的生活。经过分析研究，西尔斯发现那些成就较高的孩子大都意志坚定、积极进取、兴趣广泛，并拥有较强的心理素质。所以，人才测评非常注重心理测量，因为赢得事业胜利的关键就在于具备强大的心理素质。

◆人才测评是抽样测量，不是具体测量

能力和绩效作为人才测评的侧重点，贯穿了被测评人员全部活动的始终，而不是仅仅存在于某个静止的时空。因此，如果只从理论层面来讲，想要让测评结果更客观、公正，就必须结合更全面的信息，从更宽广的领域切入进行人才测评。

但理论也要结合实际，毕竟在有限的测评时间内，HR无法搜集到被测评者的所有信息，所以很难兼顾到所有测评内容，无法做到具体测量。因此，在进行人才测试时，只能借助“以点见面”的方式，从被测评人员身上尽可能多地选择有代表性的样本，然后对这些样本进行测量，最后根据这些测量结果，推测出需要的所有测评项目的信息。

◆人才测评是相对测量，不是绝对测量

由于人才测评的实施者与对象都是人，尽管实施者在测试过程中非常努力地想做到客观公正，但还是会受到主观因素的影响，导致测试结果出现误差，无法对被测试人员的情况做到绝对客观的反映，所以说人才测评是相对测量。

这可以从两个方面来理解：首先，实施者依据自己的经验来进行人才测评的策划，制定人才测评的标准，使得整个测评过程都带上了实施者的个人色彩，而不同的实施者在测评方式、测评工具的选择上，以及对测评任务与测评结果的理解上都会存在差异，这就进一步增加了测评的主观性；其次，人才测评本身就具有模糊性，因为被测评人员的能力、价值观等都是抽象的东西，掺杂着复杂的心理因素，很难对其做出具体客观的测量。

◆人才测评是间接测量，而不是直接测量

人的素质是人才测评的主要内容，包括产生社会行为的前提条件与内在能力。素质是抽象的，它虽然存在于每个人身上，但是 HR 无法用视觉或触觉感知到它。但素质并非不可认知的，它经常体现在人们的社会行为中，通过社会行为显露出它自身的一些特征。因此，HR 可以将被测试人员的社会行为作为媒介，来推断他本人的素质水平。所以说人才测评是间接测量，而不是直接测量。

3.1.3 人才测评的作用

现阶段，人才测评对企业发展至关重要，如果由于人才测评实施不当，企业没能招聘到适岗人才，就会使企业发展计划受阻，工作任务失败，业绩目标难以完成。但如果能够利用好人才测评，就可以达到有效利用人才的目的。

（1）科学地配置资源：使员工管理系统科学高效，用人体系公正合理；使人才与岗位更匹配，提高工作效率，为优秀员工提供施展才能的机会；避免任人唯亲的情况发生，减少资源浪费。

（2）人力资源开发：便于分析出每位员工的优缺点，从而更好地安排员工岗位，使员工之间能够取长补短，互相配合，开发员工的长处；便于把握员工之间的素质差异，了解每位员工的能力与发展潜力。

（3）提高员工的工作生活质量：安排合适的员工到合适的岗位，调动起员工工作的积极性，增强员工的心理满足感，缓解员工的工作压力，同时有助于员工明确自己的职业发展目标。

◆人才测评对企业的作用

从企业的角度看，人才测评的作用主要体现在以下几个方面，如表3–5所示。

表3–5　人才测评对企业的作用

人才测评对企业的作用	具体体现
招聘	评估应聘人员的素质水平； 评估应聘人员的专业能力； 帮助做出录用排序； 为已录用人员提供培养安排建议
选拔与晋升	评估员工的素质高低与潜力大小； 帮助做出晋升优秀员工的选择排序； 为优秀员工提供培养安排建议
团队分析	协调员工与团队之间的关系； 研究分析团队现状； 为团队发展提供建议
培训诊断与辅导	评估员工的素质水平； 分析员工能力，了解员工心理； 帮助完成培训策划
人力资源管理与开发	评估企业人力资源的整体情况； 挑选出潜能较大的优秀员工； 为企业人力资源开发与管理提供建议
绩效考核	评估员工能力； 评估任务完成情况； 评估工作行为是否合乎规范
职业生涯管理	帮助企业为员工制定职业发展规划； 帮助企业了解员工对哪些岗位感兴趣； 有助于将员工的个人目标与企业的集体目标结合起来

◆人才测评对个人的作用

从个人的角度看，人才测评的作用主要体现在以下两个方面，如表3-6所示。

表3-6 人才测评对个人的作用

人才测评对个人的作用	具体体现
有利于个人择业	个人通过人才测评，能够明确自己适合什么职业、喜欢什么职业，以及自己在选择岗位时有哪些优缺点，从而明确自己的择业目标，避免随波逐流，更快地找到心仪的工作。需要注意的是，个人要结合自己的能力与兴趣来选择工作，不能单单注重薪资报酬这一要素，否则很难找到真正适合自己的工作
有利于自我发展	个人通过人才测评，还能清楚地知道自己的能力大小与素质高低，明确自己的优势与不足，从而在以后的工作中做到扬长避短，并通过学习或培训来弥补自己的不足，提高自己的综合能力，使自己获得更全面的发展

3.1.4 人才测评的要素

人才测评的要素主要包含能力、兴趣、性格、价值观四个方面，如图3-1所示。

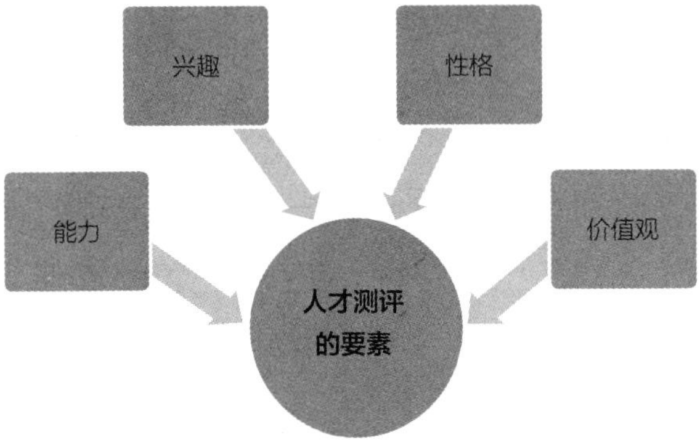

图3-1 人才测评的要素

◆能力

能力作为一种内在因素，决定着人们能否顺利完成某项任务，并影响着人们的活动效率。能力的产生来源于两个方面，一是先天的遗传基因，二是后天的学习培训、实践经验以及个人的生活环境。正常情况下，能力可分成一般能力与特殊能力两种。

（1）一般能力是指那些无论人们从事什么活动都必须具备的共同能力，主要包括观察、创造、想象和抽象概括四大内容。如果失去了一般能力，哪怕活动再轻松，人们也难以顺利完成。因此在生活中，一般能力是所有人学习技能、应用知识的内在前提。

（2）特殊能力是指那些针对性较强的专业能力或综合能力。当人们从事某项专业活动时，必须具备一种或几种与此活动相关的专业能力。比如，想要完成一项统计工作，就必须具备相应的统计能力，同时也要掌握必要的思维能力、运算能力以及数据分析能力。

◆兴趣

兴趣是一种心理倾向，是指人们接触某事物或开展某项活动时产生的一种特殊情绪，一般表现为欣喜、满足和期待的状态。兴趣以其积极活跃的心理倾向，能够增强人们行动的动力，促使人们踊跃投入到自己感兴趣的活动或工作中，让人们对生活充满期待与向往。

当兴趣被用于人才测评或职业生涯规划时，就能够充分调动起人的积极性与创造性，提高工作效率，缓解工作压力。兴趣是成功的促成因素之一，如果一个人所从事的工作恰好是他感兴趣的，那么他在这个工作领域就可能更快地取得成功。虽然成功的取得还必须依靠自身的努力等其他因素，不能只依赖兴趣的推动，但如果对自己的工作完全没有兴趣，那一定很难在自己的工作岗位上取得突出的成就。

将兴趣作为人才测评的要素之一，就是为了弄清楚被测试人员是否对企业的工作内容感兴趣，或者被测试人员的兴趣是否符合某行业人员的共同爱好，从而推断被测试者是否适合企业的某个岗位。

◆性格

人们在进行社会活动时总会表露出一定的个性特征，表现出对人或者事物的相对稳定的态度，这些个性特征与态度就是性格。个体行为的动机与性质也是由性格决定的，并且性格作为体现个体差异的内在因素，在个体的心理层面占有相当重要的位置。我们可以从以下三个层面来了解性格的内涵。

（1）性格从属于个性，它在整个形成过程中都贯穿了个性的因素。个体始终存在于社会生活中，不可避免地会受到社会环境的影响，而且个体也会采取某种反映方式，将这种影响反映到自己的活动中。当某种反映方式在个体的活动中定型时，就会变成个体的习惯性行为方式，表现出个体的性格。

（2）性格是个体的心理特征，是区分个体差异的重要因素，能够表现出个体独一无二的活动方式与处事理念，是心理范畴中最重要的元素。

（3）性格之所以能将个体的特定风格与精神面貌表现出来，是由于个体多种心理特征的共同作用，而不是仅仅依靠某一种心理特征的力量。

◆价值观

价值观同样是一种心理倾向，其功能是可以辨别行为或事物的是非优劣，能够评估行为或事物的重要程度以及带来的影响、起到的作用、产生的效果。人和动物有很多不同之处，其中之一就是动物只能依靠本能进行活动，而人拥有价值观，能够有意识地分析某种活动的后果，明确哪种行为对自己最有意义，从而制订行动计划，为了理想不懈奋斗。

价值观的来源是需求，但当个人的价值观建立以后，又会对人的需求产生反作用。比如，当人们接触工作、学习、游戏、休闲等各种活动后，会依据重要程度与个人喜好在脑海中对这些活动进行排序，这个排序就是个人的价值观体系，而这个体系又会对个人接下来的行为起到反作用，让个人明确未来活动的重点，可能会以工作为主，也可能会以学习为重。

一个人的价值观产生于出生的那一刻，在社会环境与家庭教育的综合作用下慢慢成形，而且也会受到世界观与人生观的影响。在此过程中，个人所处社会的经济基础与上层建筑也会对价值观的形成产生作用。价值观成形后，就会自发地调节个人的行为方式与行为动机，影响个人对自己的认识，决定个人想要成为什么样的人，想要完成什么理想以及达到什么目标。

3.1.5 人才测评的原则

人才测评的原则主要包括以下几个方面，具体如图 3–2 所示。

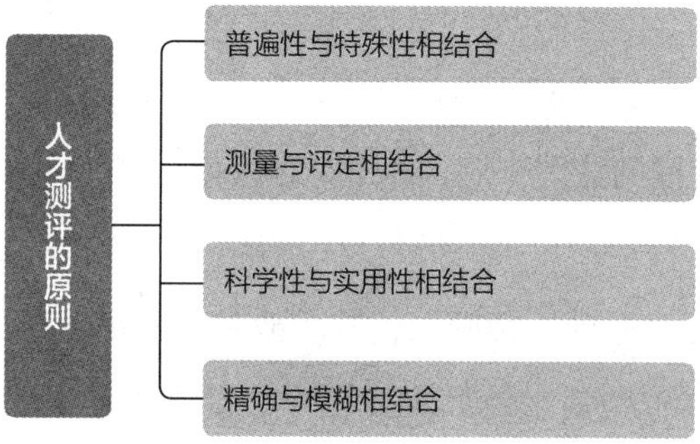

图 3–2 人才测评的原则

◆普遍性与特殊性相结合

很多企业或组织进行人才测评的目的是为某岗位选拔员工或了解某岗位上员工的素质，因此企业或组织在做人才测评策划以及确定测评标准时，不仅要符合人才测评的技术要求，还要兼顾特定岗位的工作内容与工作要求。只有将测评的普遍性规定与岗位的特殊性要求结合起来，才能得到更可靠的测评结果。

◆测量与评定相结合

测量是指借助数据来描述人员的能力或素质；评定是指进一步确定人员的价值。测量与评定作为人才测评不可或缺的组成部分，能够帮助实施者对测评信息、结果进行科学准确的分析，而且两者之间还存在紧密联系，即测量是评定的前提，评定是测量的深度发展与延续。准确可靠的评定离不开科学精准的测量；科学测量的价值也要通过准确可靠的评定表现出来。

◆科学性与实用性相结合

企业或组织在实施人才测评时，不仅要保证测评具有一定的科学性，还要兼顾测评的实用性，结合当下测评技术与条件。如果在测评时只注重提高科学性，不去考虑当下的测评技术与现状，就会阻碍测评水平的提升，使测评结果具有片面性，甚至会使以往许多测评成果被否定。因此，只有将科学性与实用性相结合，才能更顺利地完成测评任务。

◆精确与模糊相结合

企业或组织在对人员的记忆能力、推理能力等要素进行测试时，可以采用精确测评，但如果要对人员的价值观、语言能力等不易把握的要素进行测试，则必须使用模糊测评。在测评过程中，HR 可以通过适当降低精确性来完成模糊测评，也可以借助模糊性数学的方法对不易把握的要素进行更准确的测评。在人才测评中将精确与模糊结合起来，可以使精确的地方更精确，无法精确的地方也能借助模糊来提高精确性。因此，企业或组织在策划测评、选择要素、收集信息、明确标准与分析结果时，都要注意将精确与模糊相结合。

3.1.6 人才测评的方法

企业或组织为更好地开展人力资源管理工作，会借助许多方法对特定人员进行人才测评，人才测评的方法主要包括评价中心技术法、履历分析法、心理测验法等，如图 3–3 所示。

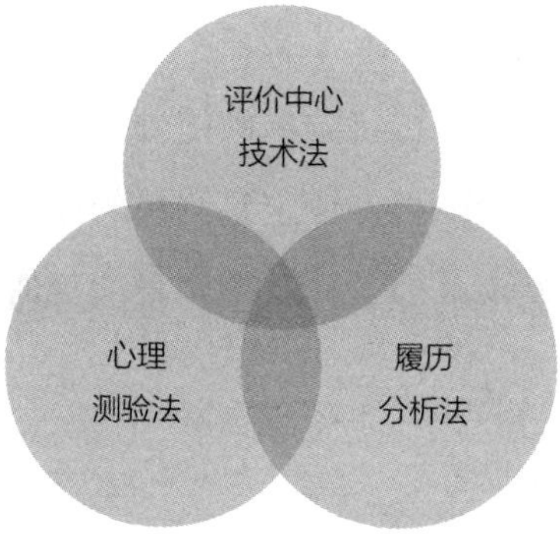

图 3–3 人才测评的方法

◆评价中心技术法

评价中心技术起源于德国军队，兴起于"二战"后，主要面向企业或组织的管理层人员，能够有效选拔出优秀人才，被广泛应用于当下的人才测评。在这种方法下，企业或组织一般会以小组形式对被测试人员进行划分，然后让他们在团队中接受主试人的测评。测评内容包括多个方面，比如面试、管理游戏、角色扮演、工作处理等，整个测试过程一般会持续 2 ～ 3 天。值得一提的是，测试人员的数量一般是被测试人员的 2 倍。

由于评价中心在选拔管理层人才时流程较多，因此与其说它是一种测评方法，不如说它是一个程序，但千万不要把它当作地点或场所。企业或组织为了选拔、鉴别、提高、培训和发展管理层人员，会安排多名主试人，采用主客观评价相结合的方式，按照特定的要素和目的，对测评对象的各种素质进行多角度和全方位鉴定。

在评价中心，情景模拟测试是亮点，几乎贯穿了人才测评的全过程，不过评价中心技术并不只有情景模拟，它还包含了其他多种测评方法。因此，评价中心技术以其科学性和实用性，能够有效地为企业或组织提供可靠的、精准的测评结果。但评价中心技术的缺点也很明显，比如成本大、耗时长、标准高、操作流程复杂。

◆履历分析法

履历分析法是当下许多企业与组织常用的人才测评方法，在选拔与晋升人才方面起到了重要作用，备受人力资源管理部门重视。具体来讲，履历分析法就是通过查阅测评对象档案或履历中的内容，在短时间内了解其过去与资历，结合简历快速淘汰不符合企业标准或者不能满足岗位要求的人。同时，企业或组织能够依据职位要求，预先明确履历中相对重要的内容，从而计算出测评对象履历的加权分数，然后再结合其他得分，迅速做出相对正确的人事决定。

履历分析法作为一种成本较低的人才测评方法，不仅具有较强的客观性，而且能帮助企业或组织通过测评对象过去的经历与业绩，在一定程度上推断出其在未来的工作表现。但履历分析法也有一定的缺陷，例如，预测测评对象工作表现时会受到时间的限制，只有短期内的预测较为可靠；测评结果过于简单，只有依靠证据得来的分数，缺少对测评结果的分析说明；有时也会遇到履历造假问题。

◆心理测验法

心理测验法是指运用科学观察的方式，对个体通过特定活动表现出来的心理特征进行量化分析。因此，心理测验作为一种常用的人才测评方法，能够判断个体心理是否与岗位要求相符，主要包括标准化测验与投射测验，具体内容如表 3–7 所示。

表 3–7　心理测验的两种方法

测验方法	具体内容
标准化测验	标准化测验通常具有一整套标准内容，比如标准的测验内容、测验答卷、答题规则、计分原则和分析说明。标准测验的可靠度与效率相对较高，而且测验过程易于操作，测验结果比较客观，成本也较低。企业或组织选拔人才时常用的标准化测验通常有：素质测验、专业知识测验、性格测验、兴趣测验、记忆力测验、职业素养测验等
投射测验	投射测验的目的是明确被测试人员的心理特征，采取的主要方式是对他们的个性、意图等方面做出测验，比如让被测试人员描述一幅内涵抽象的图画，或者给他们做一次著名的主题统觉测验。它的原理是：人们的真实心理能够通过对人或事物的态度表现出来。在投射测验的过程中，人们很多深藏在内心的想法、个性特征和心理矛盾都会无意识地表现出来，因此投射测验对个体的心理结构、个性特征能够做出深层次的分析。但投射测验也存在一些缺点，比如，测试的开展主要依靠主观经验，没有统一的客观标准；对测评结果的理解完全凭借主观意识；实施测评的难度较大，很多测试和评分人员达不到使用投射测验的标准

3.2　人才测评操作流程

3.2.1　建立测评指标体系

人才测评指标体系能够结合企业岗位的要求，明确人才测评的内容，帮助企业进行人才选拔，推动企业发展。那么 HR 应如何建立人才测评指标体系呢？

◆步骤一：明确人才测评的客体与目的

建立人才测评指标体系，首先要结合本企业所处的行业特点明确目标客户群体，并将这些客体作为测评对象。同时要根据测评目的来进行人才测评指标体系建设。

◆步骤二：确定测评的指标

根据测评客体和目的对测评内容进行细化，确定能够直接用于人才测评的指标。在此阶段，HR可采用以下五种方法，具体如表3–8所示。

表3–8 确定测评指标的五大方法

确定测评指标的方法	操作说明
工作分析法	在明确测评目的的基础上，依据工作内容缩小目标岗位的范围，详细策划调查工作； 确定目标岗位的任职要求和工作内容，尽可能多地收集与此相关的信息内容； 依据具体岗位，明确素质测评所需要的评估要素，比如个性、智力、“三观”、经验、专业能力等，尽量做到全面、细致； 更深入地调查目标岗位，比如让岗位负责人做出岗位评价，或让他们对现有的评估指标进行客观分析； 多角度评估现有的调查结果，对其中的各项要素进行重要性分析，选出最主要的内容； 询问专家对于各种要素的意见，或进行模拟测试，以确保评估要素能够满足测评要求
榜样分析法	确定测评客体和目的； 结合测评对象的特点以及具体的测评目的，找到能够起到示范作用的榜样； 对典型榜样进行多角度的系统分析，力求发现榜样最本质的特征，并明确榜样身上最具代表性的特点
素质结构分析法	顾名思义，就是为了明确测评指标、对象和目的，对素质结构进行全面系统的分析。采用素质结构分析法的好处是，能够精准、快速地明确指标要求，使测评指标更有针对性
培训目标概括分析法	许多培训机构有很多依据素质能力设定的培训目标，能够很好地测试出个人的素质水平。这些培训目标也可以用于人才测评，作为一种测评指标来使用
价值分析法	不同的素质具有不同的价值，根据在工作中的重要程度，素质可以分为必备素质、非常需要以及正常需要三个级别。对于这三种素质，HR需要用价值分析法来明确它们各自的指标

◆步骤三：确定测评指标体系结构

建立人才测评指标体系时，也要注意完善其内部结构，使该体系的作用能够得到正常发挥。比如刚才提到的工作分析法，它在确定测评指标时将六个步骤均匀分成了三个层次，依次对应三种不同级别的指标。

这三种指标在结构上层层递进，第一指标确定客体总特征，第二指标对客体总特征进行分析说明，第三指标继续深入，对具体内容做出详细说明。

◆步骤四：筛选与表述测评指标

为了使指标更具针对性，并明确其具体内涵，消除其在理解上的歧义，HR 必须从含义与延伸意义两个层面对所有指标展开深入细致的研究，以保证测评实施者、被测评人员以及其他人员在使用指标时不会遇到阻碍。同时，HR 还要对整个指标体系进行筛选，保证所有指标在内容上不会重复。

◆步骤五：确定指标权重

不同指标的功能与地位在测评中是不同的，因此 HR 必须明确每个指标的权重，给予每个指标合适的重视程度。确定指标权重的方法主要包括以下内容，如表 3-9 所示。

表 3-9　确定指标权重的方法

方法	形式	具体内容
权重的数值形式	绝对权数	测评指标得到的加权分数具有绝对性
	相对权数	以分数、小数等相对数的形式为测评指标分配加权分数
权重的分配形式	纵向加权	为了让所有测评指标在计量分数时的单位保持一致，或让它们能够进行纵向对比，在分配权值时需要对不同的测评指标使用不同的标准
	横向加权	为了使所有测评对象在同一指标上能够做横向对比，需要对测试对象的加权分数进行差异化分配
	综合加权	为了让所有测评对象在各种指标上的加权分数能够互相对比，需要把纵向加权和横向加权结合在一起进行使用

◆步骤六：规定测评指标的计量方法

计量准则与计量等级决定着测评指标的计量，同时各种等级的不同评分对计量也有影响。如果想要测评结果标准规范、简单易懂，同时提高计算机的处理效率，就必须使用统一标准，比如统一使用等级分的方法进行计量。

◆步骤七：测试并完善测评指标体系

测评指标确定后，不应在短期内投入大范围使用，而是应先进行一次小规模的测评实验，根据测量结果，运用计量学的相关知识对测评指标体系做出科学的核查、评价与分析，通过补足体系漏洞使人才测评体系更加完善，提高人才测评体系的可靠性，确保人才测评体系能够高效运作。

3.2.2 拟订测评实施方案

拟订测评实施方案时需要考虑多方面的内容，主要包括测评目标、测评指标结构体系和测评方法。

◆测评目标

测评目标涵盖的内容主要包括以下几个方面，如表 3–10 所示。

表 3–10 测评目标的主要内容

序号	具体内容
1	掌握各岗位人员的专业能力、素质、潜能、业绩等方面的状况
2	帮助企业在进行人事变动（晋升、任免等）、绩效考核时做出正确决策
3	为企业选拔管理型人才提供帮助
4	帮助企业为员工制定职业发展规划、培训策划及发展计划
5	使企业能够运用更加科学高效的方法招聘人才
6	帮助企业挑选出符合工作要求的优秀人才
7	为企业建立科学全面的人才测试系统

◆测评指标结构体系

实施人才测评时不仅要考虑包括笔试、面试、评价中心等方法在内的客观技术，还要与主观角度的评价相结合，比如来自领导、客户、同事和下级等人员的评价，力求对人才做出更全面细致的测评，确保测评结果科学准确。通常情况下，测评指标结构体系主要包括工作态度评价指标、素质测评结构体系和绩效考评结构体系，具体如表 3–11 所示。

表 3–11　测评指标结构体系

测评指标结构体系	具体内容
工作态度评价指标	包括人才在工作中表现出来的积极性、责任心、团结精神、思想意识以及对企业的认同感，一般由领导、客户、同事、下级等依据这些指标来对被测试者进行评价
素质测评结构体系	侧重依据各个岗位素质方面的任职要求对人才进行测评，主要包括专业知识、执行能力、分析能力等
绩效考评结构体系	涵盖的内容主要包括工作业绩、工作任务完成情况、工作能力的评估结果，以及个人做出的其他贡献

◆测评方法

人事测量表和测评活动是两种最主要的测评方法。

（1）人事测量表。主要利用调查问卷对企业职员工作方面的心理特征和能力水平进行测试。其中，心理特征包括工作习惯、职业个性、工作兴趣等；能力水平涵盖了智力、记忆力、执行力、专业知识等内容。它的优势在于能够对管理层和普通职员同时实施测评，还能减轻管理层人员对测评的排斥。人事测量表主要包括以下四个方面，如表 3–12 所示。

表 3–12　人事测量表的主要内容

人事测量表测评	具体内容
心理测验问卷	通用于包括企业领导在内的全部职员，能够详细了解员工的工作习惯、职业个性和工作兴趣等与工作相关的心理特征
综合知识测验	通过试卷问答的形式对低层管理人员、普通职工和新录用员工进行测试，测试覆盖了专业技能、语言、计算机和常识等诸多内容

续表

人事测量表测评	具体内容
普通职业能力测试	通过问卷与实践相结合的方式对低层管理人员、普通职工和新录用员工的认知力与执行力进行测试
民主评议	通用于包括企业领导在内的全部职员，主要由领导、客户、同事、下级从工作能力与行为规范两个方面对被测试者进行集体评议

（2）测评活动。测评活动是一种较为成熟的测评形式，其形成过程与人才选拔的实践活动密切相关，采用的测评形式主要有以下几种，如表3–13所示。

表3–13 测评活动的主要形式

测评活动的主要形式	具体内容
结构化面试	针对被测试者的思维应变、社会交流和语言表达等能力，安排一些精心设计的具有应变空间的问题，然后依据这些问题，采用一对一或多对一的方式向被测试者发出提问
评价中心	目的是全面评估管理层人员的综合能力，使用的方法包括面试、管理游戏、公文处理、角色扮演、案例分析讨论等
讨论推荐	通常在各部门内部展开，由部门就工作能力、工作态度、行为规范等针对每个员工进行集体讨论，最后根据一定的比例，评选出相对优秀的员工

3.2.3 人才测评实施程序

人才测评的实施程序主要包括以下几个环节，具体如图3–4所示。

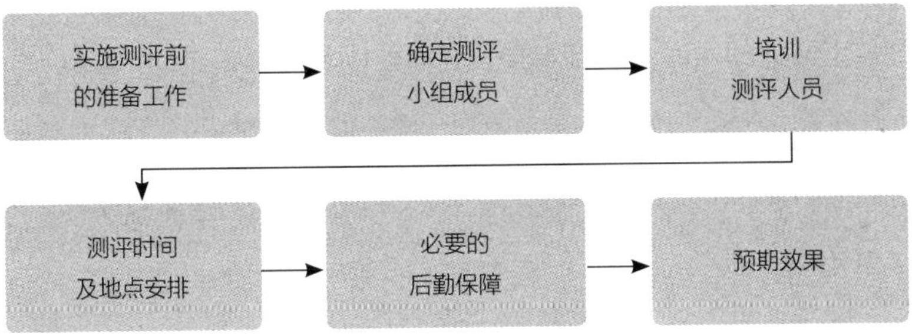

图3–4 人才测评实施程序

◆实施测评前的准备工作

（1）事先安排好测评场地，筹办好相关的设备及材料。

（2）保证测评场地光线充足、安静舒适，并且要给桌椅留出足够的摆放空间。

（3）准备测评设备，包括影音设备、摄影设备和音响设备等。

（4）准备测评材料，包括人员测试名单、签字笔、测试问卷和企业资料等。

◆确定测评小组成员

测评小组的成员应包括：1名策划、主持测评的人力资源总监；1名专门维持测试纪律、收集被测试者信息的招聘经理；1名担任主试人的总经理，负责向被测试者发起提问；2名担任考官的专家，负责整理、评估测评信息以及为测评提出有利建议。

◆培训测评人员

参与测评的人员较多，除了对测评工作比较熟悉的人力资源部成员外，还有对测评的具体事项、流程安排等不太清楚的企业领导，以及对企业现状了解较少的外聘专家。为了保证测评工作能够顺利进行，需要事先针对所有测评人员的不足之处进行专项培训。培训内容大致包括测评方法、测评原则、测评流程、测评技巧和注意事项等。

◆测评时间及地点安排

关于测评的时间及地点安排，我们可以参考表3–14。

表3–14　测评时间及地点安排

内容项目	时间	地点	涉及人员	备注
心理测试	2020年4月10日 上午8:00	测评室	应聘者8人	各自填写 测试测量表
专业笔试	2020年4月10日 上午10:00	会议室	应聘者8人	

续表

内容项目	时间	地点	涉及人员	备注
无领导小组讨论	2020 年 4 月 10 日 下午 2∶00	会议室	笔试合格者 5 人	讨论时间约 1 小时
面试	2020 年 4 月 11 日 上午 10∶00	会议室		面试时间约 1 小时
最终录取	2020 年 4 月 12 日	电话通知	录取人员	

◆必要的后勤保障

有些规模较大的测评可能需要在多个部门抽调测评人员，而且需要花费很多时间来安排测评工作。在这种情况下，为了协调、统筹整个测评工作，企业必须拿出专项资金，任命一个专业的团队或部门来负责所有与测评相关的后勤保障工作。

◆预期效果

测评小组要根据企业的发展计划，以及企业对被测试者的能力要求和心理期望，对测评结果进行全面、细致的评估，做出较为可靠的人事决定。

另外，测评小组还要注意，必须选用科学的测评方法与工具，尽量降低测评成本并提高测评效率。同时，测评小组还要对应聘人员进行仔细筛选，提高招聘决策的正确率，确定应聘人员中的适岗人才，尽量避免出现错录情况，以降低招聘成本。

3.2.4　撰写提交测评结果

人才测评有时也被称为人才素质测评，涵盖的学科内容较多，比如心理学、统计学、管理学、行为学、计算机技术和行为学等。人才测评为了满足企业或组织的人才需求，制定了一系列以被测试者为对象的测评要求，这些要求涵盖了专业知识、职业技能、心理特征、兴趣爱好和发展潜能等多个方面。

人才测评具有两种不同的含义：一是作为一种价值或数据评估的过程，由测评实施者根据人才素质测评标准，对被测评人员在社会活动中表现出来的特征信息进行系统分析；二是作为一种推测与判断过程，通过某些特征信息了解被测试者的某些能力或素质。

我国企业在将人才测评运用到人力资源工作中时，更注重对测评要素与测评方法的研究，在一定程度上忽视了对测评结果的研究和分析。对测评结果进行全面、系统的分析，同时努力完善人才测评系统，是人力资源工作者义不容辞的责任。

从本质上说，人才测评的目的就是借助测评结果帮助企业选拔人才。因此，相对于测评过程，测评结果才是最重要的。测评结果主要通过以下四个方面对企业发挥作用。

（1）依据多角度的考评结果帮助企业做出晋升、任免、奖罚等人事决定。需要注意的是，不同角度的考评结果具有不同的作用，具体如表3-15所示。

表3-15　多角度的考评结果的作用

多角度的考评结果	具体作用
态度考评	有助于企业把握员工的工作心理，更好地管理员工。同时有助于企业制定合理的奖罚措施
能力考评	选拔出能力出众的优秀人才，明确加薪与晋升人选，促使员工努力提高自己的专业技能
业绩考评	对员工的工作任务、个人贡献做出客观评价，从而确定具体的奖金数额，为员工分配合理的报酬

（2）将测评结果告知员工，帮助员工查漏补缺，同时结合目标管理，更好地帮助员工提高个人能力。

（3）对企业在人员培训、岗位安排等方面的工作进行核查，找到企业管理中存在的漏洞，以及需要及时改进的地方，从而帮企业尽快弥补管理漏洞，并做出相应调整。同时就潜能大小、职业技术、行为规范和适应能力等对企业员工进行研究分析，并将分析结果作为人事变动的依据。

（4）测评结果还能为企业的人力资源部门提供测评反馈，帮助他们提高招聘的策划水平。

3.2.5 测评信度与效度分析

人才测评作为企业选拔人才的重要工具，被广泛应用于各种人力资源工作之中。在人才测评中，信度与效度是众多企业关注的焦点，具体如表 3–16 所示。

表 3–16 测评信度与效度分析

测评信度与效度分析	具体内容
信度	信度即可靠性。人才测评的信度就是测评结果表现出来的可靠程度。通常，HR 会使用重测法与复本法来确定人才测评的具体信度。重测法就是对测评对象开展两次及以上的测评活动，然后对比各个测评结果之间的差异，差异越小信度越高。复本法就是选择两种测评模式相近的方法，分别对同一测评对象进行测评，然后比较它们的测评结果，最后计算两个结果之间的相关系数，系数越大信度越高
效度	效度即有效性。人才测评的效度就是测评结果所体现的对测评内容的测试程度，它反映了测评工作的完成情况。测评结果的效度比较难计算，通常需要相关方面的专家的帮助

人才测评的信度与效度受很多因素影响。信度通常会受到误差的影响，比如系统误差或随机误差。具体来看，信度的影响因素有：测评主体的个性心理、测评难度、测评环境和测评内容的多少等。效度的影响因素有：测评方法、测评要素、被测评人员的心理和测评的步骤多少等。因此，测评工作需要考虑多方面的内容，协调好各种有利的测评条件，

提高测评实施者的测评能力，同时为测评对象提供一个舒适放松的测评环境。

企业或组织在通过人才测评选拔人才时，要兼顾信度和效度这两大因素，把握好两者之间的紧密联系，即要想提高效度，就必须具有足够的信度。同时，利用量化研究的方法对测评信息进行系统分析，从而得到高效度的测评结果，帮企业做出正确的人事决定。另外，为完善企业人才测评指标体系与测评反馈系统，企业还要及时改进那些效度和信度都比较低的测评指标。

3.3 人才测评技术与工具

3.3.1 PDP 职业性格测评

为了衡量个体的社会行为和个体对环境的反应规律，预测个体的行动，美国南加州大学统计研究所和英国 RtCatch 机构共同研究出了一种行为特质动态衡量系统（Professional Dyna-Metric Programs），即 PDP 性格测试。

PDP 性格测试自投入使用以来，已经积累了 1600 万个有效案例，目前仍有 5000 多家企业、组织和官方机构在对其有效性进行跟踪调查。调查结果显示，只要能够认真完成 PDP 测试的全部程序，就可以将正确率保持在 96% 以上。

PDP 性格测试结合具有明显性格特点的动物名称，把人的性格划分为五种类型，即老虎型、孔雀型、猫头鹰型、考拉型和变色龙型。这种划分方式降低了人们对 PDP 测试的理解难度。

◆老虎型

老虎型的人通常具有较强的管理能力，做事果断、强调效率、好胜心强，表现出明显的支配型特征，非常适合成为组织的策划者、管理者。老虎型的人还善于处理各种复杂情况，能够凭借强大的执行力与决策力迅速成长为团队的领导者，带领团队不断改革创新、发展前进。他们还勇于挑战冒险，而且具有较强的心理素质，能够快速适应新环境。

不过老虎型的人也有缺点。比如，当任务较多、压力较大时，他们会过分追求工作效率，对工作完成质量有所忽视；不愿听取他人的建议，独断专行，容易和同事发生矛盾。因此，如果管理者是老虎型性格，最好搭配一位孔雀型性格的助手。

◆孔雀型

孔雀型性格的人思维比较活跃，拥有很强的语言表达能力，擅长人际交流，个性开朗活泼，待人热情友好，集体荣誉感较强，和同事之间的关系比较融洽。因此，他们是天生的社交家，能够在新闻业、销售业和服务业等注重人际交往的领域脱颖而出。

孔雀型人才的缺点是思维过于跳跃，执行力较差，工作细节处理不到位，过分执着于结果。因此，建议为孔雀型人才搭配一位猫头鹰型同事。

◆猫头鹰型

猫头鹰型的人比较有耐心，性格沉稳，擅长利用数据或规条来传达工作指示；分析能力较强，做事条理分明，恪守规矩章程，很少在工作中掺杂个人情绪；善于处理工作细节，追求完美的工作质量，注重提高自己的专业技能，能够在所属专业领域获得很好的发展。

猫头鹰型人才的缺点是语言表达能力较差，做事过于冷静、客观，给人一种不通情理的感觉；对工作过于挑剔，常常分析过度，把简单的事情复杂化。最适合与猫头鹰型人才搭配的是考拉型人才。

◆考拉型

考拉型性格的人稳重敦厚，待人平易随和，言行规范有度，能够从容应对突发情况；与同事相处融洽，人缘较好，而且能够配合老虎型人才的工作；工作态度认真，一旦确定工作目标，就会全力以赴，能够适应多种不同的职业。

考拉型人才的缺点是不够果断，遇事犹豫不决；不喜欢与同事发生争执，难以坚持自己的意见，处理纷争的能力较差。虽然老虎型人才与孔雀型人才在企业的上升期表现更突出，但当企业进入稳定期后，考拉型人才会更受欢迎。

◆变色龙型

变色龙型的人能够与各种类型的人进行搭配，属于综合性人才，兼具老虎型人才的果断、孔雀型人才的活泼、猫头鹰型人才的认真和考拉型人才的稳重，拥有极强的适应能力；擅长谈判，懂得察言观色，可以根据不同的场合迅速调整自己的行为；适合变色龙型人才的职业有很多，但最受他们欢迎的莫过于销售业。

变色龙型人才的缺点和优点交织在一起，有时缺点也是优点，但在很多人看来，变色龙型人才缺乏个性，没有固定的行为准则。

管理者在安排工作时要合理搭配这五种类型的人才，充分发挥每种人才的优势，让他们在工作过程中取长补短，从而更好地完成工作任务。比如，如果这五种类型的人才同时出现在同一团队，以管理者是孔雀型人才为例，可以这样安排各个成员的工作：

明确工作方向后，可以将部分支配权力下放给老虎型成员；然后安排考拉型成员作为老虎型成员的搭档，确保工作能够顺利、平稳地展开。在工作过程中，为避免老虎型成员过于轻率或考拉型成员迟疑不决，要充分发挥猫头鹰型成员的分析能力，处理好工作的每个细节；当成员之间因观点不同发生争执时，应利用变色龙型成员的谈判能力与应变能力处理团队内部的纷争，调节各个成员之间的关系，使团队成员更加明确工作任务，尽快完成工作计划。

3.3.2 DISC 职业性格测评

美国心理学博士马斯顿为了能够衡量个体的人格特征，于 1928 年建立了 DISC 测评，将人的行为划分为四种模式，即支配型（Dominance）、影响型（Influence）、安定型（Steadiness）、分析型（Compliance），如图 3-5 所示。这种职业性格测评能够根据员工的行为模式来分配岗位，被很多企业运用于招聘员工、选拔人才、培养管理层和制定职业生涯规划等方面。

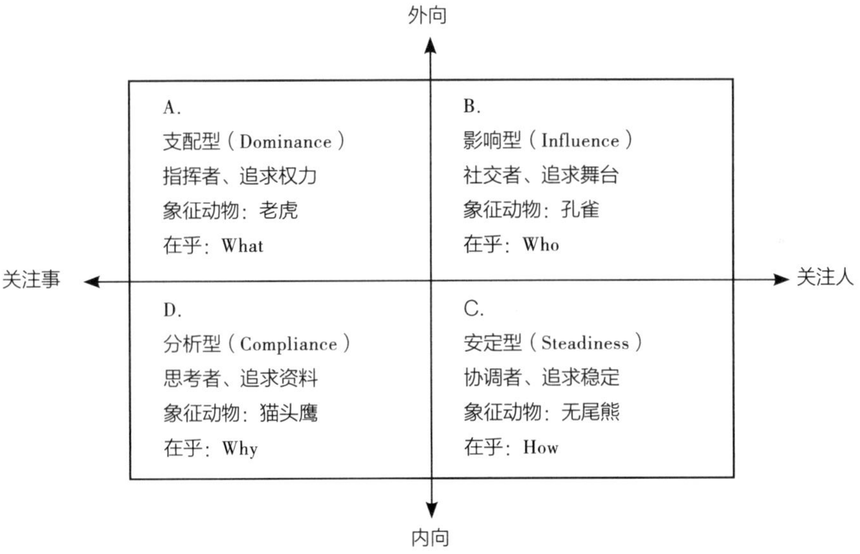

图 3-5 DISC 职业性格测评模式

注：这四种模式会同时表现在个体性格中，但对性格起决定作用的只有其中较突出的 1 ～ 2 种；不存在只有一种人格特征的个体；在变色龙型个体中，四种人格特征所占比例是均衡的。

◆ D 型：支配型性格

（1）人际和行为风格。

勇敢、积极、果断、直率、坚决、敏锐、自信、爱冒险、喜欢竞争、执行力强、不安于现状。

● 支配型性格的人具有高度的工作热情，总是将工作日程安排得满满当当，业务繁忙，仿佛时时刻刻都在努力工作，并且拥有极高的工作效率。他们积极进取，目标明确，能够认真执行工作计划。他们的好胜心较重，不满足于现状，敢于冒险，勇于改革创新。

● 他们的管理能力较强，善于统筹全局，能够发现各种有利的机会，有较强的支配欲望，喜欢在工作过程中表现自己的管理才能。他们性情直率，耐心较差，不善于控制自己的情绪，经常发火，但他们生气也是由于过分关心工作进度，体现出了他们高度的工作热情。

● 支配型性格的人非常有主见，坚信自己能够做出正确的决定，但有时也会认可他人提出的优秀建议。他们执行力强，能够依据现状快速做出决定，不怕失败，敢于挑战自我，但不愿接受批评，自尊心较强，经常固执己见。

● 支配型性格的人具有极强的好胜心，喜欢竞争，经常带给他人压迫感；但他们不惧怕挫折，勇敢、自信、坚强，喜欢迎难而上，具有独特的人格魅力。

● 他们的工作能力较强，喜欢独自完成工作目标，而且控制欲较强，擅长管理，喜欢充当领导者的角色，哪怕任务艰巨，也不愿与他人合作。

● 支配型性格的人性格直率，思维敏捷，擅长表达自己的观点，与人交流时不喜欢拐弯抹角，往往以自我为中心，不顾及他人感受。

● 他们眼中通常只有工作，而且性子较急，不愿听取他人意见，容易和同事产生矛盾，不善于处理人际关系。他们拥有很强的执行力，做事注重效率，非常看重工作业绩。他们是天生的管理者与行动者。

（2）D 型性格的人适合从事的职业。

销售主管、业务经理、项目总监、企业老板、企业家、政治家、创业者、经销商、律师等。

◆ I 型：影响型性格

（1）人际和行为风格。

开朗、积极、热情、活泼、风趣、忠诚、心地善良、乐于助人、表达能力强、善于进行人际沟通、比较受欢迎等。

● 影响型性格的人风趣幽默，擅长谈笑，喜欢热闹的场合，善于调节气氛，能够为办公室增添许多欢乐，人缘较好。

● 他们热情开朗，对新鲜事物保持着高度的好奇心，向往自由自在的生活，喜欢具有创新性的工作；不愿受到约束，不喜欢枯燥乏味、重复性高的工作。所以他们一旦对工作失去兴趣，就会减少对工作的热情。

● 影响型性格的人思维比较活跃，能够提出一些新颖的意见，但难以脚踏实地，经常脱离实际，一味追求工作效率，处理细节的能力较差；喜欢表现自己，注重名誉和地位。他们在行动上常受主观因素的影响，喜欢尝试不同的工作。

● 他们擅长人际交往，喜欢到处交朋友，具有独特的人格魅力，待人真诚可靠，在企业人缘较好；语言表达能力较强，能够换位思考，从他人的角度分析问题。他们喜欢热闹的场合、欢乐的气氛，不喜欢被冷落、被排挤。

● 他们开朗乐观，积极活泼，能够感染周围人的情绪，帮助他人排解忧愁苦闷，但有时会冲动，说话做事不考虑后果，缺乏理智。相对于工作任务，他们更注重处理与同事之间的关系，更喜欢与人交流。

（2）I 型性格的人适合从事的职业。

销售、推广、服务、培训、媒体、广告、策划、前台、公关、设计、运营、公共关系、娱乐节目等。

◆ S 型：安定型性格

（1）人际和行为风格。

真诚、稳重、成熟、谦虚、淡定、睿智、耐心、待人宽厚、平易近人、擅长倾听等。

● 安定型性格的人性格谦虚，为人和善，真诚可靠，遇到困难时临危不乱，从容不迫，但性格内向，不擅长语言表达，缺乏自信。他们工作时态度认真专一，善于听取他人建议，不会轻易做出选择或决定。

● 他们喜欢按规矩办事，希望能够得到明确的工作指令，按部就班地完成任务，不喜欢没有规矩、不受约束的生活；喜欢事先做好工作准备，希望能够拥有稳定的工作环境，不喜欢处理复杂多变的情况，而且不喜欢一意孤行、固执己见的人。

● 他们性格含蓄，为人低调，即使为企业做出了重大贡献，也不愿抛头露面，因此显得死板、保守，而且很难抓住机遇。他们乐于助人，真诚善良，并渴望得到认可，但不够自信、缺乏主见，不懂得拒绝他人。

● 安定型性格的人比较稳重，不易冲动，言行规范有度，不喜欢与人发生冲突，哪怕自己利益受损，也常常一笑而过，不会过多计较。他们做事稳重可靠，能够顾全大局；向往和谐的人际关系，重视亲情与友情。

● 他们为人友善，乐于助人，善于倾听，能够站在他人立场上考虑问题，帮助他人做出决策，真诚可靠，是最佳的朋友选择。

● 他们的性格优柔寡断，尤其是面临决策时常常徘徊不定，但对待工作的态度认真，一旦确定目标，就会为之做出不懈努力，而且做事时考虑周到，往往能取得很好的结果。

（2）S 型性格的人适合从事的职业。

行政管理、档案管理、信息管理、文员、秘书、前台、教师、社会工作、人事经理、后勤保障等。

◆ C 型：分析型性格

（1）人际和行为风格。

认真、自律、稳重、审慎、守旧、要求高、分析力强、追求完美、条理分明等。

● 分析型性格的人性格内敛，不会轻易流露出自己的感情，对问题有独到、精准的见解，但通常不会主动发表自己的意见。

● 他们拥有极强的自制力，言行举止都合乎规范，注重发挥规矩的作用，希望凡事都能按照秩序进行。他们遵循实事求是的原则，重视信息、数据的整理与分析，能够有效处理细节。

● 他们的分析能力较强，善于透过表象发现事物的本质，能够系统、全面地解决问题，但有时也会因分析过度而犹豫不决，让人感到标准太高、过分挑剔。

● 分析型性格的人思路清晰、逻辑严谨，能够快速理清事物之间的关系，并提出具有针对性的问题。他们通常按指示行事，工作态度认真，遵守行为规范。但如果他们觉得自己的观点正确，就会一意孤行、固执己见，很难被改变。

● 他们的性格比较保守，常采用固定的方式解决问题，适应能力与应变能力较差。他们不擅长人际交流，语言表达能力一般，喜欢独自工作或生活，而且会刻意同他人保持距离，避免产生肢体接触。

（2）C 型性格的人适合从事的职业。

审计、会计、股票经理、成本管理、证券交易员、理财规划师、企业策划、资源开发、银行职员、律师、编剧、导演、科技研发、机械设计与研发、软件开发等。

3.3.3 霍兰德职业性格测评

1959 年，美国有名的职业顾问约翰·霍兰德（John Holland）凭借多年的工作指导经验，建立了霍兰德职业性格测评量表，从职业兴趣的角度来分析个体的人格。作为 Hopkins 大学的心理学教授，霍兰德认为个体工作的积极性与他的职业兴趣紧密相连，而且受到个体人格的影响。要想让个体始终保持较高的工作积极性，就必须事先为他们安排一个感兴趣的工作。从这个角度出发，他将个体的人格划分为六大类型，即社会型（S）、企业型（E）、常规型（C）、实际型（R）、调研型（I）和艺术型（A）。

◆社会型（S）

共同特征：擅长人际交流，喜欢接触新朋友，希望扩大自己的社交圈，语言表达能力较强，乐于分享；具有较强的社会责任感，关心时事，愿意为社会发展做出自己的贡献。

典型职业：喜欢从事注重沟通能力的职业，以便扩大自己的朋友圈；适合开导、协助、培训、研发、信息收集和教育管理等工作，而且能够满足工作要求，比如教师、教务管理员、社会工作者、公务员等。

◆企业型（E）

共同特征：看重声誉、地位、金钱和权力，管理能力较强，敢于挑战，勇于冒险，综合竞争力较强，拥有远大目标。他们非常现实，做事目标明确，注重个人利益得失，重视事物的实际价值。

典型职业：喜欢从事看中领导才能与管理能力的工作，适合政治或经济目标明确、统筹管理、业务经营类的职业，而且能够满足工作要求，比如业务主管、企业老板、销售经理、项目总监、法务人员、公务员和检察员等。

◆常规型（C）

共同特点：做事条理分明，遵守个人行为准则，喜欢被制度约束，敬重权威，习惯按照命令、计划行事，不愿争夺领导职位。性格谦虚谨慎，做事认真，细节处理能力较强，忠诚度较高，但为人保守，不愿冒险，竞争力和创造力较差。

典型职业：喜欢从事注重细节处理、信息整理、精准分析的工作，适合档案管理、信息记录和数据组织类工作，能够满足工作要求，比如审计员、出纳员、证券交易员、文秘、编辑、助理、系统管理员等。

◆实际型（R）

共同特点：实践能力较强，反应敏捷，身体协调性较好，喜欢按计划行事；为人谦虚，性格较内向，不擅长人际关系的处理，语言沟通能力较差；相对于与人合作，更喜欢独自完成任务。

典型职业：喜欢从事重视体力、操作技术、实践能力的工作，擅长借助机械类工作，适合机器生产、产品制造、工具使用、动植物管理、安装配备类职业，而且能够满足工作要求，比如电工、理发师、机械安装员、医生、厨师、果农、木匠、饲养员等。

◆调研型（I）

共同特点：想象力较丰富，思维活跃，擅长思考问题，而且有强烈的好奇心和求知欲望，但不喜欢实践，动手能力较差；具有丰富的学识，不擅长与人合作，希望独自完成工作任务，管理能力较差；逻辑分析能力较强，工作态度认真，擅长细节处理，做事务求精确。

典型职业：喜欢从事注重分析能力、思维能力、有一定智力要求的工作，适合推断、测量、评估、勘察、分析问题、制订方案类职业，而且能够满足工作要求，比如精算师、会计、科技研发人员、软件开发人员、律师、教师等。

◆艺术型（A）

共同特点：他们是完美主义者，个性突出，创造力较强，思维敏捷，能够想出许多新颖的点子，综合能力较强；喜欢表现自己，希望能够实现自身价值，完成人生理想，但不太注重实际，处理事务的能力较差。他们拥有多重性格，语言表达能力较强，但为人保守。

典型职业：喜欢从事注重艺术创造力、表达能力、审美能力的工作，适合语言、绘画、雕塑、摄影、音乐、创作类工作，而且能够满足工作要求，比如作曲家、歌唱家、画家、雕刻家、作家、摄影师、诗人、编剧、广告设计师等。

3.4 测评管理制度与表格范例

3.4.1 测评管理制度范例

【范例1 人才测评管理制度】

第一章 总 则

第一条 目的。

(1)评估受测评者的职业倾向、发展前途和潜力。

(2)科学评估人岗匹配，降低公司用人风险。

(3)有效整合团队协作，提高公司运营效率。

(4)挖掘人才深层需求，降低人才流失率。

(5)进行人才储备及开展相关培训。

第二条　范围。

本制度适用于公司对外部招聘以及对公司员工的选拔、工作分析、绩效考核与组织诊断等领域。

第三条　职责。

人力资源部为人才测评的主要运用部门，负责实施或指导各部门对测评人员进行有效、合理的测评。必要时，成立人力资源主管领导、营销总监、技术总监、生产质量总监等组成的人才测评工作组，具体负责测评项目的组织、开展，并提交测评报告。

第二章　人才测评的作用

第四条　作用。

1.外部招聘。

帮助公司了解被测评人员的能力素质、在未来团体中的期望等级、对未来工作职位的适合程度以及在相关领域进一步发展的潜力。

2.继任者选拔。

运用有效的测评和评价技术进行科学量化，考察被测评人员的管理理念和管理风格，判断其适合何种管理环境，为中高级领导和基层干部的岗位聘任、选拔和竞争上岗服务，实现管理层的优化配置。

3.人力资源普查。

借助人才测评技术对员工各方面素质特点进行深入分析，确定公司总体人力资源状况，为公司制定人员规划、合理使用及培养人才提供重要依据。

4.组织诊断与绩效管理。

帮助公司有效预测人员工作效率和离职率，为公司发展和管理咨询提供参考依据，进而帮助公司制订改善目前所处状况的计划与实施手段。

5.人员培训和职业生涯规划。

辅助被测评人员挖掘潜力、寻找最佳的职业发展方向，为其进行可靠的职业生涯设计提供科学依据。

第三章　人才测评的主要方法

第五条　面试。

1.形式。

(1)结构化面谈：通过精心设计的面试试题，测量受测者的岗位胜任能力和个性特征。通常是由主考官根据面试设计向受测者进行系统提问，再用客观化评分表对受测者进行量化评价。

(2)电话面试：在无法面谈的情况下，通过电话或网络手段，对被测评人员进行一系列的心理、专业等方面的提问。

(3)视频面试：通过网络视频的方式向被测评人员提问，与之交流，并对受测者的岗位胜任能力和个性特征作出主观或量化评价。

2.辅助工具。

面试官根据应聘者所应聘的不同岗位，从“面试题库”选择面试题目进行参考。“面试题库”内容按公司岗位分为48套面试题，人力资源部将不定期更新、完善。

第六条　笔试。

1.形式。

通常是让受测者在答题卡或在计算机上答一些客观性试题，然后对作答结果进行系统评价，并出具相应的职业心理素质测评报告。

2. 辅助工具。

(1) 根据岗位需求从“笔试题库”选择面试题目进行参考，人力资源部将不定期更新、完善。

(2)“笔试题库”内容。

第七条　测评中心。

1. 评估形式。

运用外部专业的人才测评系统（网络）技术，全面考察目标人才的职业价值观、基本素质、专业知识、创新能力、控制能力、领导能力、业务水平、管理风格等。

2. 辅助工具。

(1) PDP 测评系统。

(2) 应届毕业生测评网站。

(3) 中高级人才测评网站。

(4) 人才素质测评题库。

第八条　职务双轨制评聘。

公司每年举行的职务双轨考试是公司目前人才测评的重要途径之一，将不断进行考试内容和形式的创新，完善职务双轨制专业技术评聘管理制度，使更多的专业技术人才脱颖而出，人尽其才，才尽其用。

第九条　其他测评方法。

(1) 履历分析：通过对受测评者的个人背景、工作与生活经历进行分析，以判断其对未来岗位的适应性。

(2) 心理测验：根据标准化的实验工具，测试引发和刺激受测试者的反应，并通过量化、描绘行为的轨迹，对其结果进行分析。

(3) 情景模拟：将受测评者安排在模拟的、逼真的工作环境中，用多种方法来测评其心理素质、潜在能力的一系列方法。

第四章　人才测评的开展与成果运用

第十条　人才测评的开展。

除员工招聘和职务双轨考试外，每2年开展一次中层及以上职员的专业人才测评活动。根据需要，在选拔公司外派MBA等培训、评定公司核心人才等时也可通过测评中心开展人才测评。

第十一条　人才测评的成果运用。

1. 对应聘者的测评成果运用。

根据人才测评结果，对应聘者作出是否录用的决定，或作为储备人才。

2. 对公司员工的测评成果运用。

必要时将综合受测评者的日常业绩考核、360度考评等信息，进行如下决策：

(1) 绩效考核。

(2) 职务晋升（降级）。

(3) 岗位调整。

(4) 薪酬调整。

(5) 人才储备及人才开发。

(6) 企业诊断与流程重组。

【范例2　人才测评实施方案】

一、测评目标

1. 了解员工队伍的工作态度、个性、能力状况、工作绩效等基本状况。

2. 为公司的人员选拔、晋升、考核、调动、任免工作提供决策依据。

3. 为干部后备队伍的建设提供基础。

4. 为员工的职业生涯规划、人职匹配、培训、奖惩等提供参考依据。

5. 为公司的人员招聘提供系统科学的现代工具。

6. 为公司在用人筛选上提供参考资料。

7. 形成公司 360 度人员考评系统。

二、测评指标结构体系

测评内容侧重从工作态度（敬业精神）、人员素质测评和绩效考评三个方面进行，将主观评价和客观测评技术相结合，主观评价中将上级评价、同级评价、下级评价和客户评价相结合，客观技术评价中将笔试、面试、工作模拟和评价中心等技术相结合，做到全方位评价一个职员，即实施 360 度测评。

1. 工作态度评价指标。

对公司的认同感、对在公司发展前景的信心、工作积极性、对同事工作的促进、团队的协作努力程度，以上项目由其上级经理、同事、下级和客户分别用相关的评议表格进行主观评定。

2. 素质测评结构体系。

依据公司各岗位工作分析的职位要求，含人格特点、管理风格等项。

3. 绩效考评结构体系。

每月工作完成率；季度、年度评议；特别业绩与贡献。

三、测评方法

1. 人事测评量表。

人事测评量表是通过设计问卷来了解各级员工的职业兴趣、职业人格、管理风格等心理素质，包括设计考卷来测试员工的智力、综合知识和专业技术。优点是可以进行团体施测，管理人员与普通员工一同进行，还可以在一定程度上消除他们对干部测评本身的敏感性。

人事测评量表包括以下几个方面：

心理测验问卷：了解各级员工的职业兴趣、职业人格、管理风格等心理素质。适用于全体员工，包括中高层管理者。

综合知识测验：用纸笔形式的测验来考察基层干部、普通员工和新招聘人员的科技知识、人文知识、外语及生活常识等方面的知识面。

一般职业能力测试：选用纸笔形式、操作形式的测验，来考察基层干部、普通员工和新招聘人员的基本认知能力和动手能力。

民主评议：由上级、同事、下级、客户对被评议人工作是否称职、是否优秀等进行打分评议。适用于全体员工，包括中高层管理者。

2．测评活动。

测评活动是在人员选拔的实践中发展起来的相对完整的测评形式，目前，采用以下几种测评模式应用于公司的人员测评。

结构化面试：通过精心设计的具有一定应变结构的问题，以一对一或多对一的问答方式，即时考察测评对象的语言表达、人际沟通、思维反应能力。这一方法适用于新招聘人员的评价。

行为事件访谈：通过专业的谈话内容分析技术，定量评价管理干部的各个胜任特征。这一方法适用于中层管理人员的管理潜力考察。

评价中心：通过多种方式如结构化面试、公文处理、工作情景模拟、管理游戏等，来全面考察干部候选人的综合管理能力。这一方法适用于中高级管理者的选拔，同时也可作为对中高级管理者管理能力的一种行之有效的培训方法。

讨论推荐：由各部门组织，总结讨论部门内每个员工的工作态度、工作完成情况、称职与否等，按一定比例评出先进个人。

四、测评工具

公司人才素质测评系统由《××民主评议指标体系》、《××综合测验1～6》、研发人员笔试、信息网络技术支持人员笔试、GDT面试、《工作态度民主评议表》、《工作能力民主评议表》、《工作目标考核表》、《年度绩效考核表》等组成。另外一些专项的工具包括《董事会办公室人员选聘题库》《高校应届毕业生面试常用题库》等。

五、不同类型员工与不同测评目的所用的测评方式

（一）新进员工招聘测评

1. 普通职位。

普通员工招聘素质测评。

实用 16PF 人格测评。

着重考察应聘人员的职业价值观、职业兴趣和基本能力素质，以便用人单位全面了解应聘人员的综合素质，优胜劣汰。

着重考察人员的人格特征，好的人格、个性是企业选才的重要考察方面。

2. 技术职位。

创新能力测评。

企业人才综合素质测评。

着重考察技术人员的创新能力。

全面了解人员的综合素质，良好的能力结构及个性特征是技术发展的保障。

3. 中高级管理人员。

企业高级管理人员综合素质测评。

管理职位综合素质考核测评。

实用 NEW16PF 人格测评。

解决问题风格测评。

着重考察管理人员的智能水平，基本领导能力、思维风格、求职动机及职业兴趣。

管理人员的基本能力及个性风格。

全面考察管理人员的人格、性格特征。

着重考察管理人员的处世风格，性格特征。

4. 营销人员。

营销人员基本素质测评。

实用 NEW16PF 人格测评。

考察销售人员的营销理论、实践知识、销售素质与销售岗位的适应度。

全面考察销售人员的人格、性格特征。

5. 财务人员。

实用 NEW16PF 人格测评。

全面考察财务人员的人格、性格特征。

6. 毕业生的选拔。

毕业生综合能力素质测评。

智商测评。

综合考察学生的综合素质水平，选取素质较高的人员。

考察人员的智商，优秀的智能水平是各项工作胜任的保证。

（二）内部选拔、员工晋升（管理职位为主）

1. 企业高级管理人员综合素质测评。

管理职位综合素质考核测评。

实用 NEW16PF 人格测评。

解决问题风格测评。

2. 中层干部管理素质测评。

全面考察管理人员的性格特征。

着重考察员工的管理能力素质。

着重考察管理人员的智能水平，基本领导能力、思维风格、求职动机及职业兴趣。

管理人员的基本能力及个性风格。

着重考察管理人员的处世风格，性格特征。

（三）员工激励及员工需求调查

事业驱策力测评。

员工工作动力及激励方式测评。

考察员工关于工作内容、工作方式和工作目标的理想和追求。

考察员工需求满足状况，以便实施有效激励。

（四）员工职业生涯设计测评

普通员工招聘素质测评。

实用 16PF 人格测评。

全面考察管理人员的性格特征。

考察员工职业需求方向及职业类型、职业能力。

【范例 3 人才测评工作流程】

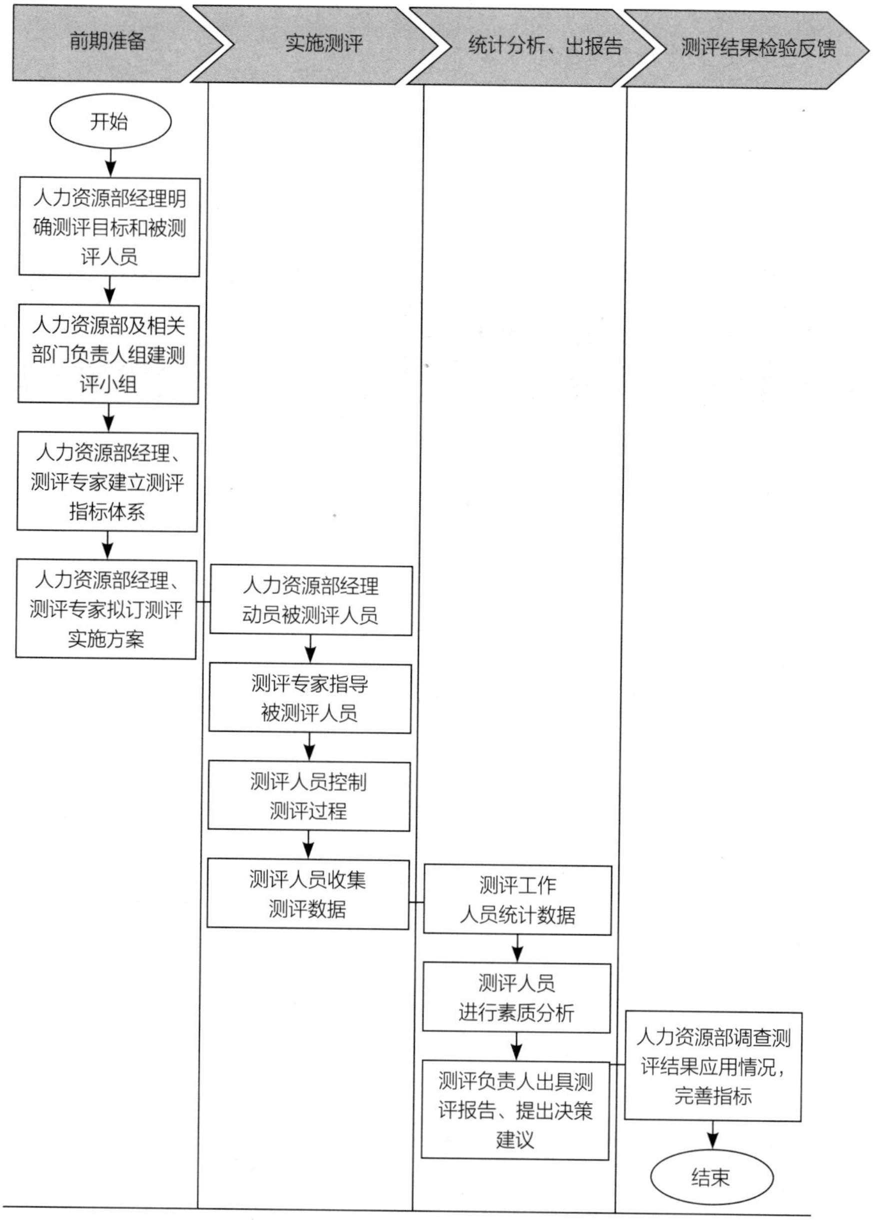

图 3-6 人才测评工作流程

3.4.2 人才测评管理表格范例

表 3–17 人才素质测评表

部门		工号		姓名	职位	
维度	定义	低于目标	接近目标	达到目标	超出目标	评委给分
		1～2分	3分	4分	5分	
专业素养	在工作实践中是否掌握了业务知识，并把理论知识与业务知识更好地结合起来	知识和经验不足，常常出错，需要加以指点	具备目前工作所必需的知识和经验	具备丰富的知识和经验，能克服困难，做好工作	具备丰富的知识和经验，能够胜任比目前更重要的工作	
责任心	履行责任的态度如何，在实际工作中是否敢于承担责任	对工作漫不经心，没有责任感	能够完成任务，但有时较草率	对工作有热情，并能克服困难完成任务	有责任感，工作尽心，敢于承担责任	
学习创新	以已有的知识为基础，结合学习的实践和对未来的设想，独立思考，大胆探索，别出心裁	工作范围内，从未提出过任何改进工作环节、优化工艺流程的建议或方法	关注工作中是否存在问题及需要完善的地方，对有问题的、影响效率的环节，有时能够提出一些改进意见	能够看出企业运营中不合理的环节，并提出关于工作改进流程优化的建议，促进工作效率的提高	完全有能力对工作流程进行改进或革新，以减少环节，降低成本，创造效益	
沟通能力	与他人有效沟通信息的能力，包括外在技巧和内在动因。为了达到预期目标，能够恰如其分地与他人沟通的标准	语言表达含糊其词，意图不明	表达不够通顺，但尚能表达清楚主要意图，语言表达抓住要点	比较准确地表达意见，语言表达简明扼要，具有出色的谈话技巧，易于理解	预见到他人的需要和关注点，根据不同对象采取相应的沟通策略；对不同对象和情境所要求的沟通方式有系统和深入的认识，并能自如地运用和灵活地调整	

续表

执行能力	有效利用资源、保质保量达成目标的能力，贯彻战略意图，完成预定目标的操作能力	工作无计划、不分主次、效率低，经常完不成任务	制订计划和组织实施有难度，需要别人帮助方能进行	能按照计划执行，比较注意细节，工作效率尚可，能够按时完成工作，基本保证质量	时间和资源利用达到最佳，工作效率高，完成任务速度快，质量高、效益好	
团队合作	团结同事并密切配合同事完成工作任务	工作中显示出更多的独立性，与团队其他成员之间的沟通较少	为完成工作和团队成员进行非正式的讨论，在团队中时能够提出自己的建议及理由，尊重、认同上级认为是重要的事情并执行其相关决策	确保团队的需要得到满足，为团队争取所需要的各种资源，如人力、财力、物力或有关住处	有目的地营造团队合作精神，在团队间合理有效地调配资源，加强不同目标和背景的团队之间的配合，以促成公司整体目标实现	
大局意识	从组织整体和长期的角度，进行考虑、决策和开展工作，保证企业健康发展	只求自稳，不求奋进，机械地工作，不问世事，较少考虑整体利益	认为只要做好本部门工作即可，感觉其他部门的事与自己无关	全局观念比较强，整体利益优先	站在组织全局利益的角度对待问题	
成就动机	积极主动地从事某种自认为重要或有价值的工作，并力求达到完美境界的内在推动力	工作的目标感、方向感不强，缺乏追求成果的紧迫感，往往需要别人催促才能达成目标	知道工作的目标和方向，有时也会积极地追求目标的实现，但这种状态不稳定，容易出现波动	面对挫折，心态较为平和，为实现目标、达到成功，积极创造条件，改进工作方法	有较强的行动力追求目标的实现，掌握成功行事的方法，能够不断自我激励，并改进工作方法，不断地向成功靠近	

续表

直属上级 意见	签名：　　　年　月　日
部门领导 意见	签名：　　　年　月　日
分管领导 意见	签名：　　　年　月　日
人力资源部 意见	签名：　　　年　月　日
总经理 意见	签名：　　　年　月　日

表 3–18 人才素质测评试题

测验一：变化

假如你已知道你的生活将发生如下变化，是否仍能愉快地从事管理工作？

1. 你将更多地涉及管理工作，而逐渐远离技术性工作。

2. 搞管理不能半途而废。即使你想再去搞你原来擅长的技术也很难，因为技术的发展太快了。

3. 你将从一个自己干什么都较有把握的领域，转向一个各方面都无把握的领域。

4. 你必须扩大知识面和接触范围，不能将兴趣集中于一个专业。

5. 你必须放弃在专业上所取得的成绩，为自己能支配更多的人及能够帮助其他专业人员取得成功而感到满足

测验二：兴趣

1. 如果让你选择不同于现在的一份职业，你喜欢：

 a. 医生 b. 勘探员

2. 你喜欢阅读哪一学科的书？

 a. 地理学 b. 心理学

3. 你喜欢怎样度过一个周末的夜晚？

 a. 看新家具 b. 和朋友打保龄球

4. 如果某人耽误了你的时间，你怎么办？

 a. 心平气和 b. 往往会发火

5. 你喜欢做哪件事？

 a. 会见陌生人 b. 看规模很大的展览

6. 你喜欢别人称赞你：

 a. 善于合作 b. 足智多谋

7. 每样东西都放置得秩序井然，这对你：

 a. 很重要 b. 无关紧要

8. 如果你强烈反对某个人，怎么办？

 a. 力求统一，减少争论 b. 把分歧争论弄个水落石出

9. 你是否能轻易地放下正在阅读的一部很吸引你的爱情小说？

 a. 能 b. 不能

10. 在一出戏中，你喜欢演哪个角色？

 a. 富兰克林 b. 拿破仑 c. 查理斯·凯特玲（工程师，电机的发明人）

续表

测验三：适应
1. 你作出从事管理工作的决定，是否与你的能力、兴趣、品质、个性和目标相一致？是否比你从事技术工作更能充分发挥你的才能，更能在成就感上满足你？ 2. 你是否具有从事管理工作的较强的能力和必要的条件？是否准备将来投入到管理工作中去？ 3. 你肯定管理工作能使自己在事业上得到更大的满足吗？ 4. 你是否对本企业的情况有全面的了解？你熟悉不同部门的不同要求和不同管理方法吗？你是否很容易从这一部门转到另一部门工作？ 5. 你已确立了今后 5 ～ 10 年的奋斗目标吗？你现在的工作更能达到你的目的吗？在管理阶层中，你已意识到存在更残酷的竞争吗？你肯定自己能信心十足地参与这些竞争吗？ 6. 你是否更注重人而不是工作？你喜欢和别人合作吗？你能很容易地找到合作者吗？你愿意帮助别人吗？你如实了解人们为什么在社会中如此表现吗？ 7. 你的同事和朋友认为你友善随和吗？假如你意识到帮助别人时要牺牲个人利益，你是否仍会这样做？朋友在大事上请教你吗？你乐意接受别人的帮助吗？ 8. 你能在变幻莫测的情况下灵活处理，在一时混乱的情况下镇定自如吗？当所有的情况都不顺心时，你仍能保持乐观吗？当对自己的决定尚无把握时，你觉得烦躁不安吗？ 9. 你在工作中注重人的主观因素吗？你喜欢利用他人吗？ 10. 你是否觉得同事会信任你？你能很容易地消除隔阂吗？ 11. 你是否注意自己的行为举止？你是否有时发觉自己的言论像是来自别人的观点？你曾努力从别人的立场出发来寻求看待事物的方法吗？ 12. 你觉得自己善于接触各种各样的人，并在用人时能人尽其才吗？
测验四：管理
你赞成还是反对下列说法？ 1. 每个专业人员都有类似的个性和要求，应该同等对待，用同一种方式领导他们。 2. 对专业人员来讲，最重要的报酬是得到更高的薪水。 3. 一个出色的管理人员，初次见到一位专业人员便能对他作出较准确的评价。 4. 萎靡、消极、牢骚满腹是因为缺少竞争对手或缺少个人爱好，而不是天生懒惰。 5. 管理人员不应顾及专业人员的情感。 6. 不要对专业人员的每项成果都加以赞扬。那样的话，他们将很难领导。 7. 使专业人员提高工作效率的最有效方法是常常告诫他们随时都有失去工作的危险。 8. 一组专业人员总比一个专业人员能更完善地解决问题。 9. 一个称职的管理人员必须像每个专业人员一样熟悉其专业。 10. 具体细致地了解本企业中每个人的个性，对防止士气低落大有益处。 11. 如果一个管理人员对某专业人员提出的问题答不上来，他应该说："我不知道，找到答案后我再通知你。"然后继续做自己的事。

续表

测验四：管理
12. 在作出与专业人员有关的决定前，管理人员应该让他们参与讨论。
13. 专业人员对要求他们提建议的管理人员并不太尊重。
14. 知己知彼是至关重要的。
15. 一个出色的管理人员应该当好参谋而不是一味监督。
16. 即使持反对意见，管理人员也应该坚持执行其上级的决定。
17. 管理人员不能授权给属下的专业人员。
18. 重要的是分清每个专业人员的工作成绩，而不是赞赏专业人员所在的集体。
19. 一般来说，对专业人员要求分别对待。
20. 管理的最重要的作用之一是提供信息及减少失误
说明
测验一：如果你的生活在发生上述的 4 ～ 5 种变化时仍能适应，那么你适合于管理工作。 测验二：适于搞管理工作的人，通常回答如下：1.a，2.b，3.b，4.a，5.a，6.a，7.b，8.a，9.a，10.a。 测验三：上述 12 个问题中，你回答有 6 个以上“是”，那就有可能领导一个企业。 测验四：说法较为正确的题号是：4，10，11，12，14，15，18，19，20

表 3-19　DISC 职业性格测评表

表格说明
DISC 职业性格测评表共 40 题，在每题的 4 个选项中只选择一个最像你自己的，勿多选。请按第一印象最快地选择，联想生活、工作、学习中的你，如果不能确定，可回忆童年时的情况，或者依据你最熟悉的人对你的评价来选择

问题序号	选项		你的选择
1	1. 对新事物下决心做好	D	
	2. 轻松自如融入环境	S	
	3. 表情多动多手势	I	
	4. 准确知道所有细节之间的逻辑关系	C	
2	1. 完成一件事后才接手新事	C	
	2. 充满乐趣与幽默感	I	
	3. 用逻辑与事实服人	D	
	4. 在任何冲突中不受干扰，保持冷静	S	

续表

问题序号	选项		你的选择
3	1. 接受他人的观点，不固执己见	S	
	2. 为他人利益愿意放弃个人意见	C	
	3. 认为与人相处好玩，无所谓挑战或商计	I	
	4. 决心用自己的方式做事	D	
4	1. 关心别人的感觉与需要	C	
	2. 控制自己的情感，极少流露	S	
	3. 把一切当成竞赛，总是有强烈的赢的欲望	D	
	4. 因个人魅力或性格使人信服	I	
5	1. 给旁人清新振奋的刺激	I	
	2. 对人诚实尊重	S	
	3. 自我约束情绪与热忱	C	
	4. 对任何情况都能很快做出有效的反应	D	
6	1. 容易接受任何情况和环境	S	
	2. 对周围的人、事十分在乎	C	
	3. 独立性强，机智，凭自己的能力判断	D	
	4. 充满动力与兴奋	I	
7	1. 事前做详尽计划，依计划进行工作	C	
	2. 不因延误而懊恼，冷静且容忍度大	S	
	3. 相信自己有转危为安的能力	D	
	4. 运用性格魅力或鼓励推动别人参与	I	
8	1. 自信，极少犹豫	D	
	2. 不喜欢预先计划，或受计划牵制	I	
	3. 生活与处事均依时间表，不喜欢干扰	C	
	4. 安静，不易开启话匣子	S	
9	1. 有系统、有条理地安排事情	C	
	2. 愿改变，很快与人协调配合	S	
	3. 毫不保留，坦率发言	D	
	4. 自信任何事都会好转	I	
10	1. 不主动交谈，经常是被动的回答者	C	
	2. 保持可靠、忠心、稳定	S	
	3. 时时表露幽默感，任何事都能讲成惊天动地的故事	I	
	4. 发号施令者，别人不敢造次反抗	D	

续表

问题序号	选项		你的选择
11	1．敢于冒险，下决心做好	D	
	2．带给别人欢乐，令人喜欢，容易相处	I	
	3．待人得体有耐心	S	
	4．做事秩序井然，记忆清新	C	
12	1．始终精神愉快，并把快乐推广到周围	I	
	2．情绪稳定，反应永远能让人预料到	S	
	3．对学术、艺术特别爱好	C	
	4．自我肯定个人能力与成功	D	
13	1．以自己完善的标准来设想衡量事情	C	
	2．自给自足，自我支持，无须他人帮忙	D	
	3．从不说或做引起他人不满与反对的事	S	
	4．游戏般地鼓励别人参与	I	
14	1．忘情地表达出自己的情感、喜好，与人娱乐时不由自主地接触别人	I	
	2．有很快做出判断与结论的能力	D	
	3．直接的幽默近乎讽刺	S	
	4．认真、深刻，不喜欢肤浅的谈话或喜好	C	
15	1．避免冲突，经常居中调和不同的意思	S	
	2．爱好且认同音乐的艺术性，不单是表演	C	
	3．闲不住，努力推动工作，别人跟随的领导	D	
	4．喜好周旋于宴会中，结交朋友	I	
16	1．善解人意，能记住特别的日子，不吝于帮助别人	C	
	2．不达目的誓不罢休	D	
	3．不断愉快地说话、谈笑，娱乐周围的人	I	
	4．易接受别人的想法和方法，不愿与人相左	S	
17	1．愿意听别人想说的	S	
	2．对理想、工作、朋友都有不可言喻的忠实	C	
	3．天生的领导者，不相信别人的能力比自己强	D	
	4．充满生机，精力充沛	I	
18	1．满足自己拥有的，甚少羡慕人	S	
	2．要求领导地位及别人跟随	D	
	3．用图表数字来组织生活，解决问题	C	
	4．讨人喜欢，令人羡慕，人们注意的中心	I	

续表

问题序号	选项		你的选择
19	1. 对己对人高标准，一切事情有秩序	C	
	2. 易相处，易说话，易让人接近	S	
	3. 不停地工作，不愿休息	D	
	4. 聚会时的灵魂人物，受欢迎的宾客	I	
20	1. 充满活力和生机的性格	I	
	2. 大无畏，不怕冒险	D	
	3. 时时保持自己举止合乎认同的道德规范	S	
	4. 稳定，走中间路线	C	
21	1. 面上极少流露表情或情绪	S	
	2. 躲避别人的注意力	C	
	3. 好表现，华而不实，声音大	I	
	4. 命令支配，有时略傲慢	D	
22	1. 生活任性无秩序	I	
	2. 不易理解别人的问题与麻烦	D	
	3. 不易兴奋，经常感到好事难成	S	
	4. 不易宽恕或忘记别人对自己的伤害，易嫉妒	C	
23	1. 抗拒或犹豫接受别人的方法，固执己见	D	
	2. 不愿意参与，尤其当事物复杂时	S	
	3. 把实际或想象的别人的冒犯，经常放在心中	C	
	4. 反复讲同一件事或故事，忘记自己已重复多次，总是不断找话题说话	I	
24	1. 经常感到强烈的担心、焦虑、悲戚	S	
	2. 坚持做琐碎事情，要求注意细节	C	
	3. 由于缺乏自我约束，不愿记无趣的事	I	
	4. 直言不讳，不介意把自己的看法直说	D	
25	1. 滔滔不绝的发言者，不是好听众，不留意别人也在讲话	I	
	2. 难以忍受等待别人	D	
	3. 很难下定决心	S	
	4. 感到担心且无信心	C	
26	1. 很难用语言或肢体当众表达感情	D	
	2. 无兴趣且不愿介入团体活动或别人生活	S	
	3. 由于强烈要求完美，而拒人千里之外	C	
	4. 时而兴奋，时而低落，承诺总难兑现	I	

续表

问题序号	选项		你的选择
27	1．犹豫不决——迟迟才有行动，不易参与 2．标准太高，很难满意 3．不依照方法做事 4．坚持依自己的意见行事	S C I D	
28	1．尽管期待好结果，但往往先看到事物的不利之处 2．自我评价高，认为自己是最好的人选 3．容许别人（包括孩子）做他喜欢做的事，为的是讨好别人，让人喜欢自己 4．中间性格，无高低情绪，很少表露感情	C D I S	
29	1．不喜欢目标，也无意定目标 2．容易感到被人疏离，经常无安全感或担心别人不喜欢与自己相处 3．易与人争吵，永远觉得自己是正确的 4．有小孩般的情绪，易激动，事后马上又忘了	S C D I	
30	1．不关心，得过且过，以不变应万变 2．充满自信，坚忍不拔，但常不适当 3．往往看到事物的反面，而少有积极的态度 4．孩子般的单纯，不喜欢去理解生命意义	S D C I	
31	1．感到需要大量时间独处 2．为回报或成就感，不断工作，耻于休息 3．需要旁人认同、赞赏，如同演艺家，需要观众的掌声、笑声与接受 4．时时感到不确定、焦虑、心烦	C D I S	
32	1．遇到困难退缩 2．被人误解时感到冒犯 3．常用冒犯或未斟酌的方式表达自己 4．难以自控，滔滔不绝，不是好听众	S C D I	
33	1．事事不确定，又对事缺乏信心 2．冲动地控制事情或别人，指挥他人 3．很多时候情绪低落 4．缺乏组织生活秩序的能力	S D C I	
34	1．思想兴趣放在内心，活在自己的世界里 2．对多数事情均漠不关心 3．不接受他人的态度、观点、做事方法 4．善变，互相矛盾，情绪与行动不合逻辑	C S D I	

续表

问题序号	选项		你的选择
35	1. 生活无秩序，经常找不到东西	I	
	2. 情绪不易高涨，不被欣赏时很容易低落	C	
	3. 低声说话，不在乎说不清楚	S	
	4. 精明处事，影响事物，使自己得利	D	
36	1. 行动思想均比较慢，通常是懒于行动	S	
	2. 不容易相信别人，寻究语言背后的真正动机	C	
	3. 决心依自己的意愿行事，不易被说服	D	
	4. 要吸引人，要做注意力的集中点	I	
37	1. 说话声与笑声总是令全场震惊	I	
	2. 毫不犹豫地表示自己的正确或控制能力	D	
	3. 总是先估量每件事要耗费多少精力	S	
	4. 需大量时间独处，喜避开人群	C	
38	1. 当别人不能合乎自己的要求，如动作不够快，易感到不耐烦而发怒	D	
	2. 凡事起步慢，需要推动力	S	
	3. 凡事易怀疑，不相信别人	C	
	4. 无法专心或集中注意力	I	
39	1. 不甘愿的、挣扎、不愿参与或投入	S	
	2. 情感不定，记恨并力惩冒犯自己的人	C	
	3. 因无耐性，不经思考，草率行动	I	
	4. 喜新厌旧，不喜欢长期做相同的事	D	
40	1. 为避免矛盾，宁愿放弃自己的立场	S	
	2. 不断地衡量和下判断，经常考虑提出相反的意见	C	
	3. 精明，总是有办法达到目的	D	
	4. 像孩子般注意力短暂，需要各种变化，怕无聊	I	

D 的数量		I 的数量		S 的数量		C 的数量	

表 3–20 霍兰德职业性格测评表

表格说明
本测验量表将帮助您发现并确定自己的职业兴趣和能力特长，从而更好地帮助我们做出求职择业或专业选择的决策。 本测验共七个部分，每部分测验都没有时间限制，但请您尽快按要求完成
第一部分 您心目中的理想职业（专业）
对于未来的职业（或升学进修的专业），您得早有考虑，它可能很抽象、很朦胧，也可能很具体、很清晰。不论是哪种情况，现在都请您把自己最想干的 3 种工作或想读的 3 种专业按顺序写下来，并说明理由。请在所填职业 / 专业的右侧按其在你心目中的清晰程度或具体程度，按从很朦胧 / 抽象到很清晰 / 具体分别用 1、2、3、4、5 来表示，如 5 分表示它在你心中的影像非常清晰
职业 / 专业：________________ **清晰 / 具体程度：**________________
理由：________________________________
职业 / 专业：________________ **清晰 / 具体程度：**________________
理由：________________________________
职业 / 专业：________________ **清晰 / 具体程度：**________________
理由：________________________________
以下第二、第三、第四部分每个类别下的每个小项皆为是否选择题，请选出比较适合你的，与你的情况相符的项目，并按有一项适合的计 1 分的规则统计分值，将相应分值填写在第六部分的统计项目中

续表

第二部分　您所感兴趣的活动	
下面列举了若干种活动，请就这些活动判断您的好恶。感兴趣的请画“√”	
R：实际型活动	**A：艺术型活动**
1. 装配修理电器或玩具 2. 修理自行车 3. 用木头做东西 4. 开汽车或摩托车 5. 用机器做东西 6. 参加木工技术学习班 7. 参加制图描图学习班 8. 驾驶卡车或拖拉机 9. 参加机械和电气学习班 10. 装配修理机器	1. 素描 / 制图或绘画 2. 参加话剧 / 戏剧 3. 设计家具 / 布置室内 4. 练习乐器 / 参加乐队 5. 欣赏音乐或戏剧 6. 看小说 / 读剧本 7. 从事摄影创作 8. 写诗或吟诗 9. 进艺术（美术 / 音乐）培训班 10. 练习书法
I：调查型活动	**S：社会型活动**
1. 读科技图书或杂志 2. 在实验室工作 3. 改良水果品种，培育新的水果 4. 调查了解土和金属等物质的成分 5. 研究自己选择的特殊问题 6. 解算术题或做数学游戏 7. 物理课 8. 化学课 9. 几何课 10. 生物课	1. 参加单位组织的正式活动 2. 参加某个社会团体或俱乐部活动 3. 帮助别人解决困难 4. 照顾儿童 5. 出席晚会、联欢会、茶话会 6. 和大家一起出去郊游 7. 想获得关于心理方面的知识 8. 参加讲座会或辩论会 9. 观看或参加体育比赛和运动会 10. 结交新朋友
E：事业型活动	**C：常规型（传统型）活动**
1. 鼓动他人 2. 卖东西 3. 谈论政治 4. 制订计划、参加会议 5. 以自己的意志影响别人的行为 6. 在社会团体中担任职务 7. 检查与评价别人的工作 8. 结交名流 9. 指导有某种目标的团体 10. 参与政治活动	1. 整理好桌面与房间 2. 抄写文件和信件 3. 为领导写报告或公务信函 4. 检查个人收支情况 5. 打字培训班 6. 参加算盘、文秘等实务培训 7. 参加商业会计培训班 8. 参加情报处理培训班 9. 整理信件、报告、记录等 10. 写商业贸易信

续表

第三部分　您所擅长获胜的活动	
下面列举若干种活动，请选择你能做或大概能做的事。能做的请画“√”	
R：实际型能力	**A：艺术型能力**
1. 能使用电锯、电钻和锉刀等木工工具 2. 知道万用电表的使用方法 3. 能够修理自行车或其他机械 4. 能够使用电钻订、磨床或缝纫机 5. 能给家具和木制品刷漆 6. 能看建筑设计图 7. 能够修理简单的电器用品 8. 能修理家具 9. 能修理收录机 10. 能简单地修理水管	1. 能演奏乐器 2. 能参加二部或四部合唱 3. 独唱或独奏 4. 扮演剧中角色 5. 能创作简单的乐曲 6. 会跳舞 7. 能绘画、素描或会书法 8. 能雕刻、剪纸或泥塑 9. 能设计板报、服装或家具 10. 能写一手好文章
I：调研型能力	**S：社会型能力**
1. 懂得真空管或晶体管的作用 2. 能够列举三种蛋白质多的食品 3. 理解铀的裂变 4. 能用计算尺、计算器、对数表 5. 会使用显微镜 6. 能找到三个星座 7. 能独立进行调查研究 8. 能解释简单的化学 9. 能理解人造卫星为什么不落地 10. 经常参加学术的会议	1. 有向各种人说明解释的能力 2. 常参加社会福利活动 3. 能和大家一起友好相处地工作 4. 善于与年长者相处 5. 会邀请人、招待人 6. 能简单易懂地教育儿童 7. 能安排会议等活动顺序 8. 善于体察人心和帮助他人 9. 帮助护理病人和伤员 10. 安排社团组织的各种事务
E：事业型能力	**C：常规型能力**
1. 担任过学生干部并且干得不错 2. 工作上能指导和监督他人 3. 做事充满活力和热情 4. 有效利用自身的做法调动他人 5. 销售能力强 6. 曾作为俱乐部或社团的负责人 7. 向领导提出建议或反映意见 8. 有开创事业的能力 9. 知道怎样做能成为一个优秀的领导者 10. 健谈善辩	1. 会熟练地打印中文 2. 会用外文打字机或复印机 3. 能快速记笔记和抄写文章 4. 善于整理保管文件和资料 5. 善于从事事务性的工作 6. 会用算盘 7. 能在短时间内分类和处理大量文件 8. 能使用计算机 9. 能搜集数据 10. 善于为自己或集体做财务预算表

续表

第四部分　您所喜欢的职业	
下面列举了多种职业，请认真地看，请选择您有兴趣的工作，喜欢的请画“√”	
R：实际型职业	**S：社会型职业**
1. 飞机机械师 2. 野生动物专家 3. 汽车维修工 4. 木匠 5. 测量工程师 6. 无线电报务员 7. 园艺师 8. 长途公共汽车司机 9. 电工 10. 火车司机	1. 街道、工会或妇联干部 2. 小学、中学教师 3. 精神病医生 4. 婚姻介绍所工作人员 5. 体育教练 6. 福利机构负责人 7. 心理咨询员 8. 共青团干部 9. 导游 10. 国家机关工作人员
I：调研型职业	**E：事业型职业**
1. 气象学或天文学者 2. 生物学者 3. 医学实验室的技术人员 4. 人类学者 5. 动物学者 6. 化学者 7. 教学者 8. 科学杂志的编辑或作家 9. 地质学者 10. 物理学者	1. 厂长 2. 电视片编制人 3. 公司经理 4. 销售员 5. 不动产推销员 6. 广告部长 7. 体育活动主办者 8. 销售部长 9. 个体工商业者 10. 企业管理咨询人员
A：艺术型职业	**C：常规型职业**
1. 乐队指挥 2. 演奏家 3. 作家 4. 摄影家 5. 记者 6. 画家、书法家 7. 歌唱家 8. 作曲家 9. 电影电视演员 10. 电视节目主持人	1. 会计师 2. 银行出纳员 3. 税收管理员 4. 计算机操作员 5. 簿记人员 6. 成本核算员 7. 文书档案管理员 8. 打字员 9. 法庭书记员 10. 人员普查登记员

续表

第五部分 您的能力类型简评					
下面是您在6个职业能力方面的自我评定表。您可与同龄人比较出自己在每一方面的能力，斟酌后对自己的能力作评估。请在表中适当的数字上画圈，数值越大表明您的能力越强。 注意，请勿画同样的数字，因为人的每项能力不会完全一样					
自我评定A					
R型	I型	A型	S型	E型	C型
机械操作能力	科学研究能力	艺术创作能力	解释表达能力	商业洽谈能力	事务执行能力
7 6 5 4 3 2 1	7 6 5 4 3 2 1	7 6 5 4 3 2 1	7 6 5 4 3 2 1	7 6 5 4 3 2 1	7 6 5 4 3 2 1
自我评定B					
R型	I型	A型	S型	E型	C型
体育技能	数学技能	音乐技能	交际技能	领导技能	办公技能
7 6 5 4 3 2 1	7 6 5 4 3 2 1	7 6 5 4 3 2 1	7 6 5 4 3 2 1	7 6 5 4 3 2 1	7 6 5 4 3 2 1

第六部分 统计							
测试内容		R型 **实际型**	I型 **调查型**	A型 **艺术型**	S型 **社会型**	E型 **事业型**	C型 **常规型**
第二部分	兴趣						
第三部分	擅长						
第四部分	喜欢						
第五部分A	能力						
第五部分B	技能						
总分							

续表

第七部分　您所看重的东西——职业价值观			
这一部分测验列出了人们在选择工作时通常会考虑的 9 种因素。现在请您从其中选出最重要的 2 项因素。			
最重要		次重要	
最不重要		次不重要	

附：工作价值标准

1. 工资高、福利好
2. 工作环境（物质方面）舒适
3. 人际关系良好
4. 工作稳定有保障
5. 能提供较好的受教育机会
6. 有较高的社会地位
7. 工作不太紧张、外部压力小
8. 能充分发挥自己的特长
9. 社会需要与社会贡献大

3.5　各岗位人员素质测评表格

表 3-21　管理人员素质测评评分表

测评要素		权重	单项得分
测评维度	测评内容		
组织管理能力	统筹规划能力		
	判断决策能力		
	组织指挥能力		
	团队建设能力		
	危机处理能力		
	财务敏感性		
	管理风格		
人际沟通能力	用人能力		
	教练能力		
	沟通表达能力		
	影响力		
	沟通风格		

续表

测评要素		权重	单项得分
测评维度	测评内容		
个人内在能力	生理素质		
	专业知识与技能		
	相关经验		
	心理素质		
	创新能力		
合计		100%	

表 3-22 市场人员素质测评评分表

测评要素		权重	单项评分
测评维度	测评内容		
生理素质	体质		
	精力		
	外在形象		
知识技能	生活知识		
	专业知识		
	人际沟通能力		
	市场洞察力		
	方案创作能力		
	判断推理能力		
	综合分析能力		
心理素质	个人能力倾向		
	性格特征		
	成就动机		
	职业兴趣与价值观		
	意志力		
合计		100%	

表 3–23 销售人员素质测评评分表

测评要素		权重	单项评分
测评维度	测评内容		
生理素质	体能		
	仪表		
知识与技能	销售专业知识		
	产品知识		
	销售技能		
专业能力	人际交往能力		
	沟通能力		
	分析判断能力		
	说服表达能力		
心理素质	职业兴趣与价值观		
	自信心		
	意志力		
	成就动机		
	人际敏感性		
	情绪稳定性		
	诚信倾向		
合计		100%	

表 3–24 技术人员素质测评评分表

测评要素		权重	单项评分
生理素质	身体健康状况		
知识经验	专业技术知识水平		
	工作经验		
	外语水平		
专业能力	理解能力		
	计划能力		
	思维能力		
	科研创新能力		

续表

测评要素		权重	单项评分
性格特征	人际交往倾向		
	信息敏感性		
	进取心		
	自信心		
	职业兴趣与价值观		
合计		100%	

表 3–25　行政人员素质测评评分表

测评要素		权重	单项评分
测评维度	测评内容		
生理素质	体质		
	身体条件		
知识技能	行政专业知识		
	相关专业技能		
	沟通协调能力		
	自我管理技能		
人格特征	智力水平		
	一般能力倾向		
	特殊能力倾向		
	职业兴趣与价值观		
	责任倾向		
合计		100%	

表 3–26　财务人员测评评分表

测评要素		权重	单项评分
测评维度	测评内容		
生理素质	体质		
	精力		

续表

测评要素		权重	单项评分
测评维度	测评内容		
知识技能	财务专业知识		
	会计实务操作技能		
	财务管理知识		
专业能力	智力		
	数字敏感性		
	数字反应能力		
	财务专业能力		
	创造力		
人格性质	职业兴趣		
	诚信倾向		
	责任心		
	情绪稳定性		
	内向、外向性		
	压力承受能力		
合计		100%	

4 入职培训：从 0 到 1 搭建培训体系

4.1 员工入职流程与规范

4.1.1 新员工入职前准备

如何降低员工流动率，帮助企业选拔并留住优秀人才，向来是 HR 的一大工作重点。对于企业而言，经过层层筛选找到了合适的优秀人才仅是开始，后续还需要引导新员工入职，帮助其快速适应岗位、团队及工作环境等。为了提高新员工入职效率、规范新员工入职流程、给新员工留下良好印象等，在其入职前，企业 HR 需要做好以下准备工作，具体如表 4–1 所示。

表 4–1 新员工入职前的准备工作

准备工作	具体内容
做好新员工迎接工作	一般情况下，HR 是新员工在企业接触到的第一个人，当新员工入职时，HR 需要主动热情地接待他们，使其感觉就像朋友相聚一般，放下内心的紧张、焦虑及戒备情绪，快速融入新的工作环境。那么，HR 如何才能做好新员工接待工作呢？重视细节无疑是关键所在，比如：提前站在门口等待新员工；在见到新员工的瞬间喊出其名字；等等。通过这些细节，新员工能够快速感受到 HR 及企业对他们的重视与尊重，从而使 HR 后续工作开展产生事半功倍的良好效果

续表

准备工作	具体内容
准备一个干净、整洁的工位	很多员工的日常工作要在几平方米的格子间工位里进行，工位相当于他们的第二个家。干净、整洁的工位使人感到舒适、安心。想象一下，如果 HR 带领新员工来到他的工位时，后者发现工位上积了一层厚厚的尘土，而且杂乱地摆放着一些离职员工的办公用品，这会使他们认为公司管理非常不规范、卫生条件差，待在这样的公司很难获得良好的发展环境，甚至还会影响身体健康。因此，在新员工入职前，为他们准备一个干净、整洁的工位是很有必要的
准备好该岗位所需的办公用品	办公用品是员工的生产工具，有了合适的办公用品，他们的工作才能得以高效展开。常见的办公用品包括电脑、电话、笔记本、笔、订书机、便利贴、蝴蝶夹、别针、日历等，部分岗位甚至还需要一些非常专业的仪器设备，HR 可根据岗位实际需要进行采购。此外，为了体现企业的人性化，HR 还可以提供一盆绿植，并在台板上贴上便利贴（写上同事联系电话、岗位工作注意事项等内容）
提前向团队成员介绍新同事	在新员工入职前，HR 可以将新员工的姓名、籍贯、毕业院校、工作经历、兴趣爱好、从事岗位等基本信息告知其团队成员。这样新员工入职时，团队成员可以主动和他打招呼，进行简单的沟通交流等，甚至有的新员工还能在团队中找到自己的同乡、校友等，从而为新员工融入工作环境奠定良好基础
安排人员陪新员工共进午餐	新员工通常不熟悉公司环境，不知道应该在哪儿吃午餐、购买日常用品等，而老员工往往养成了习惯，都有各自的小团体。如果到了午餐时间，其他同事都结伴就餐，新员工被冷落在一旁，很容易让他们产生强烈的孤独感，严重影响其工作意愿、工作状态等。因此，为避免出现这种情况，安排人员陪新员工共进午餐也是很有必要的
准备好与新员工交流的问题	新员工入职时，经过 HR 等人员的指导与帮助，他们会接收到关于企业的各种信息，产生一些想法、感受等。HR 可以提前设计一些问题，来有目的地了解新员工的想法与感受，为他们答疑解惑，消除其负面情绪，等等

4.1.2 员工入职报到流程

◆新员工未报到之前

（1）确认新员工报到时间、地点。

（2）通知员工报到。通知员工报到时，大部分企业通常选择“电话 + 短信 + 邮件”的方式，即先向员工提供的电子邮箱发送录用通知邮件，然后发送短信提醒员工注意查收邮件，最后电话确认员工是否能按时报到。这种方式有助于确保通知到位、避免遗漏重要信息，并做好备案存档。以电话通知为例，通知新员工入职报到时，企业需要关注以下几点：

- 先告知公司名称及告知人身份。
- 确认对方是否是本人，以及应聘的岗位是否与企业所需岗位一致。
- 告知新员工入职报到所需的材料，比如身份证、学历证明等。
- 说明细节，比如什么时间报到、什么地点报到、联系人与联系电话等。

（3）通知 HR 新员工报到情况，由 HR 准备好新员工入职报到相关表单。

◆新员工正式报到

新员工正式报到的流程如表 4–2 所示。

表 4–2　新员工正式报到流程

序号	具体流程
1	新员工提交身份证、学历证明等入职报到所需资料
2	HR 对新员工提交资料进行复印
3	确认新员工就餐卡、工牌等
4	HR 带领新员工前往其应聘部门，介绍给其直属上级
5	向新员工介绍公司基本状况、管理制度，发放《员工手册》，使其掌握公司基本信息
6	填写《新员工入职手续清单》
7	更新员工花名册
8	更新公司通讯录

◆新员工所在部门办理

（1）新员工所在部门确认员工工位、办公用品。

（2）新员工所在部门直属上级带领新员工参观部门，介绍部门人员、工作内容等部门基本信息。

（3）新员工所在部门主管或资深同事向新员工介绍岗位职责、工作内容等。

（4）新员工所在部门在部门例会上介绍新员工，并举行简单的欢迎仪式。

◆注意事项

因意外情况、突发事件等导致新员工无法完成入职报到时，新员工可向 HR 申请延迟报到；如未办理申请或报到逾期，视为自动放弃。

4.1.3 员工入职手续办理

虽然为新员工办理入职手续并不复杂，但如果办理过程中出现问题，会降低企业运营效率、给新员工留下负面印象，甚至给企业造成法律风险。因此，规范员工入职手续办理尤为关键。具体来看，在为员工办理入职手续时，以下几点尤为关键，如表 4–3 所示。

表 4–3 员工办理入职手续

入职手续	具体内容
准备新员工入职资料	新员工入职资料主要包括以下几项： （1）岗位说明书。岗位说明书提供了岗位具体职责及工作内容，可以帮助新员工快速了解并熟悉岗位工作。 （2）新员工指导手册。新员工指导手册为新员工提供了在公司工作需要注意的常规事项，比如考勤打卡方式、上下班时间、就餐时间、卫生间位置等。 （3）欢迎信。欢迎信内容主要包括企业基本状况、愿景、企业文化等，同时，它能告知新员工遇到问题应该找谁提供帮助等，有助于为新员工营造良好的就职氛围。 （4）劳动合同及相关文件。具体包括劳动合同、合同附件、竞业协议、保密协议等，明确了新员工试用期期限、工作岗位、工作地点等。 （5）新员工入职培训计划书。新员工入职培训计划书描述了新员工在试用期内需要接受的培训内容、培训实施方案、培训要求等

续表

入职手续	具体内容
核实新员工身份信息	核实新员工身份信息需要重点查验新员工身份证，确保其身份证是处于有效期内的原件，并核对其姓名、籍贯、出生日期、照片等。如果出现身份证造假、身份证过期等问题，会给企业正常运营带来一定风险，严重的可能会使企业承担法律责任。因此，为新员工办理入职手续时，务必认真核实新员工身份信息，如有必要可向公安机关寻求协助
核实新员工体检报告	招收存在重大疾病的员工会增加企业的用工风险及成本，甚至威胁其他员工的人身安全，而认真核实新员工体检报告可以帮助企业解决这类问题。在核实新员工体检报告时，必须注意体检报告的真实性、有效性、规范性，对于其中存在疑惑的地方可以向专业医生咨询。此外，为了便于对体检报告进行核验，企业可以要求新员工入职前前往指定医院参加体检
核验新员工上一家单位离职证明	根据《劳动合同法》，当企业招收尚未解除劳动关系的劳动者时，如果给原用人单位造成损失，需要企业承担连带赔偿责任。因此，在为新员工办理入职手续时，企业需要对新员工上一家单位离职证明进行认证核验
审查竞业协议	为防止重要商业机密、关键技术泄露，很多企业会与关键岗位员工签署《竞业协议》，要求这类岗位员工离职后在规定期限内不得从事相关岗位。为规避用工风险，企业需要审查新员工是否与原单位签署了《竞业协议》，如有签署，要认真审查协议内容，如有必要可联系原单位进行确认

4.1.4 员工入职培训方案

◆培训目的

（1）帮助新员工快速了解企业发展历程、企业愿景、企业文化、企业制度，学习并掌握必要的工作技能。

（2）帮助新员工快速适应工作环境，对企业产生归属感。

（3）帮助新员工明确岗位权责，与同事建立良好人际关系。

（4）帮助员工掌握解决工作问题的方法、技能。

◆培训内容

（1）部门岗位培训。

新员工部门岗位培训通常由其所在部门的部门经理负责，培训分阶段有序推进，培训内容由浅入深，具体可参考表 4–4。

表 4–4　分阶段的岗位培训

培训阶段	培训内容
入职第一日	（1）新员工向 HR 报到，HR 完成新员工入职须知培训； （2）部门经理代表部门成员向新员工表示欢迎； （3）新员工参观部门，认识团队成员； （4）新员工了解部门组织结构、部门职能、部门规定等； （5）新员工了解岗位职责及工作内容； （6）新员工在同事帮助下开展第一项工作任务
入职第五日	（1）对新员工入职工作表现进行评估，并结合评估结果为其设置短期绩效目标； （2）明确下次绩效考核时间与方式
入职满一个月	（1）部门经理与新员工进行面对面沟通，了解其工作感受； （2）部门经理评估新员工工作表现，并完成评价表
入职满三个月	（1）新员工所在部门经理与 HR 部门经理沟通，评估新员工试用期表现，填写试用期考核表； （2）根据新员工试用期考核结果与新员工面谈，告知新员工企业绩效考核办法

（2）企业整体培训。

企业整体培训由 HR 负责，培训不定期进行，培训内容具体如下：企业组织架构；企业业务流程；企业各部门职能；企业愿景、企业文化；企业绩效考核制度；企业薪酬福利政策。

◆培训反馈与考核

在企业整体培训当天完成《企业整体培训实时评估表》与《企业整体培训考核表》；

新员工入职一周内完成《岗位培训反馈表》；

新员工入职满一个月完成《试用期表现评估表》；

新员工入职满三个月完成《试用期绩效考核表》。

◆新员工培训教材

常见的新员工培训教材包括以下几种：新员工培训须知；企业整体培训教材；部门内训教材。

◆培训项目实施方案

通过部门会议、企业通知、员工群、企业官网等渠道在企业内部宣传《新员工培训方案》，使所有组织成员了解培训内容、流程，从而密切配合新员工培训工作。实施方案具体包括：

各部门选拔并培训本部门讲师；

HR 向各部门发放新员工培训相关资料；

各部门按照培训方案实施部门岗位培训；

根据新员工培训需要，企业不定期实施企业整体培训；

实施跨部门沟通与协作培训；

接受培训的新员工填写“新员工培训”相关表格。

4.1.5 员工转正评估操作

通过开展员工转正评估，一方面企业可以保障新员工符合岗位实际需要，为新员工去留提供法律依据；另一方面，帮助企业评估招聘效果，及时发现招聘流程中的缺陷，降低招聘成本与风险。那么，在管理实践中，企业应该如何开展新员工转正评估呢？

◆评估内容

员工转正的评估内容如表 4–5 所示。

表 4–5　员工转正的评估内容

序号	评估内容
1	新员工转正评估主要由企业转正考试、部门转正考试、试用期考评、转正申请报告 4 个部分构成
2	HR 部门统一安排企业转正考试的考试内容、考试时间、考试地点等。考试内容主要有企业概况、企业愿景、企业文化、企业规章制度。所有新员工必须通过企业转正考试，才能成为正式员工
3	部门转正考试由各部门主导，HR 部门协助，需针对新员工岗位具体工作内容确定考试内容及方法。考试内容主要包括各部门工作流程、岗位职责、岗位工作流程等
4	新员工转正需提供书面《转正申请报告》及《转正申请表》，评估人员评估《转正申请报告》时需重点关注员工试用期总结、员工个人职业生涯规划、员工对部门及企业建议 3 项内容
5	新员工所在部门直属上级负责试用期考评
6	新员工转正考核总成绩采用百分制，合格线为 60 分。企业转正考试、部门转正考试、试用期考评、转正申请报告权重比例为 40%、30%、20%、10%，任何一项考核不合格者不予转正

◆转正考核流程

员工转正的考核流程如表 4–6 所示。

表 4–6　员工转正的考核流程

考核流程	具体内容
转正考核通知	（1）HR 每月 10 日前对当月拟转正员工进行统计。 （2）HR 通知各部门经理，由各部门经理通知被考核人准备考核，并在每月 12 日前完成被考核人部门转正考试
填写转正相关表格	被考核人员收到通知后填写《转正申请表》《新员工试用期自评表》，并在每月 14 日前交给所在部门直属上级
被考核人直属上级进行考核评价	每月 16 日前，被考核人直属上级对员工提交表格进行审核，签署意见后交给部门经理审核并签字确认
HR 负责人进行考核评价	（1）部门经理将相关表格、部门考试试卷及考试结果提交给 HR 部门。 （2）HR 人员根据提交材料计算被考核人考核成绩，在《转正申请表》《转正申请报告》中签署相关意见后报送审批，确保在每月 25 日前，得出最终考核结果并备案存档

续表

考核流程	具体内容
考核结果通知与考核面谈	HR 将被考核人最终考核结果通知各部门经理，由部门经理通知各被考核人。自通知下发起两个工作日内，HR 与新员工进行考核面谈

4.1.6　入职结束注意事项

新员工入职结束后，便意味着他们正式成为组织的一分子。如何帮助这些新人快速成长起来，使其为企业创造价值的同时，实现自我价值，是企业 HR 面临的一项重要课题。从诸多实践案例来看，新员工入职结束后，企业 HR 不仅要注重培养员工的业务能力，更要重视培养员工的自我定位、职业观、价值观、品质动机等。具体来看，企业 HR 需要重视以下几点，如表 4–7 所示。

表 4–7　新员工入职结束注意事项

注意事项	具体内容
引导新员工认同企业文化	随着科技发展与文明进步，人们越来越重视精神生活，想要让新员工充分发挥战斗力，不但要提供物质激励，更要提供精神激励。此时，企业文化发挥的作用越发关键。企业文化是企业组织成员共同的价值观念与行为规范，深刻影响着员工的日常行为与决策。因此，新员工入职后，HR 需要积极引导新员工认同企业文化，帮助他们将个体价值的实现与企业愿景、使命关联起来，与企业成为利益共同体，乃至命运共同体
营造开放包容的工作氛围	新员工由于技能、经验缺失，在日常工作中可能会出现各种问题，有了开放包容的工作氛围，新员工便可以获得足够的成长空间；与此同时，在开放包容的工作氛围中，新员工往往更为积极地进行自我表达，从而为团队带来新的观点与思想，有力地推动企业运营与管理创新
实施柔性管理	实施柔性管理迎合了现代企业管理发展的新趋势，是留住并加快人才成长的关键所在。柔性管理强调以人为本，不依赖权力对员工施加影响，而是强调激活员工的能动性、内在潜力与创造精神。比如，HR 在与新员工沟通时，要避免说教、命令，善于换位思考，真心实意地帮助新员工学习成长，使新员工获得更多的安全感、归属感

续表

注意事项	具体内容
注重新员工培养体系建设	企业 HR 需要针对企业发展战略、业务诉求等，建立一套完善的新员工培养体系，使新员工能够获得专业、系统的职业指导，帮助新员工培养自我管理意识，并为新员工发展提供制度保障。同时，明确新员工培养目标与责任人，定期检查培养方案落实情况，帮助新员工快速成长为企业需要的人才
满足新员工个性化需求	人才之争是企业竞争的主旋律，投资员工是一项低风险、高收益的战略性投资，而满足新员工个性化需求是企业投资员工的重要体现。比如“90 后”“95 后”新员工更加注重自我表达，对此，企业 HR 可以建立微信公众平台、企业内刊、官方微博等多元化的沟通渠道，使新员工畅所欲言，充分表达。此外，针对移动化、碎片化的时代特征，企业 HR 可以尝试为新员工提供不固定办公场所、不固定工作时间等弹性工作方式，帮助新员工提高工作效率与质量

4.2 员工培训方案与流程

4.2.1 员工培训需求分析

培训需求分析是实施新员工培训的重要基础与前提，通过培训需求分析，企业不但可以精准把控新员工培训需求，有效控制培训成本，还能设计更具针对性的培训策略，增强新员工的学习积极性。那么，企业应该如何开展新员工培训需求分析呢？下面我们来列举一些主流的新员工培训需求分析方法，以便为相关从业者提供参考借鉴，具体如表 4–8 所示。

表 4–8 新员工培训需求分析方法

分析方法	具体内容
访谈法	顾名思义，访谈法是一种分析人与新员工进行面对面交流，来获取新员工培训需求的方法。采用访谈法时，企业需要注意以下几点： （1）明确访谈目标。 （2）制定完善的访谈提纲。 （3）打造和谐融洽的访谈氛围

续表

分析方法	具体内容
问卷调查法	问卷调查法是一种企业普遍采用的新员工需求分析方法，其思路是企业制定一套标准化的调查问卷，新员工按要求填写。在问卷调查法中，调查问卷的编写无疑是重中之重，企业可以按照以下步骤来编写调查问卷： （1）罗列希望掌握的事项清单。 （2）设计问卷试题，试题既要有封闭性问题，又要有开放性问题。 （3）编辑调查问卷，形成规范化的调查问卷文件。 （4）编写者请他人对调查问卷进行检查，并根据其反馈意见进行修改。 （5）选取几个有代表性的新员工进行调查问卷模拟测试。 （6）分析测试结果，并对调查问卷进行修改。 （7）实施调查
观察法	观察法是一种观察人在新员工工作场所（比如车间、办公室、实体门店等）观察新员工工作表现，来获得新员工培训需求的方法。采用观察法时，企业需要重点关注以下事项： （1）观察人应该对被观察人从事工作有足够的了解，可以科学客观地评判其工作表现。 （2）在观察过程中，观察人要注意隐蔽，避免干扰被观察人的正常工作。 （3）观察法通常用于较为简单的工作岗位，适用范围相对有限。 （4）如有条件，可请新员工不认识的陌生人进行观察，比如观察门店销售员时，可请陌生人扮演买东西的顾客，来观察其工作表现
关键事件法	关键事件法是一种通过分析新员工在关键事件（对项目、团队、部门或企业起关键性作用的事件）中的表现，来获取其培训需求的方法。企业使用关键事件法时，要重点注意以下两点： （1）确定记录新员工表现的指导原则。 （2）对新员工表现记录进行备案存档
绩效分析法	绩效分析法是一种对新员工绩效进行考核分析，来获取其培训需求的方法。企业运用绩效分析法时，以下几点尤为关键： （1）确保考核标准得到普遍认可。 （2）专注关键业绩指标。 （3）找到新员工未达成目标绩效水平的真正原因。 （4）考核过程公开透明
胜任力分析法	胜任力分析法是一种通过分析新员工是否具备其工作岗位所需的知识、技能、态度、价值观等，来获取其培训需求的方法。企业运用胜任力分析法时，要重点注意以下两点： （1）确保职位描述涉及的知识、技能、态度、价值观等是该岗位必备的。 （2）运用胜任力模型科学评估新员工当前能力水平

4.2.2 明确培训核心内容

新员工培训是一项复杂的系统工程，企业为此要投入大量人力、物力，为保障培训效果、降低培训成本、加快新员工成长，企业需要有重点、有针对性地开展新员工培训。因此，明确培训核心内容显得尤为关键。那么，对于新员工培训，哪些是核心内容呢？具体来看，新员工培训核心内容主要包括以下四项。

◆企业发展历史与企业文化

对于一家企业而言，组织成员认可并传承企业文化，是增强组织凝聚力与战斗力的关键举措，所以，向新员工宣传企业文化是新员工培训的重要一环。但企业文化不是孤立的，它是在企业长期发展过程中逐渐沉淀而成的，脱离企业发展历史向新员工宣传企业文化仅是在浪费资源。

因此，在新员工培训过程中，不但要注重企业文化宣传，更要注重讲解企业创建的初衷，企业的发展历程，以及发展过程中的关键人物及关键事件，等等。有条件的企业可以由创始人团队向新员工分享真实故事，来增强培训的趣味性，从而提高新员工学习积极性。

◆企业组织构架与规章制度

（1）企业组织架构。本质上，企业组织架构是决策权的划分体系与各部门分工协作体系，它为企业流程运转、部门设置及职能划分提供了重要依据。通过向新员工介绍企业组织架构，可以使新员工掌握各部门间的服务协调网络与流程，并了解企业内部框架及各部门在企业整体框架中扮演的角色，为其后续工作过程中进行跨部门沟通协同奠定良好基础。

（2）企业规章制度。企业规章制度是企业对所有组织成员与经济活动进行规范的标准与依据，具有普遍性与强制性，包括新员工在内的所有本企业人员都必须严格遵守。通过向新员工讲解企业规章制度，可以使新员工在日常工作中约束自身的言行举止，密切配合其他同事的工作，从而降低企业经营风险，提高经营效率。

◆企业经营范围与产品知识

（1）企业经营范围。一方面，经营范围是企业在注册申请时的必填项，它明确了企业符合法律规定的业务活动范围，体现了企业业务活动内容与生产经营方向，通过向新员工介绍企业经营范围，可以确保新员工合法开展日常工作；另一方面，受制于资源禀赋，企业往往专注于特定领域开展经营活动，通过向新员工介绍经营范围，可以让新员工了解企业的市场定位、竞争环境，培养其竞争意识。

（2）企业产品知识。产品是企业向用户传递价值的载体，是企业核心竞争力的重要组成部分，而企业产品是由员工共同创造的。通过向新员工介绍企业产品知识，可以提升新员工对产品的认知程度，帮助其在日常工作中提高产品生产效率与质量。

◆企业人事考勤与薪酬福利

（1）企业人事考勤。通过实施人事考勤，企业可以严肃企业纪律，维护日常工作秩序，促使员工遵守工作时间与工作纪律。向新员工介绍企业人事考勤，可以使新员工遵守人事考勤制度，并配合人事考勤工作。

（2）企业薪酬福利。薪酬福利是员工衡量自身在企业中的作用与地位的重要依据，直接影响员工满意度。通过向新员工介绍企业薪酬福利，可以让新员工对企业薪酬福利政策有深入认识，使其自觉朝着企业所需人才方向努力。

4.2.3 制订员工培训方案

明确了新员工培训核心内容后，接下来便要制订新员工培训方案。具体而言，企业制订新员工培训方案时，通常需要从以下几个角度着手，如表 4–9 所示。

表 4–9　员工培训方案

培训方案	具体内容
培训目标的确定	确定培训目标后，新员工培训就有了清晰的方向，后续的培训内容、培训方法、培训讲师、培训效果评估等也就有了依据。确定新员工培训目标时，企业需要先确定一个整体性目标，然后再对该目标进行拆解细分，从而得到具体的、可量化的、便于操作的一系列目标
培训内容的选择	选择新员工培训内容时，企业可以从知识培训、技能培训、素质培训三个角度着手： （1）知识培训。知识培训属于浅层次的新员工培训，其作用偏向于让员工理解概念，使员工适应工作环境。讲师在课堂上讲解或新员工读《员工手册》等资料时，都能让新员工获得一定知识。 （2）技能培训。技能培训属于中层次的新员工培训，其作用偏向于让员工掌握工作方法与要点，学会操作仪器设备，等等。技能培训通常需要让员工在具体工作场景中习得。 （3）素质培训。素质培训属于高层次的新员工培训，其作用偏向于提高新员工的思想道德素质，促进新员工个性发展、身体健康与心理健康。素质培训虽然短时间内难以取得明显效果，但对新员工工作乃至日常生活会产生深远影响
培训指导者的确定	新员工培训指导者包括企业内部讲师与外部讲师两大类，内部讲师主要有企业领导者、部门管理者、资深员工；外部讲师主要有行业大咖、培训机构专业讲师等。确定培训讲师时，要注意结合培训需求，并控制培训成本
培训时间的安排	安排新员工培训时间时，应尽可能地安排在工作时间，但有时为保障培训效果、加快培训进度，可能会占用一定的休息时间。出现这种情况时，直属上级务必要做好与新员工的沟通交流，充分体现企业对员工的重视与尊重
培训方法的选择	常见的新员工培训方法包括演示法、讨论法、讲授法、场景演练法、案例分析法等。各种分析方法都有一定的适用范围与优缺点，过度依赖一种培训方法绝非明智之举。为保障培训效果，实践中，企业往往需要综合运用多种培训方法
培训场所和设备的选择	培训场所包括会议室、工作场所、多媒体教室、培训机构等，培训场所主要根据培训内容确定，比如对新员工进行技能培训时，通常需要讲师现场演示，所以，培训场所便选择工作场所。培训设备主要包括多媒体设备、模型、仪器等，也需要根据培训内容确定

4.2.4 实施员工培训方案

制订完培训方案后，企业新员工培训便进入培训方案实施阶段。培训方案的实施要按照培训方案中约定的时间，由 HR 部门与各部门经理协商进行。为确保新员工培训方案落地实施，企业必须重视以下几点，具体如表 4–10 所示。

表 4–10 员工培训方案的实施流程

实施流程	具体内容
发放培训通知	每次开展培训前，企业务必要注意发放培训通知，在培训通知中告知新员工本次培训时间、地点、主要内容、讲师、注意事项等
规范培训签到	在新员工培训过程中，培训签到是一个不容忽视的环节。一方面，它起到了考勤作用；另一方面，它能使新员工获得仪式感，在签到表上签下名字后也相当于他们对此次培训做出了某种承诺
做好培训记录	在新员工培训过程中，做好培训记录是很有必要的，它能为后续培训提供参考借鉴，帮助企业不断优化培训策略。培训记录应该安排专人负责，记录必须详细，不但要记录好培训要点，还要记录讲师与学员的互动，比如记录讲师向学员提问问题时，记录员要记录“提问了什么问题”“谁回答了问题”“回答的答案是什么”“讲师是怎么评价的”等。此外，记录员完成记录后，还要找讲师和学员代表检查记录内容，并让他们签字确认
妥善安排未参加培训人员	对于因生病、部门工作需要、自然灾害等无法参加培训的新员工，企业要给予妥善安排，比如将课程相关资料及时发放给他们，并要求他们做学习笔记或试题，等等
加强新老员工沟通交流	老员工的工作经验与新员工的创意都是企业应该重视的宝贵资源。因此，在实施新员工培训方案时，企业要注意加强新老员工的沟通交流，定期邀请老员工参与培训，为新老员工沟通交流创造更多机会
鼓励新员工提问发言	很多企业实施新员工培训方案时，往往采用单一的课堂讲授方式，大部分时间是讲师在课堂上讲，学员在下面听，这种应试教育一般的培训方式很难取得理想效果。因此，在实施新员工培训方案时，企业需要鼓励新员工提问发言，增加课堂互动性、趣味性
引入新型教学模式	传统教学模式以教师讲授为主，不能调动学员的自主性、能动性，学员仅能吸收其中的一部分知识，不利于企业人才培养。因此，在实施新学员培训时，企业可以引入问题式教学模式、探究式教学模式、合作式教学模式等新型教学模式

4.2.5 培训评估操作流程

实施新员工培训方案后，企业还要开展培训评估，从而精准掌握培训效果，找到培训过程中存在的问题，推动培训方案优化改进，为后续培训工作开展积累经验。为确保新员工培训评估工作的规范性、有效性，企业可以参考以下操作办法。

◆培训评估的标准

培训效果四级评价模式是一种国际广泛应用的新员工培训评估标准。该模式由美国学者唐纳德·柯克帕特里克（D. L. Kirkpatrick）提出，也被称为“柯氏四级培训评估模式”，包括反应评估、学习评估、行为评估、成果评估四个层级，如表 4-11 所示。

表 4-11　柯氏四级培训评估模式

四个层级	具体内容
反应评估	即评估新员工对培训的反应，具体思路是评估人员在新员工培训过程中或结束后，评估新员工对培训的感受、认知、建议
学习评估	即评估新员工的学习情况，具体思路是评估人员评估新员工对培训涵盖的知识、技能、方法、思想等培训内容的学习效果
行为评估	即评估新员工的行为，具体思路是评估人员评估新员工接受培训后的行为变化
成果评估	即评估对新员工培训的成果，具体思路是评估人员评估新员工接受培训后的工作表现

◆培训评估的实施

培训评估的实施流程如表 4-12 所示。

表 4–12 培训评估的实施流程

实施流程	具体内容
明确评估层次	新员工培训评估注重效率与质量的同时，也要考虑评估成本。为此，评估人员需要结合企业实际情况，对培训项目进行不同层级的评估。通常而言，反应评估操作简单，成本较低，可运用在绝大部分培训项目评估工作中；学习评估主要用于评估新员工的知识与技能培训；行为评估与成果评估则用于培训周期长、培训成本高、对新员工行为与决策有关键影响的评估项目中，比如新员工企业文化培训、职业观培训等
明确评估方法	根据评估时长，评估可分为短期评估、中期评估、长期评估。短期评估是在新员工培训工作结束后立即开展评估；中期评估与长期评估则是在新员工完成培训一段时间后，再进行评估。确定评估方法时，需要结合评估层级： （1）反应评估通常采用调查问卷法、访谈法等。 （2）学习评估通常采用抽样调查法、关键事件法等。 （3）行为评估通常采用业绩考核法。 （4）成果评估通常采用效益评价法
收集并分析评估所需资料	对评估所需资料的搜集是新员工培训评估中不容忽略的关键模块。不同层级评估对应的资料有所差异： （1）反应评估的资料主要是调查表、调查问卷、访谈记录等。 （2）学习评估的资料主要是考试试卷、调查报告等。 （3）行为评估与成果评估的资料主要是产品合格率、财务收益、员工满意度调查报告等。 收集完相关资料后，评估人员还要对资料进行筛选分析，最终得出评估结果

4.2.6 撰写培训评估报告

评估报告是评估人员按照新员工培训评估原则，完成培训评估标准程序后，对此次评估工作给出的书面意见，需要评估人员对培训工作进行全面调查、综合分析及科学判断，是衡量培训投入产出的重要依据，也能为企业后续开展新员工培训提供参考借鉴。撰写培训评估报告时，撰写人员可按照以下步骤进行，如表 4–13 所示。

表 4–13　培训评估报告的撰写方法

撰写方法	具体内容
报告提要	报告提要是对培训评估报告要点的总结与概括，可以让读者在短时间内对报告有一个整体认识，对撰写人员的提炼总结能力提出了较高的要求。报告提要的撰写要分清主次、简明扼要，为达到这种效果，撰写人员可先列出报告提纲，然后再据此撰写报告提要
导言	（1）阐述此次新员工培训项目的背景与概况。具体包括新员工培训项目的性质、培训项目的组织者与实施者、培训周期、培训过程中的阻碍因素、新员工在培训中的整体表现等。 （2）阐述新员工培训项目评估目的与性质。常见的新员工培训项目评估目的包括评估新员工培训表现、考核培训组织者与实施者绩效、找出培训过程中存在的问题等。常见的新员工培训项目评估性质有需求分析评估、过程分析评估、产出分析评估、成本一致效益分析评估等。 （3）阐述评估人员在此次培训工作中总结出来的经验与教训，对此后企业新员工培训工作提出建议与意见
概述评估实施的过程	概述评估实施过程的目的是使读者了解评估活动的整体情况，从而判断评估活动的科学性、合理性。此部分内容主要包括评估方案的设计思路、评估工作的依据、资料的来源与搜集方法、评估过程中的关键节点等
解释、评价评估结果	此部分内容需要撰写人员对评估结果做出详细解释，比如：评估人员为什么得出这些评估结果，各项评估结果分别代表着什么，培训参与人员的行为与培训结果的联系，等等。同时，撰写人员还要对评估结果进行评价，比如：评估结果存在哪些缺陷，这些缺陷又是如何造成的，等等
附录	附录部分提供了此次新员工培训评估过程中使用到的各种资料、文献，可以让读者判断评估工作是否科学严谨

4.2.7　培训效果评估反馈

◆培训效果评估反馈

撰写完新员工培训评估报告后，评估人员要及时将评估报告备案存档，并根据培训效果的评估层级，对相关人员给予培训效果评估反馈，具体如表 4–14 所示。

表 4-14 培训效果评估反馈

培训效果层级	评估反馈
反应评估层级	反馈给培训组织者与实施者和讲师
学习评估层级	反馈给培训组织者与实施者、讲师与学员
行为评估层级	反馈给培训组织者、学员所在部门经理与学员
成果评估层级	反馈给培训组织者、企业领导者及学员所在部门经理

◆培训效果评估改进措施

培训效果评估层级的差异决定了改进措施也应该有所不同，具体如表 4-15 所示。

表 4-15 培训效果评估改进措施

改进措施	具体内容
面向反应评估层级的改进措施	（1）针对新员工培训评估报告中有关培训组织与实施方面的问题，由培训组织者与实施者提出改进措施，比如完善培训场所基础设施、优化培训时间安排、优化培训内容、优化培训形式等。 （2）针对新员工培训评估报告中有关培训教学效果方面的问题，由培训讲师提出改进措施，比如改善培训教材、改善培训教学方法、学习新的培训技巧、调整培训教学进度等
面向学习评估层级的改进措施	（1）针对新员工培训评估报告中有关讲师授课效果、学员学习效果方面的问题，由培训组织者与实施者制定改进措施，比如优化讲师选拔与培训、为员工提供个性化辅导等。 （2）针对新员工培训评估报告中有关学员个体培训表现方面的问题，由学员制定改进措施，比如加强课后总结反思，积极向优秀学员学习，等等
面向行为评估层级的改进措施	（1）针对新员工培训评估报告中有关培训需求分析、培训方案方面的问题，由培训组织者制定改进措施，比如优化培训需求分析方法、优化培训方案等。 （2）针对新员工培训评估报告中有关学员接受培训后行为变化问题，由学员所在部门经理与直属上级制定改进措施，比如加强与新员工的沟通，监督新员工日常工作，等等。 （3）针对新员工培训评估报告中有关学员个体接受培训后行为表现方面的问题，由学员制定改进措施，比如加强自我管理、邀请同事帮助监督等

续表

改进措施	具体内容
面向成果评估层级的改进措施	（1）针对新员工培训评估报告中有关培训投入产出方面的问题，由培训组织者制定改进措施，比如改善培训政策、强化培训成本控制、挖掘培训价值等。 （2）针对新员工培训评估报告中有关培训工作对企业发展的影响方面的问题，由企业领导者制定改进措施，比如规范新员工培训决策等。 （3）针对新员工培训评估报告中有关学员绩效改善方面的问题，由学员所在部门经理与学员直属上级制定改进措施，比如改善新员工工作环境，促进新员工培训成果转化，等等

4.3 入职管理制度与表格范例

4.3.1 入职管理制度范例

【范例 1 新员工入职管理制度】

第一章 总 则

第一条 为加强对新员工入职的管理，进一步规范入职手续办理程序，特制定本规定。

第二条 本规定适用于 ×××××××××××× 全体新员工。

第二章 入职流程

第三条 入职前。

1. 候选人通过面试审核后，招聘人员与候选人口头确定到岗时间，（到岗时间由招聘专员与候选人确定），并向求职者发放《录取通知书》，将《应聘登记表》及《面试评估表》签批完毕后交入职手续办理人。

2. 入职手续办理人根据《新员工入职手续清单》信息，结合相关部门在新员工入职前一个工作日完成所有准备工作。

第四条　入职时手续办理。

1. 新员工提交资料：

(1) 身份证原件、复印件（1 份）。

(2) 学历证书原件、复印件（1 份）。

(3) 职称证书、从业资格证书原件、复印件（1 份）。

(4) 彩色一寸照片 2 张。

(5) 近期（一年内有效）健康证。

(6) 与前一工作单位解除劳动关系证明。

(7) 中国工商银行卡复印件（1 份）。

2. 公司人事手续办理人需办理事项：

(1) 对新员工提交资料进行审核。

(2) 与新员工签署《劳动合同》《保密协议》《安全承诺责任书》。

(3) 发《新员工入职清单》，并告知新员工对应的接口人，完成清单中要求事项。

(4) 向新员工发《员工手册》，并收取员工手册回条。

(5) 带新员工到所属部门报到。

3. 到岗部门需办理事项：

(1) 由部门负责人指定本部门人员带新员工熟悉公司情况，并介绍公司同事。

(2) 由新员工直接上级向新员工介绍其岗位职责、工作说明及公司相关规章制度，部门负责人在部门例会上向大家介绍新员工并表示欢迎。

第五条　入职后待办事项。

1. 人事手续办理人员检查新入职员工资料是否符合公司入职要求。

2. 人事档案管理员准确并及时地将新入职员工的基础信息录入花名册，并建立员工个人档案。

3.人事手续办理人向全体员工发欢迎新员工邮件。

4.组织新员工入职培训，培训内容包括：公司介绍、企业文化介绍、公司规章制度及行为规范、消防安全等。

第三章 附 则

第六条 本办法自颁布之日起执行。

【范例2 员工录用通知函】

录用通知书

先生/女士：

感谢您应聘我公司岗位，经过公司招聘甄选，您已被确定符合我公司岗位的录用条件，公司决定予以录用。

一、公司与您约定的录用条件：

1.诚实信用，无不良社会记录；

2.技能、经验符合岗位要求，能胜任本岗位工作；

3.适应岗位要求的身体条件——健康，无重大疾病史或家族遗传病史或传染病史；

4.能够全面履行岗位职责，保质完成岗位工作任务；

5.能够及时保质完成上司或公司领导安排的工作任务；

6.其他特别补充说明：

应由员工个人承担的社会保险、住房公积金费用以及个人所得税，由公司从员工薪资中代扣代缴。

二、请于____年____月____日____时携带下列资料到公司办理入职录用手续，敬请参照办理：

1.录用通知书；

2.本人真实有效的居民身份证原件及复印件（3份）；

3. 本人最高学历证明、相关培训/资格证书的原件及复印件；

4. 蓝色、免冠、小一寸照片4张；

5. 与前一工作单位解除劳动关系的证明；

6. 本人真实的健康体检报告原件及复印件。

注：

入职前的健康体检查出重大疾病，包括但不仅限于癌症、心脏病、各种传染病以及职业病史，视为不符合公司的录用条件，此录用通知书自动失效。

为方便统一管理，所有入职前的健康体检须在公司指定的合作医院或体检机构进行。具体地点：________________________。

三、特别约定：

1. 受雇唯一性和保密承诺：

(1) 受雇唯一性：您在入职公司时不得与任何第三方单位存在劳动关系；入职后未经公司书面同意，也不得在任何时间（包括但不仅限于工作时间）、任何地点与任何第三方单位建立劳动关系（即兼职行为），违反此规定视为严重违反公司规章制度，公司可立即无偿解除劳动合同。

(2) 保密：您有义务对您的薪资进行保密，不得泄露或告知给公司其他同事；也不得私下打探其他同事的薪资；也不得将本录用通知书的全部或部分内容透露给任何第三方，违反此规定视为严重违反公司规章制度，公司可立即无偿解除劳动合同。

2. 生效与失效：

(1) 我公司将为您保留此岗位至____年____月____日____时，如您接受公司的聘用并同意上述条款，请填写好回执，于____年____月____日____时前以电子邮件的形式回复确认，并致电告知。否则，公司将视为您主动放弃本工作机会，本录用通知书自动失效，由此给您个人带来的不便及损失我们不予承担。

(2) 本录用通知书在您签署并提交至公司之日起生效，在劳动合同签订之前，作为公司与您对双方劳动权利和义务的基本协议和约定，并将作为劳动合同的附件。如本通知中的条款与未来双方签订的《劳动合同》有冲突或不一致之处，一律以劳动合同规定为准。

(3) 如您未能通过公司入职前的健康体检或公司要求的背景调查；或入职报到时，您个人须提供的资料不齐全或虚假（注：情况特殊者，可事先说明具体情况，报公司审批），本录用通知书自动失效。

3. 如果在试用期内您被证明不符合录用条件，公司可立即无偿解除劳动合同。

四、正式入职到岗日期：____年____月____日____时。

请您仔细阅读并了解上述聘用条款和条件，若有任何问题或不明之处，请来电咨询。

××有限公司××部

年　月　日

4.3.2　入职管理表格范例

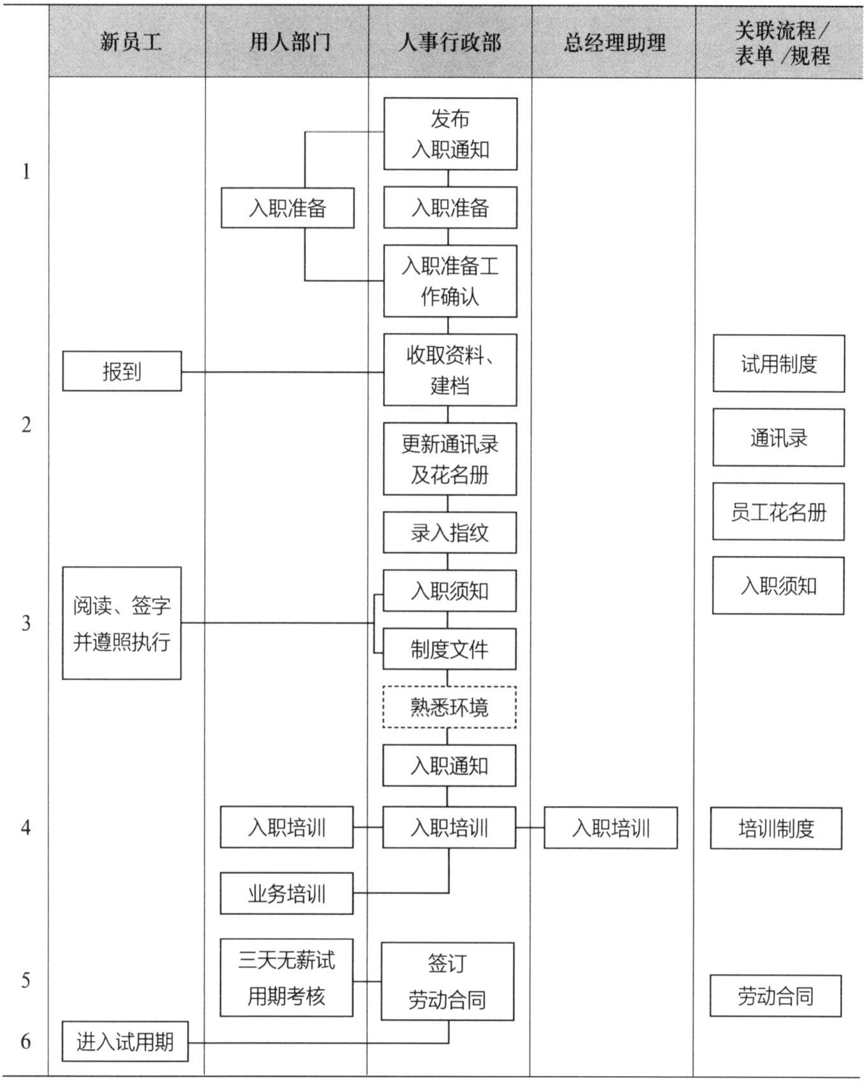

图 4-1　员工入职管理流程图

表 4–16　员工入职管理流程说明

所属公司		文件类型		文件编号	
文件名称	员工入职管理流程	版次		页码	

流程节点		责任人	工作说明
1	发布入职通知	人事行政部	人事行政部办理完毕新员工录用审批手续后，于新员工入职前一天通知用人部门新员工入职时间
	入职准备	用人部门 / 人事行政部	用人部门于新员工入职前一天进行新员工入职前准备工作：用人部门负责办公工位、办公设施、业务培训内容及人员、考核内容及人员等内容的准备工作，人事行政部负责办公用品准备、入职培训组织
	入职准备工作确认	人事行政部	与用人部门沟通确认准备工作就绪
2	报到	新员工	新员工携带相关资料，准时到公司报到
	收取资料、建档	人事行政部	收取以下资料并建立人事档案： 2 张 1 寸照片；身份证（审验原件、留存复印件）；最高学历、学位证书（审验原件、留存复印件）；异地养老保险转移单（原件）；上一单位劳动关系解除证明（原件），失业人员可提供就业失业证原件或农村劳动力转移就业证（审验原件、留存复印件）；治理部门员工需提供体检报告或者有效期内的健康证； 以上资料须于入职一个月内提供
	更新通讯录及花名册		人事行政部根据新员工提供资料，更新公司通讯录及员工花名册，并上报总经理、行政副总及人事行政部一级主管
	录入指纹		将新员工指纹信息录入考勤机
3	阅读、签字并遵照执行入职须知、制度文件	新员工 / 人事行政部	人事行政部将新员工入职须知及公司制度文件交由新员工阅读学习，新员工阅读后于签字页签字确认，并遵照执行
	熟悉环境	人事行政部	人事行政部将新员工介绍给总经理及各部门人员，并带新员工熟悉工作环境
	入职通知		人事行政部通知用人部门及新员工入职培训相关人员，新员工入职且入职手续办理完毕，可予进行培训
4	入职培训	总经理助理 / 人事行政部 / 用人部门	按公司培训制度要求，由人事行政部组织对新员工进行入职培训，由总经理助理进行公司文化和发展史培训、人事行政部进行规章制度培训、用人部门进行行业情况及产品知识培训
	业务培训	用人部门	用人部门对新员工进行业务知识和技能培训
5	三天无薪试用期考核	用人部门	用人部门对新员工进行三天无薪试用期考核，考核合格继续试用，不合格则予以辞退
	签订劳动合同	人事行政部	新员工通过三天无薪试用期考核后，人事行政部于新员工入职 10 天内与新员工签订劳动合同
6	进入试用期	新员工	新员工正式进入试用阶段

表 4–17　员工入职档案登记表

申请职位：　　　　　　　　　　　　　　　　　　　入职日期：　年　月　日

基本资料								
姓 名		性 别		民 族		出生年月		
学 历		身 份 证 号						
联系电话		身 高		体 重		政治面貌		
是否有驾照及类型				婚姻及生育状况				
户口所在地				现居住地				
紧急联系人				联系电话				
电子邮箱				社会统筹情况		□养老　□医疗　□失业　□生育 □工伤　□公积金		

教育背景				
起止时间	毕业院校	专业	学历 / 学位	教育性质
				□统招　□函授　□自考　□其他
				□统招　□函授　□自考　□其他

职业资格证书或其他相关证书：

工作经历	时 间	工作单位、职位	离职原因	证明人姓名及联系方式

家庭主要关系	关系	姓名	年龄	工作单位	职务	联系方式

其他	招聘渠道：□网络招聘　□员工推荐（员工姓名）______□人才市场　□其他方式
	是否有朋友、亲戚在我公司工作？□是，请说明：______□否
	其他说明事项：

公司承诺：此资料将进入公司人才库严格保密，并仅作招聘使用。为全面了解您的优劣势，安排合适的岗位使您扬长避短，请您认真、完整、如实填写。

本人承诺：本人授权公司向本人曾任职的公司、介绍人或咨询人查询所有记录，且申明以上提交的一切资料绝对真实，如有不实，可作为被公司辞退的理由，而公司无须做出任何赔偿

填表人确认签名：________________

表 4–18　员工入职报到手续表

<table>
<tr><td colspan="2">姓名</td><td></td><td>性别</td><td></td><td colspan="2">部门</td><td></td><td>职位</td><td></td></tr>
<tr><td colspan="2">入职报到时间</td><td colspan="8">______年____月____日　□上午　□下午</td></tr>
<tr><td colspan="2">试用期限</td><td colspan="3">______年____月____日至
______年____月____日</td><td colspan="2">合同期限</td><td colspan="3">______年____月____日至
______年____月____日</td></tr>
<tr><td colspan="5">试用期薪资</td><td colspan="5">转正期薪资</td></tr>
<tr><td>职薪等级</td><td>总额</td><td>基本工资</td><td>管理/技术岗津贴</td><td>绩 效</td><td>职薪等级</td><td>总 额</td><td>基本工资</td><td>管理/技术岗津贴</td><td>绩效</td></tr>
<tr><td></td><td></td><td></td><td></td><td></td><td></td><td></td><td></td><td></td><td></td></tr>
<tr><td>其他薪酬补充说明</td><td colspan="9"></td></tr>
<tr><td>福　利</td><td colspan="9">□社保　□餐补　□交通补贴　□话费补贴
□其他______________________</td></tr>
<tr><td>薪资福利说明</td><td colspan="9">薪资标准中的各模块分别所占比例，按薪酬管理制度执行</td></tr>
<tr><td colspan="10">报到程序</td></tr>
<tr><td>人事行政部</td><td colspan="6">应交资料：
□身份证复印件 1 份　□离职证明书 1 份
□学历证书复印件 1 份　□二寸相片 2 张
□银行卡复印件 1 份　□学校推荐信/在校证明 1 份
□其他证件___________</td><td colspan="3">领用用品及资料：
□记事本、笔、笔筒
□电脑
□其他___________</td></tr>
<tr><td>备　注</td><td colspan="9"></td></tr>
</table>

经办人签名：　　　　　　　　　　　　员工签名：

日期：　　　　　　　　　　　　　　　日期：

表 4-19　员工物品缴领记录表

<table>
<tr><td colspan="2">部门</td><td colspan="2"></td><td>姓名</td><td colspan="2"></td></tr>
<tr><td colspan="2">职务</td><td colspan="2"></td><td>入职时间</td><td colspan="2"></td></tr>
<tr><td colspan="7">基本配置</td></tr>
<tr><td colspan="2">品名</td><td>单位</td><td>数量</td><td colspan="3">备注</td></tr>
<tr><td colspan="2">非常规配置</td><td></td><td></td><td colspan="3"></td></tr>
<tr><td colspan="2">□ 笔记本电脑</td><td>台</td><td>1</td><td colspan="3"></td></tr>
<tr><td colspan="2">□ 台式电脑</td><td>台</td><td>1</td><td colspan="3"></td></tr>
<tr><td colspan="2">常规配置</td><td></td><td></td><td colspan="3"></td></tr>
<tr><td colspan="2">□ 中性笔</td><td>支</td><td>1</td><td colspan="3"></td></tr>
<tr><td colspan="2">□ 软面抄笔记本</td><td>本</td><td>1</td><td colspan="3"></td></tr>
<tr><td colspan="2">□ 门禁卡</td><td>个</td><td>1</td><td colspan="3"></td></tr>
<tr><td colspan="2">□ 工作牌</td><td>套</td><td>1</td><td colspan="3"></td></tr>
<tr><td colspan="2">□ 员工手册</td><td>本</td><td>1</td><td colspan="3"></td></tr>
<tr><td colspan="2">□ 其他办公用品</td><td></td><td></td><td colspan="3"></td></tr>
<tr><td colspan="7">缴纳清单</td></tr>
<tr><td colspan="2">品名</td><td>单位</td><td>数量</td><td colspan="3">备注</td></tr>
<tr><td colspan="2">□ 身份证原件</td><td>张</td><td>1</td><td colspan="3"></td></tr>
<tr><td colspan="2">□ 身份证复印件</td><td>张</td><td>1</td><td colspan="3"></td></tr>
<tr><td colspan="2">□ 毕业证书原件</td><td>张</td><td>1</td><td colspan="3"></td></tr>
<tr><td colspan="2">□ 毕业证书复印件</td><td>张</td><td>1</td><td colspan="3"></td></tr>
<tr><td colspan="2">□ 学位证书原件</td><td>张</td><td>1</td><td colspan="3"></td></tr>
<tr><td colspan="2">□ 学位证书复印件</td><td>张</td><td>1</td><td colspan="3"></td></tr>
<tr><td colspan="2">□ 职称资格证书原件</td><td>张</td><td>1</td><td colspan="3"></td></tr>
<tr><td colspan="2">□ 职称资格证书复印件</td><td>张</td><td>1</td><td colspan="3"></td></tr>
<tr><td colspan="2">□ 1 寸彩色近照</td><td>张</td><td>4</td><td colspan="3"></td></tr>
<tr><td colspan="2">□ 离职证明</td><td>张</td><td>1</td><td colspan="3"></td></tr>
<tr><td colspan="2">□ 其他文件</td><td></td><td></td><td colspan="3"></td></tr>
<tr><td>经办人</td><td></td><td colspan="2">领用人</td><td></td><td>时间</td><td></td></tr>
</table>

表 4-20　员工录用工资确认表

<table>
<tr><td>姓名</td><td></td><td>录用部门</td><td></td><td>录用岗位</td><td></td></tr>
<tr><td>入职时间</td><td colspan="2">________年____月____日</td><td>发放日期</td><td colspan="2">每月 20 日，遇节假日顺延</td></tr>
<tr><td rowspan="3">薪酬标准执行第____种；本岗位工资按公司规定暂实行足额发放</td><td colspan="5">①试用期工资：________元 / 月；转正后________元 / 月</td></tr>
<tr><td>②实行年薪制</td><td colspan="4">年薪________元，试用期工资：________元 / 月；
转正后________元 / 月；余额根据公司内部规定发放</td></tr>
<tr><td>③其他</td><td colspan="4"></td></tr>
<tr><td rowspan="3">福利待遇</td><td>①社会保险</td><td colspan="4">自____年____月开始缴纳社会保险
（备注说明：________________________）</td></tr>
<tr><td rowspan="2">③其他补助</td><td colspan="4">补贴①：
试用期发________元 / 月；转正后发________元 / 月</td></tr>
<tr><td colspan="4">补贴②：
试用期发________元 / 月；转正后发________元 / 月</td></tr>
<tr><td colspan="6">以上信息由人力资源部填写，填写人签字确认：
确认日期：　　年　月　日</td></tr>
<tr><td colspan="6">人力资源部主管领导意见：
确认日期：　　年　月　日</td></tr>
<tr><td colspan="6">领导签批确认：
确认日期：　　年　月　日</td></tr>
<tr><td colspan="6">以下信息由新入职员工填写</td></tr>
<tr><td colspan="2">新入职员工身份证号码</td><td colspan="4"></td></tr>
<tr><td colspan="2">银行卡号</td><td colspan="4"></td></tr>
<tr><td colspan="2">开户行</td><td colspan="4"></td></tr>
<tr><td colspan="6">以上薪资及福利内容本人已经知晓，身份证号码、银行卡号、开户行信息由本人填写，并确保信息准确无误；因自己填写错误造成的损失由本人承担一切责任。同时本人承诺对自己的薪资福利绝对保密，如自己泄露愿接受公司的一切处理，直至解除劳动合同给予辞退

新入职员工确认签字：　　　　确认日期：　　年　月　日</td></tr>
<tr><td>备注说明</td><td colspan="5">本表一式一份，仅供人事部与新录用员工核对薪资福利信息用，在经领导核定并经新录用员工签字确认后作为发放工资的依据。领导核定签批后原件留存于财务部门，人力资源部留存复印件</td></tr>
</table>

表 4-21 员工入职引导确认表

<table>
<tr><td>姓名</td><td></td><td>部门</td><td></td><td>岗位</td><td></td></tr>
<tr><td>上级主管</td><td></td><td>职务</td><td></td><td>入职日期</td><td></td></tr>
<tr><td rowspan="2">应缴
资料</td><td colspan="5">□身份证复印件 1 份　□毕业证和学位证书复印件 1 份
□一寸照片 2 张　□职称和职业资格证书复印件 1 份
□郑州银行卡复印件 1 份　□原单位离职证明原件 1 份
□近一月体检报告 1 份（含乙肝五项）</td></tr>
<tr><td colspan="5">人力资源部：　新员工签字：　日期：</td></tr>
<tr><td rowspan="2">入职
手续
办理</td><td colspan="5">□开通钉钉权限　□入职登记表　□入职协议书　□薪资确认表　□劳动合同
□新员工试用期考核表　□竞业协议　□保密协议　□岗位说明书　□办公用品</td></tr>
<tr><td colspan="5">人力资源部：　新员工签字：　日期：</td></tr>
<tr><td rowspan="2">入职
培训</td><td colspan="5">□介绍公司概况
□介绍各部门同事（部分岗位）
□介绍公司薪酬绩效、试用期、工作时间、考勤及公司各项规范须知</td></tr>
<tr><td colspan="5">人力资源部：　新员工签字：　日期：</td></tr>
<tr><td colspan="6">填写说明：以上各栏由新员工填写后交人力资源部；以下各栏由部门负责人在新员工入职 7 天后的第一个工作日填写后提交至人力资源部存档</td></tr>
<tr><td rowspan="2">部门报道</td><td colspan="5">□部门负责人 10 分钟沟通，安排工位
□介绍部门概况、职能、部门同事及内部架构关系
□介绍部门培训工作安排
□安排新员工辅导引导人
□安排培训期间工作任务</td></tr>
<tr><td colspan="5">部门负责人签字：　新员工签字：　日期：</td></tr>
<tr><td rowspan="2">专业引导</td><td colspan="5">时刻指导稳定员工：
□部门内部工作流程　□部门内部管理规定
□本岗位工作规范　□新员工面谈跟进记录表</td></tr>
<tr><td colspan="5">部门负责人签字：　新员工签字：　日期：</td></tr>
<tr><td colspan="6">公司已告知本人工作内容、工作条件、工作地点、职业危害、劳动报酬，以及本人要求了解的其他情况

新员工签字：　确认日期：　年　月　日</td></tr>
</table>

注：1. 本表由用人部门负责人交由人力资源部存入员工个人档案

2. 本表用于新员工到公司报道当天和到用人部门报道当天的入职引导工作检查

表 4-22　新员工试用期考核表

胜任力	（岗位职责）
考核标准	（主要包括胜任力、工作完成情况、能力及业务水平，可量化且有明确标准）
用人部门负责人评价	（是否留用？意见和建议）
员工签字确认	签字：　　　　日期：

表 4–23　员工面谈跟进记录表

姓名		入职日期		所属部门	
所在岗位		直属上级		跟进日期	
你是否已经明确公司的规章制度，以及部门的工作流程，这些制度流程你是否可以接受？有何建议与意见？					
关于你的工作任务，你的直接上级是否有对你进行培训，培训是否到位？培训时长？					
你认为你的直接上级及部门负责人在工作中是否给予及时指导？对你的关心力度是否足够？需要他做一些什么帮助与改进？					
你目前工作开展过程中、生活中有何困难？需要公司或人事组织提供哪些支持与帮助？					
你在工作上哪些专业知识有优势，哪些有不足，如何改善？					
在团队管理协作以及同事关系方面你觉得自己有哪一方面做得特别好，有哪一方面需要改进？					
你在目前的工作当中有哪些困难？针对这些困难，你有何想法？					
你是否为下一步工作改进制订了计划？请简要说明					
记录人 / 日期		被面谈人 / 日期			

表 4-24　员工转正申请表

<table>
<tr><td>姓 名</td><td></td><td>职 务</td><td></td><td>任职部门</td><td></td></tr>
<tr><td>入职日期</td><td colspan="2"></td><td>试用期薪资</td><td colspan="2"></td></tr>
<tr><td rowspan="4">申请人
自评</td><td colspan="5">试用期内工作成果和业绩：</td></tr>
<tr><td colspan="5"></td></tr>
<tr><td colspan="5">下一步工作计划及需提升的知识技能：</td></tr>
<tr><td colspan="5"></td></tr>
<tr><td>部门
主管
意见</td><td colspan="5">（从工作态度、能力及需提升方面评价）
考评：□优秀　□良好　□一般　□进一步观察　□不合格
转正建议：□提前转正，时间：________
□如期转正　□延长试用期　□调岗　□解除劳动关系
转正后薪资：　　　　　　执行日期：
签字：　　　　　　　　　日期：</td></tr>
<tr><td>人力
资源部
意见</td><td colspan="5">□提前转正，时间：________　□如期转正　□延长试用期　□调岗
□解除劳动关系
转正后薪资：　　　　　　执行日期：</td></tr>
<tr><td>领导审批</td><td colspan="5">签字：　　　　　　　　　日期：</td></tr>
</table>

4.4 培训管理制度与表格范例

4.4.1 培训管理制度范例

【范例3 新员工培训管理制度】

第一章 总 则

第一条 目的。

1.使新进员工熟悉和了解公司基本情况、相关部门工作流程及各项制度政策，增强对企业的认同感和归属感。

2.使新进员工能够自觉遵守公司各项规章制度和行为准则，增强作为企业人的意识。

3.帮助新进员工尽快适应工作环境，进入工作角色，提高工作效率和绩效。

4.使新进人员深切体会到公司的宏伟目标，激发其求知欲、创造性，不断充实自己，努力向上。

第二条 适用范围。

1.凡本公司新进员工必须接受本公司举办的入职培训，悉依本制度实施。

2.本制度所指新进员工包括转岗员工、外聘员工及其他认为应该接受培训的员工。

第三条 培训原则。

公司实行“先培训，后上岗”原则。

第二章 培训前期准备

第四条 整理新员工入职资料。

培训实施前公司人力资源部经理助理负责收集并整理新员工入职资料，统计参训人员名单，为培训场地的选择、设备选用、资料提供及行政后勤管理等工作做准备。

第五条 培训方案的制订。

人力培训专员制订公司新员工入职培训培训方案大纲，并提交人力资源部部长审核及修改，形成培训方案，人力资源部部长将培训方案呈交给公司领导主管审批，经领导批准后方可实施。

第六条 培训通知的制定与发放。

人力资源专员负责拟定培训通知，并经权限领导审批后，利用公司内部通用信息交流平台（E-mail或OA系统）提前十个工作日向相关部门发放培训通知，以便相关部门或人员做必要的准备工作。在培训前的1～2个工作日内，人力资源专员还需要再发放一份培训提醒通知，提醒相关人员准时参加培训。

第三章 实施培训

第七条 确定培训讲师。

公司培训讲师由相关部门推荐并经部门主管和人力资源部审核合格后担任，没有合适人选的，由人力资源部专员通过外聘方式联系确定培训讲师。

第八条 确定培训教材。

公司规定，培训教材及培训讲义由培训讲师拟定，并于培训开始前3个工作日将培训讲义及教材提交给人力资源部，以便人力资源部培训专员打印、装订，提前发放给参训员工。

第九条 场地确认。

人力资源部专员负责联系确认培训场地。培训在公司内部进行的，人力资源部专员需向公司相关部门提交培训场地使用申请单及培训场地使用登记表，登记确认。

第十条 时间确认。

人力资源培训专员在培训开始前 1 ～ 2 个工作日告知员工培训的地点及时间，以便员工准时参加培训。

第十一条 场地布置。

公司行政后勤管理人员在培训开始前布置好培训场地，将相关设备的准备工作落实到位并检查相关设施、设备是否正常，以保证培训工作的正确进行。完成场地设施设备检查确认登记表。

第十二条 考勤签到。

入职培训实施过程中，人力资源培训专员负责学员的考勤，并在培训开始时提前半个小时准备好培训考勤签到表。

第十三条 物品资料发放。

人力资源专员根据培训方案发放培训所需物品及资料，并登记存档。完成《物品资料发放清单》及《物品资料发放登记表》。

第四章 入职培训的考核

第十四条 培训考核。

1. 为保证入职培训目标的实现，在公司入职培训结束后，人力资源部相关管理人员必须对员工进行考核。

2. 人力资源专员根据领导审批实施的方案，对学员进行考核，并组织学员填写员工培训报告书及学员培训调查反馈表，并由人力资源专员统一收齐并整理归档。

3. 人力资源部专员根据学员培训调查反馈表及部门反馈对培训师进行考核并填写培训师考核登记表。

4. 人力资源部负责培训实施过程的协调、组织和控制工作，并记录每位新员工的表现，以此作为培训考核依据之一。

5. 人力资源专员根据培训考勤签到表及员工培训过程表现的记录情况、员工培训报告书、培训考核测试、学员调查反馈表核算出员工的考核成绩，并填写员工培训考核表。

第五章　入职培训效果评估、反馈及资料存档

第十五条　为保证入职培训目标的实现，在公司入职培训考核结束后，人力资源部相关管理人员必须对员工进行培训效果评估及反馈工作。

第十六条　人力资源专员在考核结束后，根据考核结果，填写培训各项考核项目评估表并将学员培训评估结果反馈给学员。

第十七条　员工培训档案的建立。

人力资源部根据领导审批实施的培训方案及考核结果，在培训结束后一个月内，建立完整的入职培训档案，并能体现在个人培训档案中。

第十八条　人力资源部门相关管理人员在培训结束后3个月内应继续对员工进行跟踪效果评估并记录归档。

第六章　入职培训纪律

第十九条　公司入职培训考勤规定。

1. 人力资源部根据前期收集的人员名单在培训前10天在公司内部网络及公告栏中发放培训通知及确认培训人员。同时各部门培训联络员及文员有责任将培训通知告知部门受训人员。

2. 人力资源部必须严格入职培训考勤，所有受训人员须在上课前签到确认。

3. 确因工作原因迟到、早退及中途缺课者应在培训次日前持有部门主管签字确认的说明，否则将做迟到、早退论。

4. 确因工作原因或其他特殊情况不能来参加培训者，应在培训前持有部门主管签字确认的说明，否则将做缺勤论。

5. 无故旷课、迟到、早退及中途缺课者，将做缺勤、迟到、早退论处，并书面告知其部门主管，累计5次的，视为严重违纪处理并予以辞退。

6.入职培训是每一位新进员工必须参加的培训项目之一。各部门主管应积极支持和配合人力资源部，确保员工能够按时参加入职培训。

第二十条 课堂纪律。

1.培训老师应按时到课堂授课，不得有迟到、早退现象，培训老师应在上课前重申课堂纪律。

2.培训前学员需将手机调至震动或静音模式，培训过程中禁止接听电话，如因工作需要可以使用短信方式，若有特殊情况须接听电话的，应举手申请到培训课室外接听。

3.培训课程中，严禁大声喧哗，或窃窃私语讨论，如有问题可举手提出。

4.培训课程中严禁随意走动，有紧急需要的需征得培训老师的同意。

第七章 附 则

第二十一条 以上各项工作均需根据领导审批实施的培训方案严格执行。

第二十二条 本制度为程序文件的补充。

第二十三条 本办法经总经理批准后，自发布之日起实施，修改时亦同。

【范例 4　员工培训管理流程图】

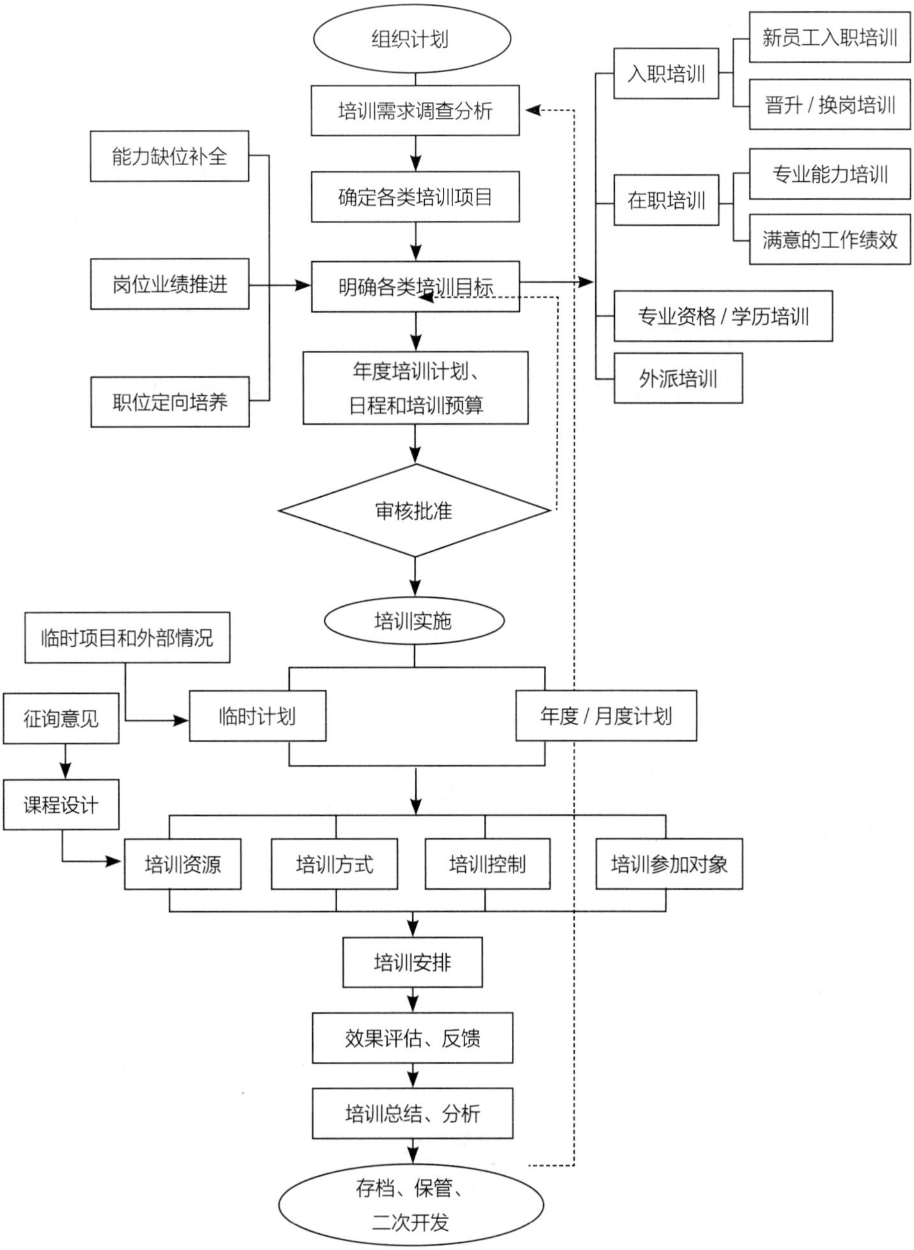

图 4-2　员工培训管理流程图

4.4.2　员工培训管理表格范例

表 4–25　员工培训需求调查表

各位同事：

为做好年度培训工作，提升员工工作技能和培训满意度，实现公司发展战略，使培训工作真正体现员工所需、公司所需，面向公司全体员工开展年度培训需求调查，通过沟通了解大家对公司培训工作的看法、实际需求、建议和期望。

调查结果将为制订公司新年度培训计划提供重要参考和依据，调查问卷也为您表达您自己的建设性意见提供了机会，您的意见将有助于实现您对培训的需求，同时也会促进公司培训体系的改进与提高，更重要的是您的积极参与将有助于公司培训的顺利实施，为公司的发展奠定坚实的文化基础。

非常感谢您抽出宝贵的时间来完成这份问卷，感谢您对我们培训工作的支持和帮助

姓名		部门	
岗位		入职时间	年　　月
第一部分　培训认同度			

1. 您认为公司对培训工作的重视程度如何：

□ 非常重视　□ 比较重视　□ 一般　□ 不够重视　□ 很不重视

2. 您认为，培训对于提升您的工作绩效、促进个人职业发展能否起到实际帮助作用，您是否愿意参加培训：

□ 非常有帮助，希望多组织各种培训　□ 有较大帮助，乐意参加

□多少有点帮助，会去听听　□ 有帮助，但是没有时间参加

□ 基本没有什么帮助，不会参加

3. 您认为自己对于企业培训需求的迫切程度如何：

□非常迫切　□比较迫切　□有一些培训需求，不是那么紧迫

□无所谓，可有可无　□没有培训需求

4. 关于以下培训理念，您比较认同哪些选项（可同时选择三项以内）：

□ 培训很重要，公司发展壮大，应该逐步发展和完善培训体系，帮助员工成长，吸引和留住人才

□ 业绩最重要，培训对员工而言是一种负担，会占用员工拜访客户的时间、休息时间

□ 以公司业务特点而言，外部讲师不了解公司的经营状况与业务特点，培训也不会有什么效果

□ 基本上，公司招聘来的员工都是有经验的熟手，已符合公司的要求，不需要花大成本去进行培训

□ 主要依靠公司内部的培训力量就行，让经验丰富的员工或经理来担任讲师，他们熟悉公司的情况

□ 培训的费用和成本较高，员工的流失会给企业带来损失

□ 其他看法：____________________

续表

5. 目前您所接受的公司培训在数量上您认为怎么样：
□ 绰绰有余 □ 足够 □ 还可以 □ 不够 □ 非常不够
6. 您认为，本部门内部关于产品知识、行业和市场信息、岗位工作技能的培训、讨论、分享是否充分：
□ 非常充分 □ 充分 □ 还可以 □ 不够充分 □ 基本没有分享
7. 您目前的学习状态是：
□ 经常主动学习，有计划地持续进行 □ 偶尔会主动学习，但没有计划性，不能坚持
□ 有学习的念头或打算，但没有时间 □ 有工作需要的时候才会针对需要学习
□很少有学习的念头
8. 以往参加的培训是：□自己主动提出 □领导指派 □公司要求 □ 自费学习
9. 培训对于你的个人技能、工作绩效提升效果是否显现：
□明显提升 □稍有提升 □不明显 □基本无效

第二部分 培训的组织和安排

1. 鉴于公司的业务特点，您认为最有效的培训方法是什么？请选出您认为最有效的 3 种：
□ 邀请外部讲师到公司进行集中讲授 □ 安排受训人员到外部培训机构接受系统训练
□ 拓展训练 □ 建立网络学习平台 □ 由公司内部有经验的人员进行讲授
□ 部门内部组织经验交流与分享讨论 □ 光碟、视频等声像资料学习
□ 建立公司图书库，供借阅 □ 其他：__________
2. 您认为，最有效的课堂教学方法是什么？请选出您认为最有效的 3 种：
□ 课堂讲授 □ 案例分析 □ 模拟及角色扮演
□ 音像多媒体 □ 游戏竞赛 □ 研讨会 □其他：__________
3. 您认为，以下哪个因素对于公司培训工作的开展效果影响最大：
□领导的重视程度 □ 员工的培训参与意识 □ 培训方式与手段
□ 培训时间的安排和时长 □ 培训内容的实用性 □ 培训组织与服务
□ 培训效果的跟进 □培训讲师的授课水平
4. 公司在安排培训时，您倾向于选择哪种类型的讲师：
□ 实战派知名企业专家，有标杆企业经验
□ 学院派知名教授学者，理论功底深厚，知识渊博
□ 职业培训师，有丰富的授课技巧和经验 □ 咨询公司高级顾问，有丰富的项目经验
□ 本职位优秀员工，对公司业务很了解 □ 其他：__________
5. 以下讲师授课风格及特点，您比较看重哪一点？
□理论性强，具有系统性及条理性 □实战性强，可以丰富的案例辅助
□ 授课形式多样，互动参与性强 □知识渊博，引经据典，娓娓道来
□语言风趣幽默，气氛活跃 □激情澎湃，有感染力和号召力 □ 其他：__________
6. 假如，鉴于您在某一领域的丰富经验，您被推荐担任某一门课程的内部讲师，您是否乐意：
□ 非常乐意，既可以锻炼自己，又可以分享知识，何乐而不为
□ 乐意，但是没有经验，希望公司能提供关于讲授技巧方面的培训

续表

□ 乐意，但是没有时间做这个事情　□ 需要考虑一下　□ 不会担任

7. 您认为，对于某一次课程来讲，多长的时间您比较能接受：

□ 一个小时　□ 两个小时　□ 三个小时　□ 半天　□无所谓，看课程需要来定

□其他：__________________

8. 您认为培训时间安排在什么时候比较合适：

□上班期间，如周五下午 2 ～ 3 小时　□工作日下班后 2 ～ 3 小时　□周末 1 天

□无所谓，看课程需要来定　□其他：__________________

9. 您希望的或者所能接受的培训的频率是怎样的：

□ 每周一次　□ 半月一次　□ 每月一次　□ 两月一次　□ 每季度一次

□ 半年一次　□ 每年一次　□ 其他：__________________

10. 您希望的培训地点是：

□ 公司培训教室 / 会议室　□ 公司外专业培训教室　□ 酒店多功能厅 / 会议室

□无所谓　□ 其他：__________________

11. 您认为您目前需要培训是因为：

□工作碰到瓶颈，须改善方法，提升技能　□突破现工作，学习新知识技能，挑战新目标

□突破常规，改变现有观念或态度　□改善人际关系，适应团队和公司环境

12. 您愿意选择的培训方式：

□在职，公司内部培训　□在职，接受外部培训机构培训

□脱产一段时间专门培训　□函授　□ 其他：__________________

13. 关于通用技能的培训，您认为哪种师资更有效：

□公司内专门培训讲师　□公司内部各部门主管　□高校教师　□培训机构讲师

□社会成功人士　□公司内业务资深人员　□其他：__________________

14. 请问您认为您目前最希望通过培训解决哪一方面的问题：

□增加专业知识　□提高综合素质　□提升实际业务能力　□转变思想改变态度

15. 你认为培训效果的评价哪些方式效果较为理想：（可多选）

□与受培训者面谈　□问卷调查　□心得报告　□闭卷考试　□座谈会　□角色扮演

□受培训者直属主管或同事评价　□行为观察　□绩效考核　□其他：________________

16. 您认为培训是否应纳入绩效考核？　□要　□不要

17. 您认为下面哪些与培训有关的内容应纳入培训管理：

□是否按时参加培训　□是否上完规定的培训课时　□是否完成规定的培训课程

□讲师是否准备有完整培训工具（教材、讲义等）　□学员在培训过程的专注度和积极性

18. 在以下几个要素中，您更关心的是：

□培训组织与服务　□培训内容和教材　□培训时间的安排　□培训方式与手段

□培训讲师的水平　□对实际工作帮助程度　□培训时数的长短

第三部分　培训需求信息

1. 您认为新进入公司的员工，最亟须哪些方面的培训？

□ 公司简介　□ 企业历史　□ 公司文化　□ 商务礼仪　□ 办公行政制度　□ 薪酬福利

□ 工作流程　□ 人力资源管理制度（如调薪、晋升、降职、辞退、离职、休假等）

续表

□ 其他：____________

2. 您认为应如何开展对新进人员的培训？

□ 人事部门单独进行　□ 人事部门与用人部门共同进行

□ 指定专门入职引导人　□ 其他：____________

3. 近一年内您自己最希望接受的培训有哪些（不超过 3 项）？

□通用技能类　□专业知识类　□人力资源类

□财务计划类　□采购营销类　□生产管理类

□生产现场类　□管理技能类　□资格认证项目

□语言发展项目　□其他：____________

4. 根据本部门员工在今年上半年的业绩表现，您认为本部门员工下半年培训需求重点在于哪个方面：

□ 岗位专业技能　□个人自我管理技能　□企业文化

□职业道德与素养　□职业生涯规划　□ 行业、市场及产品信息

□人际关系及沟通技能　□通用基本技能　□其他：____________

5. 作为管理者，您认为您本人下半年的培训需求重点在于哪个方面：

□ 领导艺术　□ 管理理念　□ 沟通协调　□ 角色认知　□ 职业道德

□ 管理理论　□ 职业化　□ 人员岗位技能　□ 其他：____________

6. 考虑到各部门岗位、职能差异较大，以下问题请您针对本部门的业务特点及管理重点，以文字进行描述。

（1）您认为本部门员工在岗位专业技能上，需要进行哪些方面的培训（请列举三项最紧迫的培训需求）：

A.

B.

C.

（2）您本人在日常工作中经常遇到哪些问题或困难？希望提升哪些方面的能力？获得哪些方面的培训或支持？

您本人在日常工作中经常遇到的问题或困难，请举例说明（列举）：

希望提升哪些方面的能力：

以下培训内容您最希望参加的一项是：

□ 人际关系与沟通技巧　□如何做一个好的管理者，即管理培训

□专业技能培训（如销售技能、计算机技能、写作技能、语言技能、谈判技能、会计技能、岗位专业技能等）　□ 如何全面提高个人素质，并有效进行个人管理

□ 其他（请用文字说明）：____________

7. 有时候您认为公司培训难以吸引您是因为：

□与工作时间经常冲突，无法协调

□培训师水平不高，与参加培训者无法形成有效的沟通

□无法满足自己实际的培训需求

续表

□经常占用休息时间，无法得到充分休息，影响正常工作进行

□其他（请用文字说明）：____________________

8. 请对现有培训项目进行评价：

★整体培训效果：　□优秀　□良好　□好　□一般　□差

★培训日程安排：　□优秀　□良好　□好　□一般　□差

★培训准备工作：　□优秀　□良好　□好　□一般　□差

★培训讲师总体评价：□优秀　□良好　□好　□一般　□差

★培训内容：　□优秀　□良好　□好　□一般　□差

★培训过程控制：　□优秀　□良好　□好　□一般　□差

★培训效果跟进：　□优秀　□良好　□好　□一般　□差

★学员参与度：　□优秀　□良好　□好　□一般　□差

9. 请说明培训对您的工作及您本人的发展的必要性：

★培训对于帮助我做好工作非常重要

□非常同意　□比较同意　□同意　□不同意　□非常不同意

★培训是我跟上时代发展的良好方式

□非常同意　□比较同意　□同意　□不同意　□非常不同意

★总体上说我接受的培训不够

□非常同意　□比较同意　□同意　□不同意　□非常不同意

★培训对于我作为员工的发展很有帮助

□非常同意　□比较同意　□同意　□不同意　□非常不同意

10. 2020 年您个人的定位与发展是怎样的规划（如要掌握某种技能，承担某种责任，担任某种职务，等等）？其中需要公司提供哪些支持和配合？

※____

※____

※____

11. 您对 2020 年度培训工作开展（如培训体系、课程实施、培训流程等方面）还有什么期望和建议：

※____

※____

※____

表 4-26 入职培训通知

各位亲爱的同事，近期我们公司有许多新同事加入，为咱们公司发展注入了新鲜血液，增添了企业活力。为了使新入职同事更深刻地了解公司企业文化，更快地融入工作环境、适应工作岗位，增强对企业的归属感与责任感，企业也会经常不定期地推出系列培训，此次新员工入职培训，具体培训工作安排如下：

一、培训日期：

2020 年 3 月 9 日（周一）10:00 ～ 12:00

二、培训地点：

公司会议室

三、培训内容：

1. 企业文化及发展史
2. 公司奖惩制度
3. 考勤管理制度
4. 公司财务报销流程
5. 人事管理制度
6. 行政管理制度

四、培训讲师：

五、培训时间：

<table>
<tr><th>序号</th><th>培训课程</th><th colspan="2">培训时间</th><th>培训地点</th><th>培训讲师</th></tr>
<tr><td rowspan="2">1</td><td rowspan="2">企业文化及发展史</td><td rowspan="4">月
日</td><td>9:00 ～ 11:00</td><td></td><td></td></tr>
<tr><td colspan="3">中午休息</td></tr>
<tr><td rowspan="2">2</td><td rowspan="2">公司奖惩制度</td><td>14:00 ～ 15:00</td><td></td><td></td></tr>
<tr><td colspan="3">休息 10 分钟</td></tr>
<tr><td rowspan="2">3</td><td rowspan="2">考勤管理制度</td><td rowspan="9">月
日</td><td>15:10 ～ 16:10</td><td></td><td></td></tr>
<tr><td colspan="3">休息 10 分钟</td></tr>
<tr><td>4</td><td>公司财务报销流程</td><td>16:20 ～ 17:20</td><td></td><td></td></tr>
<tr><td rowspan="2">5</td><td rowspan="2">人事管理制度</td><td>9:00 ～ 10:00</td><td></td><td></td></tr>
<tr><td colspan="3">休息 10 分钟</td></tr>
<tr><td rowspan="2">6</td><td rowspan="2">行政管理制度</td><td>10:10 ～ 11:10</td><td></td><td></td></tr>
<tr><td colspan="3">休息 10 分钟</td></tr>
<tr><td>7</td><td>完美执行力</td><td>11:20 ～ 12:00</td><td></td><td></td></tr>
<tr><td>8</td><td>考核（笔试）</td><td>14:00 ～ 15:00</td><td></td><td></td></tr>
</table>

续表

六、培训对象：

本次培训参训人员为 2020 年__月__日—2020 年__月__日新入职员工，详单请见附件。

七、培训要求：

请参加人员着正装参加培训。

请参加人员自带笔和笔记本，培训部门不再另行提供。

参训人员于 8:30 准时到达会议室签到，禁止出现无故不参加培训、无故迟到的现象，如无事前请假、在点名时间仍未到达的员工将按缺岗处理。

八、考核安排：

考核方式：现场笔试，满分为 100 分，60 分为及格分。

补考：一次补考机会，80 分为及格分。

期望公司各部门新入职同事认真对待此次培训。待培训结束后，能以严谨的工作态度、饱满的工作热情投入工作岗位中。希望我们的培训对您有所帮助，祝您工作顺利！

××公司人力资源部

年　月　日

表 4-27　员工入职培训档案表

培训组织部门			培训时间	
培训讲师			培训地点	
培训目的				
培训主要内容				
培训人员名单（签名）	姓 名	部 门	姓 名	部 门

表 4–28 员工入职培训跟进表

新员工姓名		部门		岗位		
序号	完成时间	项目	目标	负责人	签字	日期
1	报到日	发放工作锦囊	部门在岗培训计划（员工入职前由部门提供），岗位说明书，组织架构图	HR&部门经理		
2		参观公司	具体包括人员介绍、楼层分布、卫生间、茶水间、餐厅等	HR		
3		培训资料发放	公司整体情况介绍	HR		
4		融入部门	让部门内员工和新员工相互认识，介绍新员工导师，陪新员工到餐厅吃第一顿午餐，讨论培训计划和期望	部门经理		
5		欢迎入职	部门经理在事业部内部发送欢迎新员工邮件，内容可包括：新员工资历的简要介绍，如教育背景、既往工作单位、拟任岗位、工作汇报对象、工作联系方式等	部门经理		
6	第一周	工作教导	为新员工列出工作相关联络人信息，介绍工作流程、表单、办公系统	导师（交接人、直接上级）		
7		关心了解	与导师（直接上级）谈话了解情况，和本人谈话确定短期绩效目标，回答问题	部门经理		
8		查核	与本人谈话了解情况，回答问题	HR		
9		反馈	填写一周入职培训调查表提交 HR，HR 反馈至部门	本人		
10	一个月后	测试	员工对公司的规章制度、财务报销流程、质量管理体系、产品有较为深入的了解，并完成测试	HR		
11		工作表现确认	导师（直接上级）对新员工工作进行全程指导与跟踪，与新员工共同总结提高，并提出要求。经理与导师谈话了解新员工工作表现情况	部门经理 & 导师（直接上级）		
12		绩效面谈和反馈	经理与本人谈话，讨论一个月来的绩效情况。经理填写一月新员工入职调查表，反馈新员工情况给 HR	部门经理 &HR		
13	试用期满	新员工试用转正考核	新员工提交试用期转正考核表及试用期工作总结，走试用转正流程	本人 & 经理		
注：HR 在新员工入职时发给员工，试用期结束回收至 HR 存档至个人档案						

表 4-29 员工培训考勤签到表

登记日期： 年 月 日

培训主题				培训日期			
培训讲师				培训形式		内部培训	
培训内容							
签名栏							
序号	部门名称	岗位名称	姓名	序号	部门名称	岗位名称	姓名
1				15			
2				16			
3				17			
4				18			
5				19			
6				20			
7				21			
8				22			
9				23			
10				24			
11				25			
12				26			
13				27			
14				28			
应到人数			实际出勤人数			缺勤人数	
迟到人员							
早退人员							
其他说明							

说明：

1. 本表适用于培训；
2. 培训完成后，由专兼职档案人员负责存档

表 4–30　员工培训考核评分表

姓　名		岗　位		培训负责人签字	
培训时间				培训地点	

一、工作技能培训（满分 100）

1. 岗位职责：__________分。如何改进：
2. 应知应会：__________分。如何改进：
3. 工作流程：__________分。如何改进：
4. 工作中可能出现的问题：__________分。如何改进：
5. 发现问题后需要采取的措施：__________分。如何改进：
6. 如何避免工作中出现失误：__________分。如何改进：

考核分数：__________分

二、发展潜力评估（满分 100）

□ 学习态度__________分，理由：

□ 独立思考__________分，理由：

□ 分析能力__________分，理由：

□ 解决问题__________分，理由：

□ 其　　他__________分，理由：

考核分数：__________分

三、学员平均分数：_____分　　讲师签字：　　年　月　日

四、培训当中发现问题

讲师签字：　　年　月　日

五、对人力资源部门的意见与建议

六、学员对讲师培训效果的评价

□ 优秀　　□ 良好　　□ 一般　　□ 较差

理由：

七、学员对培训的意见与建议

讲师签字：　　年　月　日

表 4–31　培训满意度调查问卷

请在 ABCDE 中选择最合适的答案，填写在括号内。
1. 你认为此次培训的目的明确吗？（　　） A. 非常模糊　B. 比较模糊　C. 一般　D. 比较明确　E. 非常明确
2. 你认为培训师的授课水平如何，如表达清楚，讲述生动，对培训内容有独特见解，对进度与现场气氛把握很好？（　　） A. 很差　B. 比较差　C. 一般　D. 比较好　E. 很好
3. 你认为培训师讲课时认真负责吗，如准备充分，态度友善？（　　） A. 不负责　B. 不太负责　C. 一般　D. 比较负责　E. 非常负责
4. 你认为培训师能否将所讲授的内容与企业的实际情况结合？（　　） A. 不能　B. 比较差　C. 一般　D. 结合得较好　E. 结合得非常好
5. 你认为培训内容与培训目的是否一致？（　　） A. 不一致　B. 有些不一致　C. 基本一致　D. 比较一致　E. 非常一致
6. 你认为培训内容对你的工作有帮助吗，如适合工作和个人发展需要？（　　） A. 没有帮助　B. 帮助不大　C. 一般　D. 比较有帮助　E. 很有帮助
7. 你认为培训内容是否容易理解掌握？（　　） A. 非常难　B. 比较难　C. 一般　D. 比较容易　E. 很容易
8. 你认为培训形式是否适合于你学习此次培训的内容？（　　） A. 不适合　B. 有点不适合　C. 一般　D. 比较合适　E. 很合适
9. 你认为通过此次培训，你的理念 / 知识 / 管理技能 / 技术业务技能方面是否有收获？（　　） A. 收获很小　B. 收获较小　C. 一般　D. 有些收获　E. 收获很大
10. 你是否愿意将此次培训所学到的理念 / 知识 / 技能运用到实际工作当中去？（　　） A. 不愿意　B. 有些不愿意　C. 一般　D. 比较愿意　E. 非常愿意
你对此类培训还有哪些改进建议？ 形式： 内容：

表 4–32　培训效果评估总结

课程名称：	任课讲师：
培训时间：　年　月　日	培训地点：

实际授课人数：
实际参与评估数：
实际培训评估表回收数：
培训效果评估表有效份数：
培训效果评估表有效率：______%

1. 课程满意度调查（请用“√”标出你对每条评估项目的满意度）

评估项目		5（很满意）	4（满意）	3（一般）	2（较差）	1（很差）	参与评估人数	满意率
关于课程	课程目标的明确性							
	内容编排的合理性							
	理论知识的系统性							
	课程内容的适用性							
	内容安排上的互动性							
关于本次课程的满意率为								
评估项目		5（很满意）	4（满意）	3（一般）	2（较差）	1（很差）	参与评估人数	满意率
关于讲师	对课程内容的理解深度							
	表达能力							
	亲和力							
	讲课的逻辑性							
	对学员反应的关注程度							
	鼓励学员参与的程度							
	对学员学习兴趣的激发							
	对学员提问所作出的指导							
	案例解析水平							
	把握课程进度的能力							

续表

<table>
<tr><td colspan="2">关于本次课程的讲师满意率为</td><td colspan="7"></td></tr>
<tr><td colspan="2">评估项目</td><td>5（很满意）</td><td>4（满意）</td><td>3（一般）</td><td>2（较差）</td><td>1（很差）</td><td>参与评估人数</td><td>满意率</td></tr>
<tr><td rowspan="3">组织安排</td><td>培训时间安排的合理性</td><td></td><td></td><td></td><td></td><td></td><td></td><td></td></tr>
<tr><td>现场服务</td><td></td><td></td><td></td><td></td><td></td><td></td><td></td></tr>
<tr><td>培训辅助工具的准备</td><td></td><td></td><td></td><td></td><td></td><td></td><td></td></tr>
<tr><td colspan="2">关于本次课程的组织安排满意率为</td><td colspan="7"></td></tr>
<tr><td colspan="2">评估项目</td><td>5（很满意）</td><td>4（满意）</td><td>3（一般）</td><td>2（较差）</td><td>1（很差）</td><td>参与评估人数</td><td>满意率</td></tr>
<tr><td colspan="2">您对本次培训课程的整体评价</td><td></td><td></td><td></td><td></td><td></td><td></td><td></td></tr>
<tr><td colspan="9">2. 本次培训中您认为哪些内容对您帮助最大（通过评估分析总结如下几点）</td></tr>
<tr><td colspan="9"></td></tr>
<tr><td colspan="9">3. 认为这样的课程最好采用什么样的培训方式</td></tr>
<tr><td colspan="9">自学（　　）　讲授（　　）　研讨法（　　）　案例教学（　　）
游戏训练（　　）　拓展训练（　　）　头脑风暴（　　）　网络学习（　　）
其他：________________</td></tr>
<tr><td colspan="9">4. 学员其他建议</td></tr>
<tr><td colspan="9"></td></tr>
<tr><td colspan="9">5. 监课人的总体评价</td></tr>
<tr><td colspan="9"></td></tr>
</table>

续表

6. 针对本次培训的总体分析
● 课程目标达到情况： □完全达到课程大纲设置的课程目标，部分方面甚至超过预期目标 □基本达到课程设计目标，部分目标根据实际情况有所调整，目标的总体达成质量较高 □多数课程目标已经实现，部分目标未能达成或者教学目标达成质量不高 □勉强完成计划的培训任务，实施效果与预期的目标差距较大 □未能达成预期的培训目标 □其他：____________ ●外训机构评价：____________ ____________ ____________ ●外训讲师评价：____________ ____________ ____________ ●课程整体评价：□很满意 □满意 □一般 □较差 □很差 ●其他补充说明：____________ ____________ ____________ ____________ ____________ ____________ 评估人：____________ 日　期：____________

5 试用转正：人岗匹配的关键环节

5.1 试用期考核管理规范

5.1.1 员工试用考核的目的

新员工进入企业之后要经过一段时间的试用才能被正式录用，录用前的这个阶段就称为试用期。在此期间，新员工与企业相互了解、磨合，新员工可以全方位地了解企业及自己的工作，企业可以对新员工进行初步考察，了解其工作能力、工作态度及职业素养，为正式录用奠定良好的基础。

在此阶段，HR的主要任务就是帮助新员工尽快融入企业、融入团队，了解工作内容，上岗工作。但在现实生活中，很多企业的HR都没能承担起这一职责，导致很多新员工在试用期离开公司，使企业的招聘工作陷入“招聘—流失—再招聘—再流失”的恶性循环，给企业的正常运转造成了严重不良影响。

某 IT 企业成立初期只有为数不多的几名技术人员。随着企业不断发展、业务范围不断扩大，企业需要成立市场部，组建一支专业的营销队伍。为此，企业负责人决定组织招聘，并在各大网站发布了招聘信息，前来应聘的员工络绎不绝。最终，该企业择优录取了 10 名新员工，迅速组建了市场部，任命了 1 名经理、1 名主管，还有 8 名基层销售人员。

人员的快速扩张虽然解决了企业的用人危机，但也带来一个问题，就是企业出现了无休止的人员流动。原本，该企业规定新员工进入公司要经过 3 个月的试用期，但很多新员工试用期没结束就离开了公司，有的是主动离开，有的是被企业辞退。为保证市场部能够正常运转，人力资源部门不分昼夜地招人，但始终没有人能长久地留在公司。

对于这种情况，我相信很多企业都不陌生。为什么新员工无法顺利地度过试用期呢？

设置试用期、进行试用期考核是企业人力资源管理最重要的一环，也是企业留住人才的关键举措。一般来讲，新员工试用期考核的目的大致有四点，如表 5–1 所示。

表 5–1　试用期考核的目的

序号	具体内容
1	保证新员工的能力与素质符合岗位要求，促使新员工的个人发展与企业的人力资源战略目标保持一致，引导新员工尽快适应工作、融入企业
2	提供新员工去留的依据，避免产生劳动纠纷。根据《劳动合同法》规定，“劳动者在试用期间被证明不符合录用条件的，用人单位才可以单方解除劳动合同”，这就要求企业在试用期辞退新员工时必须提交证据证明新员工不符合录用条件，证据的主要来源就是试用期考核。在现实的工作场景中，因为没做好试用期考核就辞退新员工而引发的劳动纠纷并不罕见，这提醒企业 HR 必须对试用期考核给予高度重视
3	通过试用期考核让新员工认识到自己的不足，明确转正后的努力方向
4	帮企业做好自我审视，了解自身工作存在的不足，从而积极改正、不断进步。比如通过新员工试用期考核对自身的招聘体系、招聘效果进行评估

因此，企业 HR 必须明确一点，新员工试用期考核的目的不是淘汰新员工，而是检验、反馈，留下合适的人才，帮助其快速胜任岗位、融入企业，促使其发挥自己的才能，为企业创造价值。

5.1.2 确定考核指标与标准

对于新员工转正问题，有些企业没有设置清晰的考核标准，只凭领导者拍板决定。一些企业虽然设置了标准，但因为标准没有量化、细化，无法为领导决策提供参考。那么，新员工试用期考核究竟要考核什么内容？要如何设置考核标准呢？

◆工作能力

工作能力指的是员工为完成工作，达到组织要求的工作业绩必须具备的岗位能力。一般来讲，组织对员工的工作能力要求包括对岗位的熟识度、学习能力、适应岗位的能力、工作效率、工作质量等；对管理人员的工作能力要求包括人际交往能力、影响力、领导力、沟通能力、计划执行能力、判断决策能力等。企业需要根据不同的岗位对相应的能力考核指标进行调整。表 5-2 是某公司新员工能力考核指标评定表，可供企业参考。

表 5-2 某公司新员工能力考核指标评定表

考核项目	10 分	8 分	6 分	0 分
学习能力	有强烈的学习意识，有明确的学习计划（与本职工作相关）	注重学习，同样的错不会重复犯，能很快学会新知识	被动学习，能很快纠正错误，学习新知识的能力一般，学得缓慢	无学习意识，拒绝学习新知识
返岗程度	相关知识、经验、能力和技能与岗位要求符合	专业不对口，但非常勤奋	专业对口，但知识有欠缺，不能独当一面	较差
工作效率	在规定时间能完成任务，遇到问题迅速做出反应	基本能完成任务，不太适应处理突发事件	完成任务一般，不能应急	完成效率较低

续表

考核项目	10分	8分	6分	0分
工作质量	完成的工作符合要求、达到预期效果	符合工作要求，有一些创新	基本符合工作要求，无创新	工作质量较差

◆工作态度

人们对工作的看法不同，采取的行动也不同，其背后体现的就是人们的价值观与成就动机。如果一个人的工作态度不端正，行为动机不强，那么他的工作业绩也不会很好。具体来看，工作态度评价指标主要包括纪律性、积极性、责任心、协作性、团队意识等。表5–3是某公司新员工态度考核指标评定表，可供企业参考。

表5–3　某公司新员工态度考核指标评定表

项目	超出目标（A）	达到目标（B）	接近目标（C）	远低于目标（D）
积极性	长期坚持学习业务知识；对于额外任务能主动请求并且能高质量完成；工作中善于发现问题，并经常提出新思路和建议	主动学习业务知识；主动承担一般的额外任务；工作中有时能够提出新的思路和建议	偶尔主动学习业务知识；有时主动完成一般额外任务；能提出个别的新思路和建议	基本上不主动学习业务知识；很少主动请求承担额外任务；不能提出新思路和建议
协作性	主动协助同事出色地完成工作	能够与同事保持良好的合作关系，协助完成工作	根据同事的请求能够提供一般协助	不能积极响应同事的请求或者协作任务的完成质量较差
责任心	对于本职工作高度负责，在完成好本职工作的前提下，经常愿意超出自己范围承担任务，工作过程表现热情	对于分配的工作负责任，愿意承担额外工作，执行过程体现出热情	能够接受工作安排，但不能马上发现自己的问题并改善	很不情愿地接受工作安排，出现问题经常指向他人
纪律性	能够长期严格遵守工作规定与标准，有非常强的自觉性和纪律性	能够遵守工作的规定和标准，有较强的自觉性和纪律性	基本能够遵守工作规定和标准，基本能够遵守纪律，但有时出现自我要求不严的情况	不能遵守工作规定和标准，经常发生违规情况，自觉性和纪律性差

◆工作结果

正常情况下，企业很难让一名新员工在短短几个月内创造出明显的绩效，但对于一些管理岗位，企业必须设置一些短期内可以完成的工作，通过这些工作的完成情况来评价其工作能力。一般来说，工作能力强的人做事有条理、有计划，会统筹安排、实时跟进，直到工作出现结果。

面向的对象不同，上述三项考核的侧重点也应有所差异。比如，面向应届毕业生，企业对新员工实习期考核的重点应在于学习能力、工作效率、工作质量、责任心、纪律性、协作性等；面向社会招聘人才，新员工实习期考核重点应聚焦适应能力、问题解决能力、工作效率、责任心、公益心等。

另外，企业面对的岗位不同，考核重点也应有所差异。一般情况下，对于技术性强、专业性强的职位，企业会重点考核新员工对专业知识的掌握程度、学习能力、工作能力以及适应环境的能力等。对于办公室文员、客服等职位，企业会重点考核新员工的可塑性、团队合作能力、人际关系能力等。

另外，新员工试用期考核指标的选择还在很大程度上取决于企业的核心价值观。企业崇尚什么，新员工试用期考核指标就会涉及什么。通过这种方式，企业可以挖掘一批认同企业价值观，能够与企业共同发展的员工。如果一个人不认同企业文化，无论其工作能力多强，都无法为企业创造更高的业绩，这就是所谓的“管理源于认同”。

5.1.3 明确考核管理责任人

为帮新员工尽快熟悉工作内容，适应工作环境，企业要针对试用期考核安排专门的管理责任人，以便新员工考核可以顺利推进。一般情况下，新员工试用期考核责任人可以指派部门指导人、负责人、人力资源部相关责任人等担任。

◆部门指导人

部门指导人可由部门经理、部门主管、工作经验丰富且品行兼优的骨干员工担任。为保证指导效果，1 名指导人最多只能为 3 名新员工提供指导，操作岗位可根据实际情况进行调整。在工作内容方面，指导人主要负责为试用期内的新员工提供工作指导，拟定工作目标及评价标准，参与业绩评价等。其工作内容与考核设计如表 5–4 所示。

表 5–4　部门指导人的工作内容与考核设计

工作内容与考核设计	具体内容
工作内容	帮助新员工了解公司的规章制度，引导新员工熟悉工作环境、各岗位 / 部门的工作流程、相关工作关联人；根据部门工作目标与新员工共同制订工作计划；根据岗位职责与部门负责人共同制定新员工的考核标准，对新员工的日常工作及阶段目标进行合理安排；定期与新员工开展面对面交流，根据新员工的工作进展及工作表现，结合考核标准，对新员工在工作中取得的成绩及存在的不足进行总结，适时给予鼓励或指导
考核设计	指导结束后，部门负责人分别与指导人、新员工面谈，了解指导情况，从多个层面对指导内容进行考核，对指导人的指导工作进行评定，评定结果可作为绩效考核的参考指标

◆部门负责人

部门负责人直接负责新员工的试用考核及管理工作，承担着确定新员工指导人、确定新员工考核标准、新员工试用考核评价反馈等重任。如有必要，部门负责人还要配合人力资源管理部门对新员工进行试用考核面谈。其具体工作内容与考核设计如表 5–5 所示。

表 5–5 部门负责人的工作内容与考核设计

工作内容与考核设计	具体内容
工作内容	为部门指导人提供指导，帮助其确认新员工试用考核工作计划，参与新员工入职面谈，对新员工在试用期间的工作状态、思想状态进行实时了解，及时总结成绩与不足，适时给予鼓励与指导。新员工试用期结束转正时，负责人要向新员工反馈考核结果
考核设计	新员工在任职部门的考核与培养情况将作为部门负责人年度绩效考核的参考指标。人力资源部门可通过对新员工进行问卷调查，结合跟踪培养面谈资料，对部门负责人在新员工指导与管理方面的情况进行充分的了解

◆人力资源部相关责任人

人力资源部门的相关负责人要负责做好新员工试用考核及培养追踪工作，做好对用人部门对新员工试用考核及管理的监督工作。监督用人部门与新员工签订试用期工作标准，提醒用人部门向新员工反馈试用考核资料，组织用人部门与新员工围绕考核结果进行面谈。另外，人力资源部门还要负责处理新员工投诉，对考核结果的公平性、合理性进行深入调查，给出处理结果。如果新员工与指导人对考核结果存在争议，可以向人力资源管理部门申请仲裁，人力资源管理部门要立即组织开展深入调查，给出仲裁结果。

5.1.4 试用期限与工资标准

◆试用期限

根据《中华人民共和国劳动合同法》，用人单位与劳动者签订劳动合同，签署期限超过 3 个月但不满 1 年，试用期不能超过 1 个月；签署期限超过 1 年但不满 3 年，试用期不能超过 2 个月；签署期限超过 3 年或没有固定期限，试用期不能超过 6 个月；如果签署期限不足 3 个月，或者以完成一定工作任务为期限，不能约定试用期。

同一家单位只能与同一位劳动者约定一次试用期，如果劳动者要在试用期内辞职，用人单位不得克扣工资，除非劳动者在职期间给单位造成了经济损失或名誉伤害。原则上，劳动者如果要在试用期辞职，需提前 3 天向人事部门提交辞职申请，单位要在劳动者离职当天结清工资，或在公司规定的薪酬发放日结算。即便员工处在试用期，法律也会保障其合法权益不受侵害。

◆试用期工资标准

《中华人民共和国劳动合同法》规定，在试用期内，劳动者的工资不能低于本单位相同岗位正式劳动者最低工资的 80%，且不能低于用人单位所在地最低工资标准。这个最低工资标准是国家法律的底线，任何用人单位都不能突破。如果用人单位没有按照法律规定向处在试用期的劳动者支付工资，或者拖欠工资，用人单位必须向劳动者支付拖欠工资的 25% 作为补偿。如果用人单位出现拖延支付或者不支付的行为，劳动者可向当地劳动监察部门举报或申请仲裁，获取自己应得报酬，维护自己的合法权利。

5.1.5　试用期考核管理规范

为做好新员工试用期考核，明确考核时间、考核地点、考核内容及相关责任，对整个考核过程进行有效监控，企业必须制定考核管理规范。

新员工试用期考核常用的方式有很多，包括实际操作测试、笔试、培训 / 工作总结报告、论文答辩、工作日志等，企业要根据自身的实际情况做出合理的选择。表 5-6 是某公司新员工试用期考核表，可供企业参考。

表 5–6 某公司新员工试用期考核表

序号	考核项目	评价维度	考核方式（评价依据）	评价人
1	适应能力	公司认同感：是否理解并自觉认同公司的理念、价值观以及企业文化	结合试用期工作总结报告，上级评价	上级、指导人
		融入公司和团队的速度：能否快速融入公司和团队，与同事建立积极的合作关系		
		掌握业务的速度：掌握培训知识，熟练操作基本业务的速度		
2	专业素质	问题解决能力：能否运用已有的技能和经验解决目前岗位中的问题	结合试用期工作总结报告，上级评价	上级、指导人
		工作效率：能否及时完成工作任务，并在团队中发挥作用		
3	品德风范	正直：为人处事公正无私、刚直坦率	360 度考核	上级、指导人和相关人员
		诚信：为人处事诚实、讲信誉		
		责任感：对岗位职责的理解和担当意识		
		公心：公司利益至上，不牟私利		
注：劳动合同有特殊规定的，按其规定执行				

考核期间，考核人员要做好与新员工的沟通与交流。很多研究证明，新员工在试用期的工作绩效会在很大程度上对其转正后的工作绩效产生影响。如果新员工在试用期的工作绩效比较高，就会树立自信，形成积极的工作态度，树立高绩效标准。在这种工作态度与绩效标准的双重作用下，转正后，新员工会进一步提升自己的工作绩效，取得更大的成功，这种绩效与成功又会进一步强化其积极的工作态度与高绩效标准。在这种情况下，部门负责人与指导人不仅要对试用期员工进行技能培训、知识培训，还要与新员工进行充分沟通。

随着“皮革马力翁”效用在管理领域的广泛应用，人们发现管理者的期望会对下属的工作绩效产生巨大影响。这一点已经通过很多研究与实验得到了证实。正如心理学研究发现的那样，人们经常按照他所认为的别人对他们的期望行事。用一句概括这种现象就是“预言导致预言的实现”。具体到管理领域就是，如果管理人员在沟通过程中表现出高期望，下属的自信心就会大幅提升，尽自己最大的努力完成工作，满足领导对自己的期望。

为此，在新员工试用期考核期间，部门负责人、指导人、人力资源部相关人员都应用心做好与新员工的双向沟通，给予其一定的鼓励与支持，消除其心理压力，引导新员工快速地融入企业。

另外，有些新员工因不认同企业文化、企业价值观导致迟迟无法融入企业，为减少这种情况发生，在新员工试用期考核期间，部门负责人、指导人、人力资源部相关人员应做好企业文化与价值观的宣传，帮助新员工养成良好的工作习惯，引导其树立与企业工作要求相符的行为模式与思维方式，鼓励新员工不断改进工作理念，提升工作能力及工作业绩，在部门、企业更好地立足。

5.1.6 试用期绩效考核方法

新员工试用期绩效考核有很多方法可用，360 度评估法就是其中的一种。360 度评估法的评估内容比较丰富，大致包括沟通技巧、人际关系、领导能力、行政能力等，评估效果也比较理想。但 HR 如何通过试用期绩效考核与评估决定新员工的去留呢？

◆过程与结果并重

一般来说，在短则 1 个月，长不过 6 个月的试用期内，新员工很难创造出较高的绩效。所以，在对新员工进行绩效考核时应注意过程与结果相结合。为避免产生不必要的劳资纠纷，在新员工转正入职时，HR 要将考核过程指标与结果指标写清楚。

比如，对销售人员的考核，不仅要考核实际销售业绩，还要对市场分析报告、客户拜访、销售方法与策略等内容进行考核，而且要在其转正入职时填写《试用期工作要求及成果表》，将上述考核结果填写清楚。

高绩效是受多重因素的影响形成的，对于试用期员工来说，绩效不是考核重点，他们在业绩完成过程中所发挥的作用才是。通过对新员工进行过程指标考核与结果指标考核，可以对新员工的工作思路与方法做出更客观、更科学的评定。

◆计划与总结并重

企业对正式员工的考核应看重绩效目标的完成情况，对试用期员工的考核应采用计划与总结并重的方式。对于HR来说，评判员工的知识、能力比较简单，但判断其思维能力（工作思路）却比较困难。而工作思路恰好是影响员工工作绩效的一项非常重要的因素。所以，在新员工完成某项工作之后，HR要询问其工作方法，采取这种做法的原因，对工作结果是否满意，未来计划做出哪些调整，等等。

◆“硬实力”与“软素质”并重

通过对结果与过程进行双向考核，HR不仅可以判断新员工在工作方面的“硬实力”，还能考察其“软素质”。以外派区域销售经理这一职位为例，因为要在某个区域独立工作，所以要求任职人员不仅要具备基本的销售技能，还要具备较强的主动性及较高的职业化能力，这些就是该岗位要求的“软素质”。为此，HR可以在销售经理了解了基本工作流程与工作职责之后，安排他们独立工作，在工作过程中提出一些具有指导性的意见，不多做干预，让其在宽松的工作环境中全面展现自己的能力，从而了解其“软素质”，据此判断其能否胜任这一职位。

另外，HR可在员工转正前使用人才测评工具，对其入职动机进行判断，从而有针对性地对激励方式进行调整。

5.1.7 试用期转正面谈流程

转正面谈是 HR 在试用期员工转为正式员工之前与其进行的一次谈话，这种交流是十分有必要的：一方面 HR 可以对员工试用期的工作表现进行反馈和总结，另一方面员工可以对自己表现好的地方和有待提升的地方有一个全面的认识，这有利于员工的改进和企业工作的正常开展。

◆面谈前的准备

在跟试用期的员工面谈之前，HR 应该做好以下准备工作，如表 5-7 所示。

表 5-7 试用期转正面谈的准备

准备工作	具体内容
确定转正面谈的时间和地点	要与员工提前约定面谈的时间，尽量选择在对方有空闲时进行交谈，不宜在员工刚上班或刚下班时进行交谈。转正面谈的时间应控制在 20 ～ 40 分钟，选择宽敞、明亮、氛围轻松的场所作为交谈场所，这样可以避免面谈被干扰或被打断
准备好转正面谈的相关资料	需要准备的资料包括员工档案记录、试用期员工转正鉴定表、试用期员工转正考核表等。为使转正面谈具有针对性，HR 要一边审查准备资料中下属的自评，一边关注上级对员工试用期绩效、工作态度、业务能力、合作能力、学习能力和纪律遵守等情况的评分，并最终挑选出差别较大的评估指标
梳理员工的优点与不足	面谈之前，HR 需要拟定一份面谈程序，内容包括如何开始谈话，先谈什么，后谈什么，有哪些重点话题，各主题的时间分配，员工的优缺点，表现出色的地方和有待提升的地方，改进策略以及结束语，等等。这样做可以确保对面谈有一个整体思路

◆转正面谈流程

试用期转正面谈的流程主要包括以下内容，如表 5-8 所示。

表 5–8 试用期转正面谈流程

面谈流程	具体内容
营造良好的面谈氛围	在面谈之前，HR 要关闭自己的手机，避免被电话干扰。在员工到来时，HR 要微笑让座，礼貌相迎。正式面谈时，HR 要保持和蔼的态度，尽量与员工保持并肩而坐或斜对而坐。开始面谈时，要尽量用鼓励和赞扬的话开场，时间控制在 2 ～ 3 分钟，在谈论员工不足之处时语言要委婉。总之，面谈氛围应该轻松、愉快、热情、友好
向员工说明面谈的目的	面谈时，HR 要首先向员工说明面谈的目的，这样不仅能打消员工的顾虑，还能使面谈具有针对性，方便双方进行高效、高质的沟通
就试用期考核结果进行沟通	HR 要向员工说明试用期绩效、工作态度、业务能力、合作能力、学习能力和纪律遵守等情况的评价标准，然后根据试用期考核表逐项说明员工的考核结果和评价等级，沟通过程中既要给予员工肯定和鼓励，又要提出希望和要求，同时也要给员工留下提出质疑、发表自身看法的时间和机会
肯定员工的优点	在评价员工时，要首先肯定员工在工作上取得的成绩，赞扬其优点，客观地分析其工作细节，特别指出其评分较高、表现突出的方面，鼓励员工继续发扬
指出员工的不足	在肯定、表扬和鼓励员工之后，也要向员工提出不足之处，并给出相关建议。要向员工分析工作态度、职业技能等方面的不足可能给工作及个人发展带来的不良影响，需要注意的是，在谈及不足时要避免谈论别人对这些不足的看法，也不要轻易评论这些不足。与此同时，还要给员工留下澄清的时间和解释的机会，诚恳地征求员工的意见和看法
制订改进计划	向员工委婉地提出需要改进的地方，以建议的口吻向员工提出改进意见，帮助员工制订改进计划。改进计划中既要包括新的工作目标，又要具备新的工作标准。另外，HR 还要帮助员工在今后的工作中落实改进计划，并与其就定期检查改进行动达成共识
结束面谈	面谈的结束语以肯定员工的成绩，赞扬员工的优秀表现，认可员工对企业的贡献为主。其次还要给员工指出需要注意的事项，为他们实现新目标和新标准提供便利。要鼓励员工积极改进自己的工作，提高他们的工作热情，坚定他们的做事信心。此外，还要询问员工是否需要帮助，或有无其他需要反馈的事项，并感谢员工对转正面谈工作的参与和支持

5.1.8 各阶段评估面谈内容

◆试用期员工评估时间划分

企业对试用期员工的评估一般分为三个阶段：试用期的第一个月末进行第一次评估，试用期的第二个月末进行第二次评估，试用员工转正前十天进行第三次评估。

◆试用期员工评估面谈方式

（1）试用期员工评估面谈：企业在不同的试用阶段对试用期员工进行的评估与交流工作。

（2）员工的直属主管要根据不同的试用阶段对试用期员工进行评估工作，各阶段评估的内容存在不同，主要分为三类，分别是员工的综合表现评估、工作能力评估和试用期工作目标完成情况评估。

（3）沟通面谈负责人在不同的试用阶段与试用期员工面谈的目的也存在差异，如表 5–9 所示。

表 5–9 各阶段评估面谈的目的

评估阶段	具体内容
第一阶段	面谈组织人由人事行政部负责，分别组织员工与员工直属主管进行面谈，面谈目的主要是掌握新员工对公司环境与岗位适应情况及直属主管对试用员工融入公司给予支持与帮助情况
第二阶段	面谈组织人由试用员工直属主管负责，通过组织试用员工面谈，掌握员工对工作、薪酬的满意度及自己试用期表现的评价，进而评估试用员工是否可继续试用
第三阶段	面谈组织人同样由试用员工直属主管负责，面谈目的主要是评估试用员工是否符合转为公司正式员工的条件

（4）根据试用阶段的不同，企业要对试用期员工进行多次评估面谈。在每次的评估面谈中，部门负责人要根据当前阶段评估情况、面谈的主要内容、评估人评价与建议等情况对试用期员工进行综合评价，同时提出劳动关系处理意见。

◆试用期员工各阶段评估面谈具体内容

（1）试用期员工第一阶段评估内容。企业根据员工入职后的综合表现对试用期员工进行第一阶段的评估，主要的评估项目分别是：适应性、制度遵守、理解能力、人际关系、勤奋度、考勤情况。各评估项目权重占比划分如表 5–10 所示。

表 5–10　第一阶段各评估项目权重占比划分

序号	评估项目	权重占比 /%
1	适应性	20
2	制度遵守	20
3	理解能力	10
4	人际关系	20
5	勤奋度	20
6	考勤情况	10

（2）试用期员工第二阶段评估内容。第二阶段评估主要对员工工作能力进行评估，评估项目共有 8 个，分别是：工作效率、工作效果、工作能力、创新能力、责任心、进取心、合作性、计划性。各评估项目权重占比划分如表 5–11 所示。

表 5–11　第二阶段各评估项目权重占比

序号	评估项目	权重占比 /%
1	工作效率	10
2	工作效果	20
3	工作能力	20
4	创新能力	10
5	责任心	10
6	进取心	10
7	合作性	10
8	计划性	10

试用员工直属主管在评估员工工作能力时一方面要做好试用期员工日常工作表现情况记录，另一方面要根据记录和评分标准，客观、公正地进行评估打分。

（3）试用期员工第三阶段评估方式与内容。第三阶段的评估主要是对员工试用期工作目标完成情况的评估，同时还要参考评估面谈与部门负责人评价。

在员工正式入职之前，公司通常会组织职前培训。在职前培训后，直属主管会通过面谈的方式为员工制定试用期工作目标。在制定工作目标的同时，直属主管也会确定各项工作目标评估考核的权重占比。一般来说，试用期各项工作目标完成情况主要分五个等级，对应分级如表5–12所示。

表5–12　各项工作目标完成情况与等级划分

完成情况等级	A	B	C	D	E
完成情况	未完成	完成，结果令人不满	完成，结果令人基本满意	完成，结果令人满意	完成，结果令人非常满意
完成情况对应等级	0分	3分	5分	8分	10分

试用期各项工作目标评估得分计算公式为：得分＝权重比例 × 完成情况对应分级。试用期工作目标整体完成情况得分为各项目标得分之和，具体等级划分如表5–13所示。

表5–13　工作目标整体完成情况得分与等级划分

合计得分	0～59分	60～69分	70～79分	80～89分	90～100分
评价等级	不合格	基本合格	合格	良好	优秀

在进行试用期第三阶段评估时，直属主管要提前告知员工相应的评估时间，同时指导员工正确填写《员工述职报告》并提交。直属主管不能通过片面了解的情况信息进行评估，也不能仅凭个人主观感觉进行评估，要始终坚持客观、公正的原则，根据全面、具体的数据报告，综合各方面评价进行评估。如果员工未能完成工作目标，或者直属主管对试

用期员工的工作目标完成情况不满意，就需要根据具体情况具体分析，同时把真实的原因告知员工，并给出对应指导意见。

5.2 试用管理制度与表格范例

5.2.1 试用管理制度范例

【范例1 试用转正管理制度】

一、目的

1.完善现有考评体系，明确公司价值导向，不断增强公司的整体核心竞争力。

2.通过对试用期员工的考核沟通，使其尽快了解公司，明确岗位职责，融入公司文化，并为新员工的去留及转正定级提供依据。

二、定义

试用期是指在劳动合同期限内所规定的一个阶段试用时间段，在此阶段，用人部门可全面考察被录用员工是否真正符合聘用条件，满足公司岗位需求。同时被录用者也可进一步了解公司的工作条件及环境，自己能否适合或胜任所承担的工作，从而决定是否继续保持劳动关系。

三、基本原则

考核要坚持实事求是、客观公正、德才兼备的原则，注重工作实绩和拟任岗位相关的实践经验。

1.实事求是原则：考核要以日常管理中的观察、记录为基础，定量与定性相结合，强调以数据和事实说话。

2.区别对待原则：相对于正式员工的绩效考核而言，对于试用期员工的考评是综合考评，需要对其任职状况、工作态度和工作绩效做全面的评价。

3.效率优先原则：对于考核结果证明不符合录用条件或能力明显不适应工作需求、工作缺乏责任心和主动性的员工要及时按规定中止试用期。用人部门未按公司规定而随意辞退员工或符合公司辞退条件而未及时提出辞退建议，致使造成不良后果或不良影响的，相关人员必须承担管理责任。

四、考核责任

本部门及相关部门同事、直接上级、人力资源部共同承担考核责任，原则上直接上级为一级考核者，对考核的公正、合理执行负责，本部门及相关部门同事为二级考核者，主要负责反馈，人力资源部为三级考核者，对考核进行监督、指导。

五、考核内容及办法

1.考核主要由思想态度、道德品质、组织纪律、专业技能、文字综合能力、组织管理能力、工作态度、工作效率、工作业绩以及用人部门确定的考核内容等方面的要素组成。在考核中，被考核人员在试用期间，有下列情形之一者，即解除劳动合同。

(1) 发现与招聘职位任职资格条件不符、有弄虚作假行为者。

(2) 违反国家法律、法规，并受到处罚者。

(3) 工作不负责任，推诿扯皮，消极被动，贻误工作，造成一定损失及后果者。

(4) 业务素质差、工作能力弱、不胜任本职工作，经常完不成工作任务者。

(5) 工作态度不端正，玩忽职守，有失职、渎职、营私舞弊、弄虚作假、骗取荣誉等行为者。

(6) 违反职业纪律、违背职业道德，以职务之便牟取私利，造成一定影响者。

(7) 纪律涣散，经常无故迟到、早退，工作时间擅离职守者。

(8) 不服从工作安排，影响正常工作秩序者。

(9) 思想作风不正，造成不良影响者。

(10) 因病长期不能坚持正常工作者。

(11) 本人自愿放弃录用资格者。

(12) 因其他问题不适合录用者。

2. 考核内容。

(1) 第一部分：日常工作表现。

考核时间：新员工每日下班前半小时进行考核、新员工试用期的每月25日。

考核形式：理论考核、岗位技能考核、现场实操及提交《月度工作总结》。

考核办法：入职前10天完成岗位试题笔试部分，领班进行批阅并打分，每日领班自主出题进行考核并打分记录。入职满20天新员工进行闭卷考试，考试合格新员工进行下阶段培训学习。另外，新员工试用期每个月必须按时提交《月度工作总结》，真实反映月度工作情况，由新员工直接上级对新员工月度表现出具评价意见（优秀、良好、注意、不合格）。第6个月提交《转正工作总结》，综合反映试用期工作内容及成绩。

(2) 第二部分：转正综合评估。

考核时间：新员工试用期第6个月。

考核形式：新员工转正当月，提交《员工转正审批表》《试用期转正报告》报批。

考核办法：

第一，新员工，由其直接上级1名、本部门同级2名分别评估；所占权重分别为0.6、0.4，同一级别内的评价得分取平均值。

第二，各级别评估人由部门根据该员工实际工作情况指派，优先指派同部门人员考评人员至少3人；特殊情况、特殊人员可扩大考评人数及范围。

第三，评估结果体现为百分制的分数，作为转正审批的重要参考。

(3) 以上三部分内容在新员工试用期第6个月申请转正时，由人力资源部汇总整理，形成《试用期考核情况汇总表》，作为新员工转正审批参考。

六、转正审批

1. 试用期新员工须在试用期满一个月前（第5个月）提出转正申请。一线员工可以申请提前转正。

2. 作为审批参考的材料有：岗位试题、每日考核成绩、《月度工作总结》、培训考勤、《试用期综合考评表》。

3. 具体审批新员工转正时，应注意以下几点：

(1) 试用期员工转正审批结果应为：提前转正、按期转正、有条件转正（降低薪酬级别、调岗等）、延期转正、试用不合格五种。

(2) 日常工作表现考核结果体现为：优秀——相对于试用期而言各方面都表现突出，尤其是工作绩效方面一定远超出了试用期员工的要求；良好——各方面基本满足对试用期员工的目标要求；注意——对试用期来说，还存在较大完善空间；不合格——达不到对试用期员工的基本要求。

第一、二月度的笔试、现场操作连续为“不合格”，视为试用期不合格，不再聘用。

所有《月度工作总结》中若累计出现3次“注意”或“不合格”，视为试用期不合格，不再聘用。

新员工当月《月度工作总结》为“注意”或“不合格”的，不能参加公司当月任何评优活动。

(3)“转正综合评估”考核结果体现为百分制，80分以下视为试用期不合格，80（含）~90分（不含），应考虑以调岗、加强培训等形式有条件转正，90分以上按期转正。

七、反馈责任

考核责任人必须就考核结果向被考核者进行正式面对面的反馈沟通，内容包括肯定成绩，指出不足，改进措施，共同制定下一步学习工作目标或改进计划。反馈是双向的，考核者应注意留出充足的时间让被考核者发表意见。考核者和被考核者双方都对考核结果负有反馈、沟通的责任。

八、投诉责任

反馈时，被考核者如果不认可考核结果，在与考核者进行沟通后不能达成共识，可向人力资源部投诉。投诉的受理者须在一周内做出处理，并将处理意见反馈给投诉人。

九、薪酬

试用期员工的职位及薪酬级别的主要决定依据为对其试用期的综合评定结果，参照公司岗位描述、薪酬方案执行。

【范例2　正式录用条件确认函】

先生/女士：

鉴于您与我司签署劳动合同（身份证号：__________________），拟录用岗位__________，约定试用期为____年____月____日至____年____月____日。该试用期是您与公司相互了解、相互增进的时间。因我公司的录用条件以员工的学识、能力、品格、经验适合其所从事的工作需要为准，为便于您了解我公司的录用条件，现特向您出具本确认函，将相关录用条件予以告知和说明。

在试用期内，如果您认为公司的实际情况、发展机会与你的预期有较大差距或由于其他原因决定解除劳动关系的，需提前3天以书面形式向公司提出离职申请，并按公司流程办理相关手续。同样，如果您在试用期内存在如下情形的，将视为不符合公司的录用条件，公司有权解除与您的劳动关系，并不予支付任何经济补偿金或赔偿金。

当有下列情形之一时，均视为不符合该岗位的录用条件，请仔细阅读：

1. 不具备政府规定的就业手续的；

2. 无法提供办理录用、社会保险等所需要的证明材料的；

3. 不能胜任甲方安排的工作和甲方规定的岗位职责的；

4. 患有精神病或者按法律规定禁止工作的传染病的或者身体健康条件不符合工作岗位要求的；

5. 与原用人单位未依法解除或者终止劳动合同或劳动关系的；

6. 与原用人单位存在竞业限制约定且在限制范围内的；

7. 通缉在案或者被取保候审、监视居住的；

8. 未经甲方书面许可不按合同约定时间到岗的；

9. 入职后不同意购买社会保险或者不按公司要求与公司签订劳动合

同的；

10. 隐瞒曾经受过法律处分或者纪律处分事实的；

11. 试用期内请假超过5天或迟到超过3次，或者有旷工现象的；

12. 向公司提供的材料和信息有虚假或有隐瞒的；

13. 不具备本岗位所要求的各项技能的；

14. 试用期考核在____分以下的；

15. 不能完成试用期工作任务的。

签收栏：正式录用条件确认函我已收取，内容已知悉。

签收人：

日期：

5.2.2 试用管理表格范例

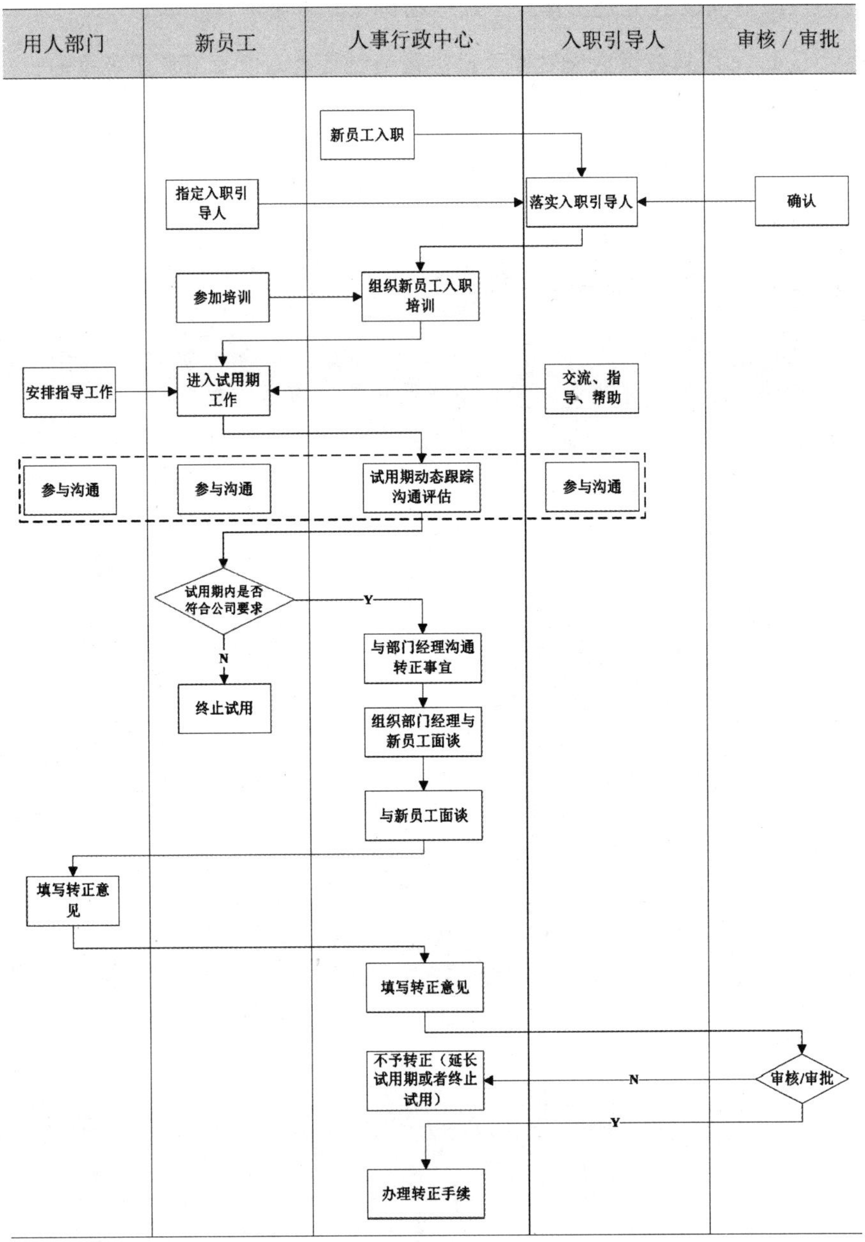

图 5-1　试用及转正管理流程

表 5–14 试用期信息登记表

部门：　　　　　　　入职时间：　　年　　月　　日　　填表时间：　　年　月　日

<table>
<tr><td>姓 名</td><td></td><td>身份证号</td><td colspan="6"></td><td rowspan="4">照
片</td></tr>
<tr><td>性 别</td><td></td><td>出生日期</td><td></td><td>民 族</td><td></td><td>籍 贯</td><td colspan="2"></td></tr>
<tr><td>政治面貌</td><td colspan="3">党员□ 团员□ 群众□</td><td colspan="2">户口性质</td><td colspan="3">农业 □ 非农业□</td></tr>
<tr><td>身 高</td><td>cm</td><td>体 重</td><td>kg</td><td>血 型</td><td></td><td>婚姻状况</td><td colspan="2">已婚□ 未婚□</td></tr>
<tr><td>毕业学校</td><td colspan="2"></td><td>专业</td><td colspan="2"></td><td>学历</td><td></td><td>毕业时间</td><td>年　月</td></tr>
<tr><td rowspan="2">外语水平</td><td rowspan="2"></td><td rowspan="2">计算机
水平</td><td rowspan="2"></td><td colspan="4">是否在其他企业签订过劳动合同</td><td colspan="2">是 □　否□</td></tr>
<tr><td colspan="4">是否在其他企业购买过“五险一金”</td><td colspan="2">是 □　否□</td></tr>
<tr><td>现住址</td><td colspan="3"></td><td colspan="2">家庭电话</td><td colspan="2"></td><td>个人手机</td><td></td></tr>
<tr><td>户口地址</td><td colspan="3"></td><td colspan="2">邮编</td><td colspan="2"></td><td>QQ 号</td><td></td></tr>
<tr><td>家庭成员</td><td>关系</td><td>年龄</td><td colspan="5">工作单位及职务</td><td colspan="2">联系电话</td></tr>
<tr><td></td><td></td><td></td><td colspan="5"></td><td colspan="2"></td></tr>
<tr><td></td><td></td><td></td><td colspan="5"></td><td colspan="2"></td></tr>
<tr><td></td><td></td><td></td><td colspan="5"></td><td colspan="2"></td></tr>
<tr><td colspan="2">紧急联系人</td><td></td><td colspan="3">紧急联系人电话</td><td colspan="4"></td></tr>
<tr><td colspan="10">主要工作经历</td></tr>
<tr><td colspan="3">何年何月 至 何年何月</td><td colspan="4">工作单位</td><td colspan="3">工作岗位</td></tr>
<tr><td colspan="3"></td><td colspan="4"></td><td colspan="3"></td></tr>
<tr><td colspan="3"></td><td colspan="4"></td><td colspan="3"></td></tr>
<tr><td colspan="3"></td><td colspan="4"></td><td colspan="3"></td></tr>
<tr><td colspan="3"></td><td colspan="4"></td><td colspan="3"></td></tr>
<tr><td colspan="3"></td><td colspan="4"></td><td colspan="3"></td></tr>
</table>

本人声明：本人承诺以上所有信息真实有效，且可以作为审查依据，若出现问题愿意承担法律责任，自填表之日起一周内把所需个人资料交给公司，若本人信息更新及时通知综合管理部，否则按公司规定处理

综合管理部：

签字：　　　　　　日期：

表 5-15　新员工入职试用表

<table>
<tr><td rowspan="4">基本信息</td><td>姓　名</td><td></td><td>应聘职位</td><td></td><td>入职日期</td><td></td></tr>
<tr><td>所属部门</td><td></td><td>甄选方式</td><td colspan="3">□公开召考　□推荐遴选　□内部提升</td></tr>
<tr><td>年　龄</td><td></td><td>学　历</td><td colspan="3"></td></tr>
<tr><td>工作经验</td><td colspan="5">相关____年，非相关____年，共____年</td></tr>
<tr><td rowspan="7">试用计划</td><td>试用职位</td><td colspan="5"></td></tr>
<tr><td>试用期限</td><td colspan="5"></td></tr>
<tr><td>督导人员</td><td colspan="5"></td></tr>
<tr><td>督导方式</td><td colspan="5">□观察　□培训</td></tr>
<tr><td>拟安排工作</td><td colspan="5"></td></tr>
<tr><td>试用薪酬</td><td colspan="5"></td></tr>
<tr><td>人事经办</td><td></td><td>核准</td><td></td><td>拟定</td><td></td></tr>
<tr><td rowspan="7">试用结果考察</td><td>试用时间</td><td colspan="5">____年____月____日至____年____月____日</td></tr>
<tr><td>安排工作及培训项目</td><td colspan="5"></td></tr>
<tr><td>工作情况</td><td colspan="5">□满意　□尚可　□差</td></tr>
<tr><td>出勤情况</td><td colspan="5">迟到____次，早退____次，病假____次，事假____次</td></tr>
<tr><td>评　语</td><td colspan="5">□正式任用　□拟予辞退</td></tr>
<tr><td>正式薪酬</td><td colspan="5"></td></tr>
<tr><td>人事经办</td><td></td><td>核准</td><td></td><td>考核</td><td></td></tr>
</table>

表 5–16 新员工试用鉴定表

<table>
<tr><td>姓名</td><td colspan="2"></td><td>性别</td><td colspan="2"></td><td colspan="2">年龄</td><td colspan="2"></td></tr>
<tr><td>籍贯</td><td colspan="2"></td><td>学历</td><td colspan="2"></td><td colspan="2">经历</td><td colspan="2"></td></tr>
<tr><td rowspan="2">试用部门</td><td rowspan="2"></td><td>职务</td><td></td><td rowspan="2">薪酬</td><td colspan="2">工资____元</td><td rowspan="2">人力资源部</td><td rowspan="2" colspan="2"></td></tr>
<tr><td>试用期</td><td>____年__月至
____年__月共__天</td><td colspan="2">津贴____元</td></tr>
<tr><td rowspan="2">试用结果</td><td>考核意见</td><td colspan="5">□试用期满意，请照原工资办理聘用手续
（____月____日起）
□试用期成绩优良，请以____等____级____元工资办理录用手续
（____月____日起）
□需继续试用
□试用不合格，请另行安排
□附鉴定报告一份</td><td>试用部门</td><td>考核人</td><td></td></tr>
<tr><td>主管意见</td><td colspan="5">□同意考核意见，拟准予试用，按原工资（等级工资）
□拟不予任用，改日另行签约
□延长试用期____天</td><td></td><td>经理</td><td></td></tr>
<tr><td rowspan="2">批示</td><td rowspan="2"></td><td rowspan="2">人力资源部意见</td><td rowspan="2" colspan="5">□拟照使用单位意见自____月____日起以____等级工资____元正式任用
□试用不合格，除发给试用期间的工资外，拟自____月____日起辞退</td><td>人事专员</td><td></td></tr>
<tr><td>人力资源主管</td><td></td></tr>
</table>

表 5-17 新员工试用期考核表

员工姓名		部门		岗位		上级主管	
入职时间：______年______月______日							
考核时间：自______年______月______日至______年______月______日							
考勤记录	□全勤 □请假____天 □迟到早退____次 □旷工____天						
一、请试用期员工填写下述问题							
1. 入职第二周实际情况跟自己的预期有哪些偏差：							
2. 本周主要完成的工作：							
3. 本周最大收获：							
4. 本周遇到的问题：							
5. 对公司有哪些新的认识、意见和建议：							
6. 下一步的工作计划和目标：							
员工签名：							

续表

二、请对下列考核项目进行评分				
评分项目	标准描述	评分标准	个人评分	上级评分
积极主动性	始终保持对工作的激情和热情，能以良好的精神状态投入工作；积极落实各项学习和工作任务；表现出强烈的主人翁意识；不消极、不被动，没有敷衍塞责现象	A. 优秀 B. 良好 C. 一般 D. 不合格		
学习能力	持续保持了强烈的学习意识，及时发现自己胜任工作的不足和欠缺，短时间内能补充完善；展现了自己超强的学习能力，讲求方法和效率，懂得寻求有效途径，善于利用各种资源	A. 优秀 B. 良好 C. 一般 D. 不合格		
专业技能	掌握扎实的专业知识；具备优秀的专业实际操作技能；能很好地将之前的专业基础同公司实际相结合，基本可以单独完成一些基础工作；已经展现出对公司相关业务改进和提升的技能基础	A. 优秀 B. 良好 C. 一般 D. 不合格		
发展潜力	工作中能举一反三、触类旁通，善于总结工作经验；具有很好的领悟性和执行能力，可塑性强；体现出在公司长期发展的意愿	A. 优秀 B. 良好 C. 一般 D. 不合格		
工作效率	有很强的时间观念和效率意识，懂得充分有效地利用时间，讲求工作效率；工作掌握轻重缓急，当日事当日完成，体现出很高的综合素质和良好的职业素养	A. 优秀 B. 良好 C. 一般 D. 不合格		
工作效果	已经能够担负一些难度较大的实质性工作，且完成的各项指标均非常令人满意，得到各个方面的一致认可和好评；追求无缺陷的精益求精，不得过且过，不自满不前	A. 优秀 B. 良好 C. 一般 D. 不合格		
团队合作	同公司各个层面的领导和同事都能够进行充分、有效的沟通和交流，工作开展能得到大家有效的支持和帮助，也能给到大家力所能及的支持和帮助，表现出强烈的集体团队意识	A. 优秀 B. 良好 C. 一般 D. 不合格		

续表

评分项目	标准描述	评分标准	个人评分	上级评分
纪律性	遵章守纪，切实遵照公司的各项规章制度；各项工作都能按照规范的流程跟进落实，且能对现有流程有自己的合理化意见和建议；服从上司指示和公司安排，不主观、不武断、不自我	A. 优秀		
		B. 良好		
		C. 一般		
		D. 不合格		
认同感	认真学习并能充分理解和认同公司的管理模式；即使有不能完全认可的情况，也能通过适当的方式反馈到相关的部门和人员；没有私下的抱怨和牢骚	A. 优秀		
		B. 良好		
		C. 一般		
		D. 不合格		
适应能力	成功完成了新公司、新同事、新岗位的转变和适应，经过两周的时间已经能游刃有余地应对公司的人和事，为具体工作的开展奠定了扎实的基础	A. 优秀		
		B. 良好		
		C. 一般		
		D. 不合格		

三、用人部门主管评语

1. 该员工性格、能力与岗位的匹配程度

2. 该员工的努力程度

3. 该员工对安排工作任务的理解能力

4. 该员工此期间的不足

5. 总评

签名：

结果：□试用期不合格　□按期正常试用　□提前转正，转正日期：____年____月____日

说明	1. 公司实行试用期跟踪考核的管理制度，设置了新员工入职的第一周、第二周、第一个月、转正评估四个考核节点。此表为第二周的试用期员工评估用表，需要在入职第二周的下班前提交到人力资源部
	2. 试用期员工和用人部门须严肃对待此表且认真、客观地总结和评估
	3. 请新员工和上级主管直接填写评分结果

表 5-18　转正人员谈话记录

申请转正员工：____________　谈话人：____________　记录人：____________ 谈话时间：______年____月____日
谈话记录：
注：转正员工谈话应于试用员工提出申请后 2 个工作日内由部门负责人安排进行

表 5-19 新员工转正审批表

姓　　名		性　　别		民　　族	
部　　门		职　　务		入职时间	
文化程度		政治面貌		联系电话	
住　　址					
个人总结	（此项可另附页）　　年　月　日				
（试用员工提出申请后 2 个工作日内由部门负责人进行转正员工谈话，谈话记录附后）					
部门负责人综合评估意见	年　月　日				
综合管理部意见	年　月　日				
用人部门分管领导审批	年　月　日				
行政副总复核	年　月　日				

6 薪酬管理：吸引与留住优秀人才

6.1 薪酬调查的流程要点

6.1.1 明确薪酬调查的目的

薪酬调查是薪酬制度设计流程中的一个关键环节。通过开展薪酬调查，企业可以制定薪酬预算、调整薪酬水平、制定薪酬标准、控制人力成本等。目的不同，调查人员的工作量也就不同，比如：如果目的是对某岗位制定薪酬标准或者调整其薪酬水平，那么调查人员只需要调查该岗位的薪酬情况即可；如果目的是为企业制定薪酬预算或者控制人力成本，那么调查人员便需要调查企业中的大量岗位的薪酬情况。

确定了薪酬调查的范围后，调查人员需要从功能、层次等角度对岗位进行分类，以便有序推进调查工作。从功能角度看，岗位包括职能岗位和业务岗位两大类，其中职能岗位通常是通用岗位，而业务岗位主要是专项岗位。

在调查通用岗位时，调查人员调查本地区内各企业的同类岗位薪酬情况即可。但如果是专项岗位，因为这类岗位对专业技术和能力要求较高，调查人员便需要调查本地区同行业的薪酬情况。

对于办公室文员、流水线普工、仓管员等门槛较低的岗位，为了控制成本，调查人员只需要调查本地区周边的企业薪酬情况。而对于技术部经理、销售部经理、财务部经理等门槛较高的岗位，调查人员便需要扩大调查范围，尽可能地获取全面、客观、时效性强的数据。

比如：如果企业所在地是武汉，当调查人员想要调查车间普工的薪酬情况时，可以在武汉地区范围内开展调查，而不需要将调查范围扩大至南京、杭州等城市；当调查人员想要调查技术部经理的薪酬情况时，就需要同时在武汉、南京、杭州等城市进行调查，这样才能得到较为全面、客观的数据，为制订更有竞争力的薪酬方案奠定良好基础。

6.1.2 清晰明确的职位描述

明确调查目的后，调查人员需要清晰明确地描述所调查的职位，需要描述的内容包括以下几种，如表 6–1 所示。

表 6–1　职位描述的主要内容

序号	项目
1	职位名称
2	职位目标，即职位对企业的价值
3	职位权责，即职位需要承担的权利和责任
4	任职者要求，即任职者的学历、经验、技能、身体条件等

不同企业的职位名称可能相同，但其具体工作内容以及对任职者的要求往往存在一定差异。目前，我国职位体系较为混乱，为薪酬管理造成了诸多困扰。比如：有的企业行政人事专员负责文书、制度拟定和实施；有的企业行政人事专员则需要负责车辆、安保、后勤。

在开展薪酬调查时，部分企业可能和第三方薪酬调查公司进行合作，以便提高调查效率和质量。为确保第三方薪酬调查公司职位描述的精准性，企业需要与其进行充分沟通，使其了解企业职位的真实情况，避免浪费调查资源。

描述职位时，企业还应该明确职位层级。具有相同工作性质和相似素质要求的职位统称为职位族，部分职能职位族构成如表 6–2 所示。

表 6–2　部分职能职位族构成

序号	财务	行政	销售	人力
1	财务总监	行政总监	销售总监	人力资源总监
2	财务经理	行政经理	销售经理	人力资源经理
3	财务主管	行政主管	销售主管	人力资源主管
4	财务会计 / 财务出纳	行政专员	销售代表	人力资源专员

如果没有做好事先沟通，第三方薪酬调查公司提供的职位层级可能和企业有所不同，比如公司的财务部有 3 个层级，而薪酬调查公司提供的调查报告中有 4 个层级，这种情况下，调查报告的价值将大打折扣。所以，当与第三方薪酬调查公司合作时，企业必须和第三方薪酬调查公司做好沟通工作。

6.1.3　设计与搜集调查问卷

薪酬由基本工资、奖金、津贴等多种内容构成，在设计调查问卷时，调查问卷也应该涵盖这些内容，而且要做到精细化、系统化，比如福利项目包括医疗、住房、交通补助、出差补助、餐饮补助等。

为了增强调查问卷针对性，调查问卷设计应该添加和企业相关内容，比如企业利润、人力成本、员工流失率等。薪酬属于企业机密，很多企业特别是大型企业采用保密工资制，员工入职时和企业签订的合同中会有薪酬保密条款，所以，有时 HR 专员可能也不了解企业薪酬，即便了解也不能泄露薪酬信息。

当薪酬调查涉及员工数量较多而且薪酬水平波动较大的岗位时，调查问卷的设计尤其需要注重全面性。以业务员岗位为例，虽然都是业务员，但不同业务员的薪酬水平可能存在较大差距，如果设计的调查问卷仅涵盖低等薪酬水平的业务员，所得到的调查结果是没有太大意义的。

所以，向其他公司发放调查问卷时，应该和该公司高层进行沟通交流，争取建立合作关系。双方可以采用这种合作模式：被调查公司作为此次薪酬调查活动的一项成员，承担一定的调查费用，调查结束后也可以获得调查报告。合作时，企业需要和被调查公司签订合同，合同中约定各企业的薪酬信息必须保密。

确立合作关系后，调查人员必须注意向企业寄发调查问卷的方式。

（1）对于中小企业，调查人员可以向总经理发放；对于规模较大的企业，调查人员可以向人力资源部发放。

（2）如果被调查企业是本地企业，调查人员应该尽可能地上门发放；如果距离较远或想要提高发放效率，调查人员可以采用快递、电子邮件、传真等方式进行发放。

发放完调查问卷后，调查人员还应该为答卷人员做好解释和相关指导工作，从而使获得的信息更为精准。回收完调查问卷后，调查人员要及时对调查问卷进行核对，对于描述模糊、具有争议性的答案，调查人员应该和答卷人员进行沟通，并将相关信息记录下来，以便为后续制作调查报告提供有效支持。

6.1.4 整理与统计调查结果

即便调查人员设计的调查问卷采用了标准问卷格式，但回收到的调查问卷也可能存在一系列问题，为解决这些问题，调查人员在整理和统计调查结果时应该遵循以下原则。

◆确保统计口径的一致性

比如：A、B 两个企业采用年薪制，按月分解后发放月薪，但二者的发放方式明显不同，A 企业每月一次性发放，而 B 企业每月发放 70%，余下 30% 作为效益工资通过考核后下月发放。所以，A、B 两个企业的被调查人员填写的调查问卷可能会出现争议，即 A 企业由于每月全额发放，被调查人员认为基本工资就是所有月薪，而 B 企业被调查人员则将每月发放的 70% 作为基本工资，剩余 30% 作为绩效奖金。

为避免发生类似情况，调查人员应该对此做出详细说明，使被调查人员对什么是基本工资、什么是福利等达成一致，以便得到更为科学的薪酬数据。

◆统计一定要精确

统计调查问卷时，调查人员不能只是关注答案中的数字，更要注意说明性文字。对那些不准确或存在疑惑的问题，被调查者往往会在答案中说明，调查人员要认真阅读这些文字，并根据解答人的想法统计数据。统计答案时，调查人员应该同时统计填答和漏答的数据，并确保二者之和与总数相一致。为了提高统计准确性，调查人员可以分组统计，并对统计结果进行比对。

调查人员可以借助数据统计软件对调查结果进行统计。从实践经验来看，人工统计调查数据很容易出现误差，而且效率较低，因为处理大量琐碎数据是非常枯燥的工作，调查人员难以持续保持良好工作状态。同时，计算机处理结果更为规范、标准，可以为调查报告的撰写带来诸多便利。

6.1.5 分析与撰写调查报告

得到统计结果后，调查人员便要对结果进行分析，并撰写调查报告。分析统计结果时，需要绘制可以体现市场薪酬水平的职位总图，如图6–1所示。

绘制方法为：以职位等级为横坐标、以工资等级为纵坐标，绘制25P、50P、75P三条工资曲线。其中，25P、50P、75P分别代表低位值、中位值、高位值（100家公司或100个职位参与调查，将薪酬水平由低到高进行排名）。

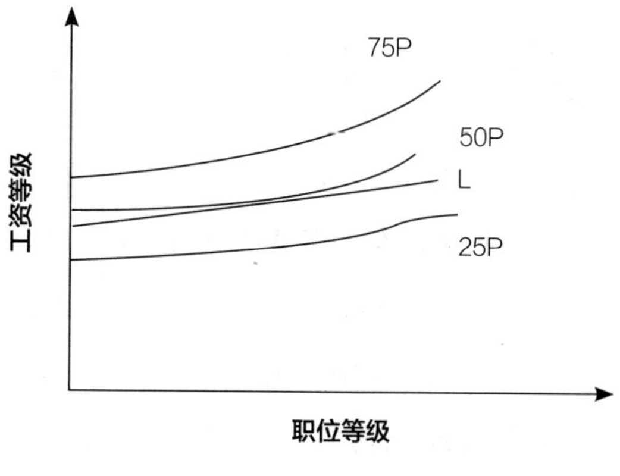

图6–1 职位总图

然后在职位总图上绘制企业的工资曲线，即图6–1中的曲线“L”，绘制方法为：将企业各职位工资中值作为坐标点进行绘制。根据图6–1曲线“L”的走势，不难发现，该企业中等职位的薪酬水平基本和市场水平一致，但低等职位和高等职位均低于市场中值水平，这说明企业的薪酬竞争力较弱，对低等和高等员工难以产生激励效果，为避免人才流失，必须对薪酬策略做出及时调整。

薪酬调查报告包括综合性分析报告和专项分析报告两类，如表 6-3 所示。

表 6-3　薪酬调查报告的分类

类型	特征
综合性分析报告	可以体现被调查企业薪酬和福利整体状况，需要统计一定地区内不同规模、行业的企业薪酬整体数据，报告内容较为全面
专项分析报告	针对某一规模、行业的企业，或某些关键岗位制作的薪酬调查专项报告，报告内容更为精细

6.1.6　企业内部薪酬调查问卷

开展企业内部薪酬调查，是调查人员得到组织成员对企业薪酬反馈意见和建议的重要基础，而调查问卷法是企业内部薪酬调查最为主流的方法，下面介绍了某企业内部薪酬调查问卷。

【范例 1　企业内部薪酬调查问卷】

为帮助公司了解目前薪酬存在的不足，本次薪酬调查可署名或不署名，而且在取得调查结果后封存保密；希望所有员工积极支持，本着认真负责和客观的态度完成本问卷，谢谢！

调查问卷说明：

（1）本调查问卷共有 19 个问题，问题采用单选或多选的方式 ，简明扼要并易于回答。

（2）本调查问卷的任何信息都将受到严格保密 ，所以你可以放心作答。

（3）当有超过 50% 的题目不作回答时，本问卷将做无效处理。

（4）请你按实际情况作答，否则将影响调查结果。

姓名：______性别：_______年龄：_______

工龄：______学历：_______部门：_______

1. 您对目前的薪酬水平：__________

A. 非常满意　　B. 基本满意　　C. 一般

D. 勉强满意　　E. 不满意　　　F. 非常不满意

2. 您对于现行的薪酬制度的感受是：（可多选）__________

A. 能体现按劳分配、兼顾公平

B. 能体现效率优先

C. 不公平

D. 不能体现按劳分配、效率优先

3. 您认为公司薪酬最不合理的是哪部分？（可多选）__________

A. 基本工资　B. 岗位工资　C. 绩效工资　D. 工龄工资　E. 交通补贴　F. 通信补贴　G. 社会保险　H. 住房公积金　I. 安全津贴　J. 其他补助

4. 您认为下列哪些选项最符合您对公司现行薪酬制度的看法？（可多选）__________

A. 基本工资过低　　　　B. 不能激励员工

C. 严重不公平　　　　　D. 绩效考核指标不明确

E. 考核标准不合理或缺乏科学性

F. 考核程序紊乱　　　　G. 奖金分配不合理

H. 考核工资过高 / 过低　　I. 其他（请说明）__________

5. 您认为公司员工的辞职行为：__________

A. 因为薪酬直接导致　　B. 和薪酬有一定关系　　C. 不明确

D. 与薪酬关系不大　　　E. 与薪酬没有任何关系

6. 您认为现行薪酬制度对员工的激励：

A. 很好　B. 较好　C. 一般　D. 较差　E. 没有效果

7. 在过去的工作中，您认为自己的努力与薪酬回报对等吗？________

A. 对等　B. 高于　C. 低于　D. 低很多

8. 您认为在公司实际薪酬体系中，决定薪酬高低的因素是:（多选，请按顺序排列）__________

A. 个人能力　B. 工作成绩　C. 学历高低

D. 职位高低　E. 资历　F. 专业

G. 工作复杂程度　H. 工作中承担的责任和风险

9. 除了工资，您最看重：

A. 提高自己能力的机会　B. 好的工作环境

C. 和谐的人际关系　D. 工作成就感　E. 一定的权力

10. 您觉得现在的薪酬能体现您的个人价值吗？__________

A. 能　B. 不能　C. 能部分体现　D. 二者没有什么关系

11. 您认为公司薪酬的保密性怎样？__________

A. 非常保密　B. 比较保密　C. 不够保密　D. 非常公开

12. 您认为薪酬是保密还是公开好？__________

A. 保密，以免恶化同事关系　B. 公开，增加透明度

C. 薪酬操作公开，他人薪酬保密　D. 薪酬全程公开，全体员工监督

13. 请选择最接近您的观点（可多选）:__________

A. 通过工作，我感到生活充实并且获得合理的薪酬回报

B. 我工作就是为了挣一份工资

C. 干什么工作无所谓，关键是能赚钱

D. 给我多少钱，就干多少活

E. 因为薪酬很高，所以生活过得很富裕

F.薪酬基本满足生活需要，有一定结余

G.薪酬只能满足日常基本生活开支

14.您认为公司薪酬制度的执行情况:__________

A.被严格执行　B.形同虚设　C.一般

15.您认为公司管理岗与普通岗的工资相差:__________

A.太高　B.偏高　C.合理　D.偏低　E.没有拉开差距

16.您认为公司员工的工资层级差别:__________

A.有一定层级差别，很合理　B.有一定层级差别，比较合理

C.层级差别过大，不合理　　D.层级差别过小，不合理

E.不确定

17.您认为与同行业同岗位相比，本公司的薪酬:__________

A.很高　B.比较高　C.差不多　D.偏低　F.很低

18.你对目前公司薪酬制度对人才吸引性的评价是:__________

A.非常吸引　B.较吸引　C.一般

D.不够吸引　E.几乎没有吸引力

如果选择 D 或 E，请写明简要理由或感受 ____________________

19.您对公司薪酬制度的建议:

____

____

____

____

____

____

____

6.2 制订与实施薪酬方案

6.2.1 建立完善的岗位评估系统

根据岗位工作内容、任职资格等，对岗位进行划分，不同企业因为业务类型、所在行业等方面存在差异，岗位分类方式也会有所不同。下面我们以某科技企业为例，简单分析其岗位分类方式，具体如表 6–4 所示。

表 6–4 某大型科技企业的岗位分类

岗位分类	具体内容
管理类岗位	在企业活动中承担一定管理责任的岗位，比如董事长、总经理、各部门经理和主管等
营运职能类岗位	对企业日常经营活动起服务和支持作用的岗位，既包括职能部门中的职能岗位，也包括业务部门中的辅助性岗位，比如行政专员、信息处理员、业务助理等
技术类岗位	掌握一定专业技术，负责企业产品研发、生产与品控、设备维护、售后支持等相关业务的岗位，比如产品开发工程师、质量控制工程师、设备维护工程师、售后工程师等
营销类岗位	以产品销售为导向开展一系列市场营销活动的岗位，比如促销员、业务员、新媒体运营、品牌推广员、渠道管理员、国际贸易谈判代表等

完成对岗位的分类后，薪酬管理人员便可以建立岗位评估系统，该系统由影响、沟通、创新、知识四大要素组成，具体如图 6–2 所示。

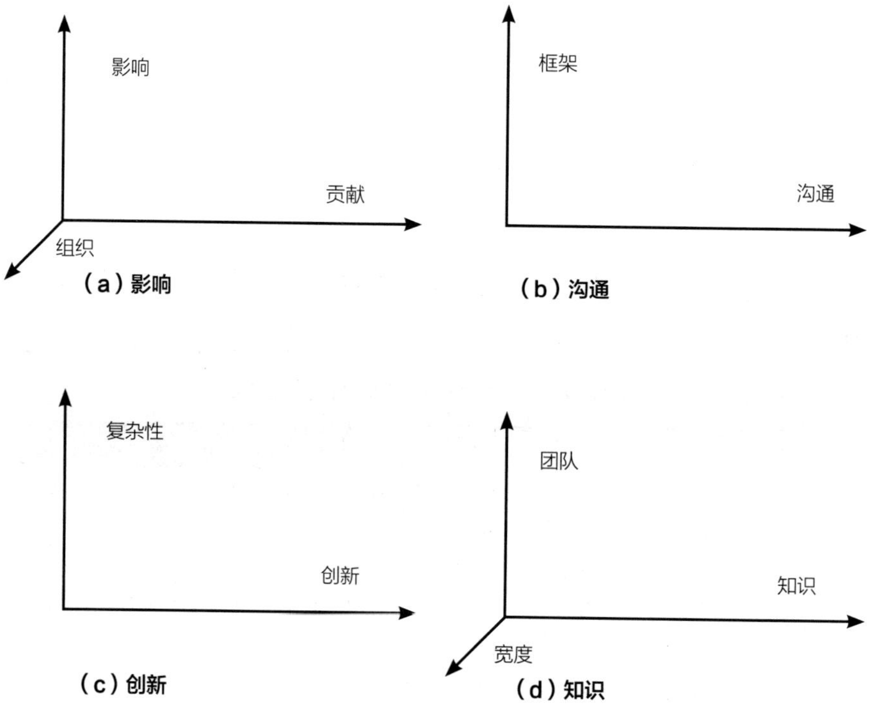

图 6–2　岗位评估系统的四大构成要素

而岗位评估系统各要素的评估内容可参照表 6–5。

表 6–5　岗位评估系统各要素的评估内容

要素	评估内容
影响	（1）组织规模：评估组织的行业类型、营业额和员工数量，确定组织规模的大小。 （2）影响：评估岗位对组织的影响力。 （3）贡献：评估岗位对组织的贡献价值
沟通	（1）沟通：评估岗位需要的沟通能力。 （2）框架：评估沟通属于对内沟通还是对外沟通，以及沟通各方之间的利益关系
创新	（1）创新：评估岗位对开发或改善技术、模型、工艺、流程、步骤等方面的要求。 （2）复杂性：评估岗位工作复杂程度
知识	（1）知识：评估岗位对各类知识的需求。 （2）团队：评估岗位所在团队对知识的要求。 （3）宽度：评估岗位知识应用广度和深度

应用岗位评估系统时，还应该遵循以下评估规范。

首先，不同岗位采用差异化的评估方法。

对于董事长、总经理岗位，应该建立评估委员会，其成员包括董事长、总经理、HR 经理、外部专家等。

对于部门经理、部门主管岗位，由 HR 经理、部门经理、部门主管进行评估，总经理负责审批。

普通员工，由 HR 专员、部门主管、员工代表进行评估，HR 经理负责审批。

其次，评估人员要向岗位评估涉及人员清晰明确地描述评估标准、流程，保障整个评估过程是公开、透明的。

6.2.2 明确薪酬体系与薪酬组合

很多企业往往针对不同岗位采用差异化的薪酬制度，比如：

（1）对于和企业年度经营业绩密切相关的高管采用年薪制。

（2）对于和企业生产、技术、物流、安保、日常管理等岗位采用结构工资制。

（3）对于和销售业绩相关的岗位采用工资制。

（4）对于和工作量相关的岗位采用提成（计件）工资制。

（5）对于引进的特殊人才，采用特殊工资制等。

常见岗位和工资制的对应关系如表 6–6 所示。

表 6–6 常见岗位和工资制的对应关系

岗位类型	具体岗位	薪酬制度
管理类	董事长、总经理、销售经理	年薪制
	各部门经理、主管、小组长	结构工资制

续表

岗位类型	具体岗位	薪酬制度
营运职能类	部门助理、人事专员、招聘专员、部门文员、会计、出纳、信息处理员	结构工资制
	生产操作员	计件工资制
技术类	产品开发工程师、软件开发工程师、设备技术员、质量工程师、IT 信息技术员	结构工资制
营销类	促销员、业务员、品牌推广专员、市场开发专员	提成工资制
外聘专家	顾问	特殊工资制

为了更好地激励员工，各岗位薪酬通常包括固定薪酬和浮动薪酬。固定薪酬可以分为岗位工资和补偿性工资，其中，岗位工资包括岗位基本工资和岗位技能工资；补偿性工资包括加班工资和岗位津贴。浮动薪酬包括绩效奖金、提成工资、年度业绩分享、工龄工资等。具体情况如表 6–7 所示。

表 6–7　薪酬结构明细表

薪酬结构	明细		说明
固定工资	岗位工资	岗位基本工资	属于该岗位员工的基本收入，和岗位级别直接相关
		岗位技能工资	根据岗位工作内容和技能需要确定岗位工资档级，和技能数量、复杂度等直接关联
	补偿性工资	加班工资	为补偿员工完成加急订单、处理意外事故等情况而加班的补充工资
		岗位津贴	公司给予员工的各类补助，包括交通补助、高温补助、噪声补助等
浮动工资	绩效奖金		激励员工提高工作效率，与工作业绩直接关联
	提成工资		针对销售岗位特征设立的激励工资项目，和销售额直接相关
	年度业绩分享		激励所有组织成员共同奋斗，超额完成企业年度业绩目标
	工龄奖金		根据员工在公司工作的年限设置的工资项目，和员工工龄直接相关

为实现以岗定薪、人岗匹配，各岗位通常采用组合薪酬方式，如表6-8所示。

表6-8 各岗位薪酬组合

等级	岗位	薪酬组合与比例
高级管理	销售系统	（1）薪酬组合：基本工资+岗位工资+岗位津贴+绩效奖金+年度业绩分享。 （2）薪酬比例：基本工资、岗位工资、岗位津贴累计占50%，绩效奖金占20%，年度业绩分享占30%
	非销售系统	（1）薪酬组合：基本工资+岗位工资+加班工资+岗位津贴+绩效奖金+年度业绩分享。 （2）薪酬比例：基本工资、岗位工资、加班工资、岗位津贴累计占60%，绩效奖金占20%，年度业绩分享占20%
经理	销售系统	（1）薪酬组合：基本工资+岗位工资+岗位津贴+绩效奖金+年度业绩分享。 （2）薪酬比例：基本工资、岗位工资、岗位津贴累计占60%，绩效奖金占20%，年度业绩分享占20%
	非销售系统	（1）薪酬组合：基本工资+岗位工资+加班工资+岗位津贴+绩效奖金+年度业绩分享。 （2）薪酬比例：基本工资、岗位工资、加班工资、岗位津贴累计占70%，绩效奖金占20%，年度业绩分享占10%
主管	销售系统	（1）薪酬组合：基本工资+岗位工资+岗位津贴+绩效奖金+提成工资。 （2）薪酬比例：基本工资、岗位工资、岗位津贴累计占50%，绩效奖金占20%，提成工资占30%
	非销售系统	（1）薪酬组合：基本工资+岗位工资+加班工资+岗位津贴+绩效奖金。 （2）薪酬比例：基本工资、岗位工资、加班工资、岗位津贴累计占80%，绩效奖金占20%
职员	销售系统	（1）薪酬组合：基本工资+岗位工资+岗位津贴+绩效奖金+提成工资。 （2）薪酬比例：基本工资、岗位工资、岗位津贴累计占50%，绩效奖金占10%，提成工资占40%
	非销售系统	（1）薪酬组合：基本工资+岗位工资+加班工资+岗位津贴+绩效奖金。 （2）薪酬比例：基本工资、岗位工资、加班工资、岗位津贴累计占90%，绩效奖金占10%

续表

等级	岗位	薪酬组合与比例
员工（合同工、临时工、实习生等）	销售系统	（1）薪酬组合：基本工资＋岗位工资＋岗位津贴＋提成工资。 （2）薪酬比例：基本工资、岗位工资、岗位津贴累计占40%，提成工资占60%
	非销售系统	薪酬组合及比例：基本工资、岗位工资、岗位津贴、加班工资累计占100%
特聘	公司战略顾问、法律顾问、技术顾问等	根据双方签订的合同确定薪酬

6.2.3 加强薪酬方案的组织管理

薪酬方案组织管理是为有序推进薪酬方案设计实时调整，而规定职位或职务，明确权责关系，以便实现薪酬管理目标的过程，下面列举了某公司薪酬方案组织管理制度。

◆薪酬管理权限

（1）本制度规定了公司薪酬方案组织管理体系，如有未涉及的细节内容，各部门可根据本制度要求，参考公司下发的《各部门薪酬指导意见》对本部门薪酬管理进一步完善，完善后统一交由人力资源部审核备案。

（2）人力资源部负责对公司薪酬管理体系进行优化与完善。

（3）各部门及岗位薪酬管理权限可参照表6–9。

表 6-9 某公司薪酬管理权限表

类别	薪酬管理具体事项	人力行政部	相关部门	人力行政负责人	管理者代表	总经理
薪酬制度	集团薪酬制度（包括岗位职级表的调整与工资等级表的调整）	拟制	各部门提出建议	审核	审核	批准
薪酬总额	集团薪酬预算	提案	财务部审核	审核	审核	批准
人员定薪（含试用/转正）、调薪	集团高管	提案		审核		批准
	经理级员工	确认	提案	审核		批准
	主管级员工	确认 / 初审	提案	审核		批准
	职员级员工	确认 / 初审	提案	批准		
	工人级员工	确认 / 批准				
工资计算、发放	集团公司月工资表	复核	财务部拟制	审核		批准
	离职员工工资表	复核	财务部拟制	批准		
津贴	专项津贴的申请、分配	审核、提报	各部门提报	审核		批准
年终奖	年终奖方案	提案		审核		批准
福利	福利政策、方案	提案	各部门提出建议	审核		批准
	福利实施	提案		审核		批准

◆薪酬总额管理

人力资源部对各部门采取工资总额管理制度，各部门在遵守公司薪酬制度的基础上，在公司年度薪酬预算工资总额范围内，为本部门员工发放工资。

◆薪酬保密管理

（1）为鼓励所有组织成员更好地完成岗位工作，积极为组织发展贡献力量，公司采用基于员工能力、贡献、绩效、责任的薪酬制度，且实行工资保密政策，避免员工相互攀比。

（2）所有组织成员的薪酬由人力资源部以书面文件《薪酬通知单》

知会员工本人，并确认存档。

（3）各部门经理、主管要积极引导部门成员养成不探询他人薪资的习惯，不评论他人薪资的风度。对于所有组织成员的薪酬，除了人力资源部经理、核薪人员、特定主管、人事档案管理专员外，一律保密，如有违反，将按照以下办法惩罚。

核薪人员、人事专员泄露组织成员薪酬资料时，将处以扣罚工资及行政处分等惩罚，情节严重者将被降职、调职甚至解雇。

所有组织成员如果出现探询他人工资或向他人泄露工资情况，一律按照违纪处理，根据情节轻重给予一定经济惩罚，造成恶劣影响或屡劝不止的，将给予降职、降薪甚至解雇等处罚。

（4）所有组织成员如果对本人薪酬存在疑问，应和直属上级沟通，由直属上级向人力资源部申请复核，不得自行理论。

（5）人力资源部将根据实际情况对薪酬保密规定进行优化完善，各部门及员工应积极配合其工作。

6.2.4 薪酬方案的管理实施细则

◆基于“人岗匹配”原则确定员工薪酬水平

（1）薪酬管理人员通过岗位分析和岗位价值评估，并结合市场平均薪酬水平，确定企业的薪酬整体架构。

（2）根据员工实际能力、工作业绩、工作态度、从业经验、岗位任职资格等确定员工具体薪酬等级。

（3）通常情况下，一个岗位内存在 9 ～ 12 个薪级，这些薪级又可分为 5 个区域，如表 6–10 所示。

表 6–10 岗位薪级区域分类

区域	标准
1 级	新入职处于试用期者，能力有待验证
2 ～ 3 级	试用期转正者，能力基本符合岗位需求
4 ～ 6 级	能力符合岗位需求，业务能力较强
7 ～ 9 级	处于关键岗位
9 ～ 12 级	能力和业绩突出、工作经验丰富、有较强的创新能力，处于企业人才库

◆新入职员工的起薪

（1）在新员工招聘过程中，人力资源部根据新员工的工作经验、工作技能等，辅以笔试、面试成绩，以及员工的个人意愿，为新入职员工确定岗位及起薪。原则上所有新入职员工都有试用期，起薪为岗位薪级的 1 级。适应能力较强的员工可提前结束试用期，但必须经过部门经理和人力资源部门的考核审批，主管及以上人员提前结束试用期时需要总经理审批。

（2）新员工入职时，人力资源部门根据薪酬管理人员意见确定其试用期工资和试用期满后的正式工资。如果因岗位特性等因素，薪酬管理人员暂时无法为新员工确定正式工资，可先确定试用期工资，后续通过对试用期绩效进行考核等确定正式工资。通常情况下，试用期工资为正式工资的 50% ～ 80%。

◆薪酬改革时的老员工薪酬

在薪酬改革阶段，薪酬管理人员通过老员工现行薪酬（固定工资 + 绩效工资）水平按就高原则确定其新的薪酬等级。

◆薪酬调整

薪酬调整可分为试用期满调整、岗位变动调整、职务晋升调整、年度考核调整及专案特殊调整五大类，各类薪酬调整操作办法如表 6–11 所示。

表 6-11 薪酬调整操作办法

类型	操作办法
试用期满调整	（1）工人岗员工试用期满 10 日前，由人力资源部依据部门分别列出试用期人员考核名单，经所在部门主管或经理确认签核后，送人力资源部批准方可生效；试用不合格，予以延长试用期或解雇。普通员工表现优秀者（总人数的 10% ～ 20%）可以适当调薪，其调薪幅度原则上为同职等水平一级，但最高不超过两级。 （2）职员岗以上人员试用期满 10 日前，由人力资源部提供《员工转正考核审批表》提交所在部门经理 / 主管及中心负责人评审后，报人力资源部审核，再呈总经理或授权人员批准生效。计时制员工及职员视工作能力及表现给予适当的调整，其调薪幅度原则上为同职等水平一级，但最高不超过三级。其调整额度控制在 5% ～ 20%，特别调整时例外
岗位变动调整	（1）在符合部门岗位编制的前提下，公司内部员工因工作需要变动岗位（含跨部门，不包括晋升）时，首先由需求部门提出员工异动申请，经原、现部门经理 / 主管及中心负责人签核后，交人力资源部审查合格（任职资格）给予新岗位试用，此表单作备案使用，原则上考察期为 1 ～ 3 个月。 （2）考察期满前 10 个工作日由所在部门给予新岗位试用考核，考核表及工资调整单经中心负责人签批后交人力资源部审核，并按照岗位设置适当调整工资额度
职务晋升调整	（1）在符合部门岗位编制设置的前提下，因工作需要内部提升时，首先由需求部门提出《员工异动申请单》，经部门经理 / 主管及中心负责人签核后，交人力资源部审查合格（任职资格）后给予新岗位试用，此表单作备案使用，原则上考察期为三个月。 （2）试用期满前 10 个工作日由所在部门给予新岗位试用考核，考核表及工资调整单经中心负责人签批后交人力资源部审核，并按照岗位设置适当调整工资额度
年度考核调整	（1）政策性调整：当政府公布本区域工资强制性标准（最低工资标准）时，员工薪资由人力资源部发布通告统一调整（一般在每年的 7 月）。当市场物价指数急剧变化（通货膨胀或紧缩）及发生其他情况，公司认为有必要时，由人力资源部统一提出福利调整计划，交公司批准后实施。 （2）年度调薪原则上每年 12 月进行，由部门负责人以员工本年度各月绩效考核结果为依据，绩效良好及以上人员（总群体人数的 10% ～ 30%，具体调薪的比例及额度视公司的年度效益来确定）可以在公司拟定的范围内调整，并需遵循公司的调薪规则，但所有调薪申请未经最终审批通过不得向员工个人透露；其他不符合加薪的人员则可根据其个人的服务年限获得工龄津贴。除了试用期满 / 岗位变动 / 职务晋升 / 专案特殊调整以外，其他非年度例行调整以外的加薪申请一概不予受理。 （3）年度调薪时间：每年 12 月 1 日至 12 月 31 日为资料申报与审查期，1 月 1 日为公司调薪生效日
专案特殊调整	对行业稀缺、企业急需人才以及具有特殊贡献的人员，经部门负责人申请或由中心负责人提议，经人力资源部审核后认为有必要的，报总经理或授权人员批准可以申请特别加薪。特别加薪额度可不受职等职级的限制

6.3 薪酬管理制度与表格范例

6.3.1 薪酬管理制度范例

【范例2 员工薪酬管理制度】

第一部分 总 则

为适应企业的发展要求，充分发挥薪酬的激励作用，进一步拓展员工职业上升通道，建立一套相对密闭、循环、科学、合理的薪酬体系，根据公司实际情况，特制定该制度。

第一条 制定原则：公平、竞争、激励、经济、合法。

公平：是指相同岗位的不同员工享受同等级的薪酬待遇；同时根据员工考评、服务年限、工作态度等方面的表现不同，对职级薪级进行动态调整，可上可下，同时享受或承担不同的工资差异。

竞争：使公司的薪酬体系在同行业和同区域有一定的竞争优势。

激励：指制定具有上升和下降机制的动态管理，对相同职级的薪酬实行薪级管理，充分调动员工的积极性和责任心。

经济：在考虑公司承受能力大小、利润和合理积累的情况下，合理制定薪酬，使员工与企业能够利益共享。

合法：方案必须建立在遵守国家相关法律法规和总公司管理制度基础上。

第二条 制定依据。

本制度制定的依据是内、外部劳动力市场状况，地区及行业差异，员工岗位价值（对企业的影响、解决问题、责任范围、监督、知识经验、沟通、环境风险等要素）及员工职业发展生涯等因素。

第三条 目的。

以不断对员工进行激励和指导为目标，充分调动员工的积极性、主动性和创造性，公平合理地评价公司员工的价值分配，增强企业的凝聚力，树立良好的团队意识，建立优秀的企业文化，最终实现企业的战略目标。

第四条 适用范围。

×××××××××××××××× 公司全体员工。

第二部分 机构和职责

第五条 设立薪酬管理委员会，由薪酬管理委员会根据岗位价值评估确定薪酬标准和层级，年终效益奖金由薪酬管理委员会确定，日常薪酬管理由行政部负责。

薪酬管理委员会成员如下：

主任：总经理

副主任：行政部经理

成员：各部门经理、职工代表

第三部分 薪酬支付

第六条 薪酬组成。

1. 正式员工月薪资：基本工资（工资总额 70%）+ 考评工资（工资总额 30%）。

基本工资 = 基础工资 + 社保补贴 + 延时工资 + 加班工资 + 电话补贴 + 交通补贴 + 全勤补贴

2. 薪酬定级另见《职位等级对应表》和《公司宽带薪酬对应表》。

第七条 薪酬计算。

1. 需值班的员工按照实际考勤计算，值班工资标准按本人月基本工资计算。

计算公式：日值班工资 = 日基本工资 / 8 小时 × 日值班小时

2.法定节假日值班者，按法律规定执行。

3.年度累计请假超过一个月的员工，不享受效益奖金。

4.公司新招聘员工试用期薪酬均按劳动合同约定，试用期员工不享受公司提供的其他福利。

5.公司实行月工资计算，薪酬支付时间为当月工资次月25日支付。

6.下列各款项须直接从工资中扣除：员工工资个人所得税、应由员工个人缴纳的社会保险费用、与公司订有协议应从工资中扣除的款项、法律法规规定的以及公司规章制度规定的应从工资中扣除的其他款项（比如考评工资、赔款）等。

7.中途入职或离职员工，当月工资的计算公式如下：

实发工资 = 日基本工资 × 工作天数

8.各类假别薪酬支付标准如下：

产假：产假期间，只领取生育津贴。

陪产假:（配偶分娩）按正常出勤支付。

事假：员工请事假期间不发放工资。

婚假：工资按正常出勤支付。

丧假：工资按正常出勤支付。

工伤假：按国家相关规定执行。

病假：短期病假工资按基本工资的80%发放，长期病假（连续15天以上）按国家相关规定执行。

年休假：按正常出勤支付。

其他假别：按照国家相关规定或公司相关制度执行。

第八条　提成工资。

提成工资：以基本工资（工资总额的70%）为基数计提。

1.主管及以下员工提成按季度考核核算核发。

2. 经理级及以上管理干部提成按年度考核核算核发。

3. 部门奖励按年度考核发放。

第九条　试用期考评工资。

1. 试用期员工作为一个部门的新鲜血液，也是作为部门今后发展的后备力量，公司员工试用期为 1 ～ 3 个月，试用期员工不享有公司定向福利。

2. 试用期员工如在试用期内表现优异可酌情考虑提前转正。

3. 试用期员工工资原则按 80% 发放，具体根据面试实际情况以合同约定为准。

4. 试用期月工资总额低于 2200 元（不含 2200 元）的考评工资按工资总额的 20% 考评。

第十条　转正考评、晋级、晋升。

1. 试用期满转正：考评合格后定为初级，薪资根据工作能力定级初级区间内。

2. 晋级：入职半年后可申请中级考评，考评合格后定级中级档差区间值，入职一年后可申请高级考评，考评合格后定级高级档差区间值。

(1) 主管及以下员工转正定级及格分为 90 分。

(2) 经理级及以上管理干部定级及格分为 80 分。

3. 考评定级必须逐级评定，不得跳级评定，即：初级（1 档）—中级（2 档）—高级（2 档）。

4. 晋升条件：入职满半年，且每月综合考评为合格者，可参加岗位竞聘。

(1) 岗位竞聘报名须提交岗位竞聘演讲稿件，参加竞聘演讲，由竞聘领导小组组织参加评审。

(2) 内部员工参加岗位竞聘薪档必须达到本级高级第 5 档，参加同级职位岗位竞聘可直接报名，竞聘职务随晋升职位而定级。

(3)凡综合考评未达成目标者，均不可参与竞聘上岗、升级。

第十一条 薪酬调整。

薪酬调整分为整体调整和个别调整。

1.整体调整：指公司根据国家政策和物价水平等宏观因素的变化、行业及地区竞争状况、公司发展战略变化以及公司整体效益情况而进行的调整，包括薪酬水平调整和薪酬结构调整，原则上每年调整一次或根据实际情况不调。

2.个别调整：主要指薪酬级别的调整，分为定期调整与不定期调整。

薪酬级别定期调整：指公司在年底根据年度绩效考评结果对员工岗位工资进行的调整。

薪酬级别不定期调整：指公司在年中出于职务变动等原因对员工薪酬进行的调整。

3.薪资调整时遵循：由薪资评定小组评定，分管领导签字报总经理签批即可；同时薪资评定小组组成人员为：分管领导、薪酬主管、用人部门经理、其他高管人员（涉及副总薪资调整时增加）。

第十二条 员工享有公司福利。

1.社保、员工活动、员工培训、聚餐、生日礼金、节日礼金等。

2.公司实行包吃包住，员工免费享受公司一日三餐。

3.公司员工免费泡温泉，住宿及就餐享有八折优惠。

4.工龄工资补贴：

(1)在公司工龄满一年发放工龄补贴，发放基数100元/月，每满1年增加100元，以此类推，5年封顶，另见工龄工资发放办法。

(2)工龄工资按年度发放，即每年6月1日至次年5月30日为一年度，发放时间在次年6月20日，每年6月1日前入职的员工，纳入次年工龄工资发放范围，每年6月1日后入职的员工，工龄工资纳入再下一年度发放。

(3) 月病事假超过3天者，当月无工龄工资。

(4) 凡中途离职、辞退员工均无工龄工资。

5. 奖励：

(1) 因完成约定项目优秀者。

(2) 因合理化建议被采纳者。

第十三条　薪酬保密。

公司所有人员对薪酬负有保密职责，不得打听其他员工或散布个人有关薪资方面的消息，非因工作需要不得将企业薪酬信息透漏给任何第三方或公司以外的任何人员。违反薪酬保密相关规定的一律视为严重违反公司劳动纪律的情形。

第四部分　附　则

第十四条　解释权、修改、废除权。

该制度的解释权属公司总经办，该制度的最终决定、修改和废除权属公司所有。

第十五条　实施细则。

本制度未尽事宜及相关实施细则，由该公司行政办公室与各部门共同补充，由总经理核准后实施。

第十六条　实施时间。

该制度自签发公示之日起实施。

6.3.2 薪酬管理表格范例

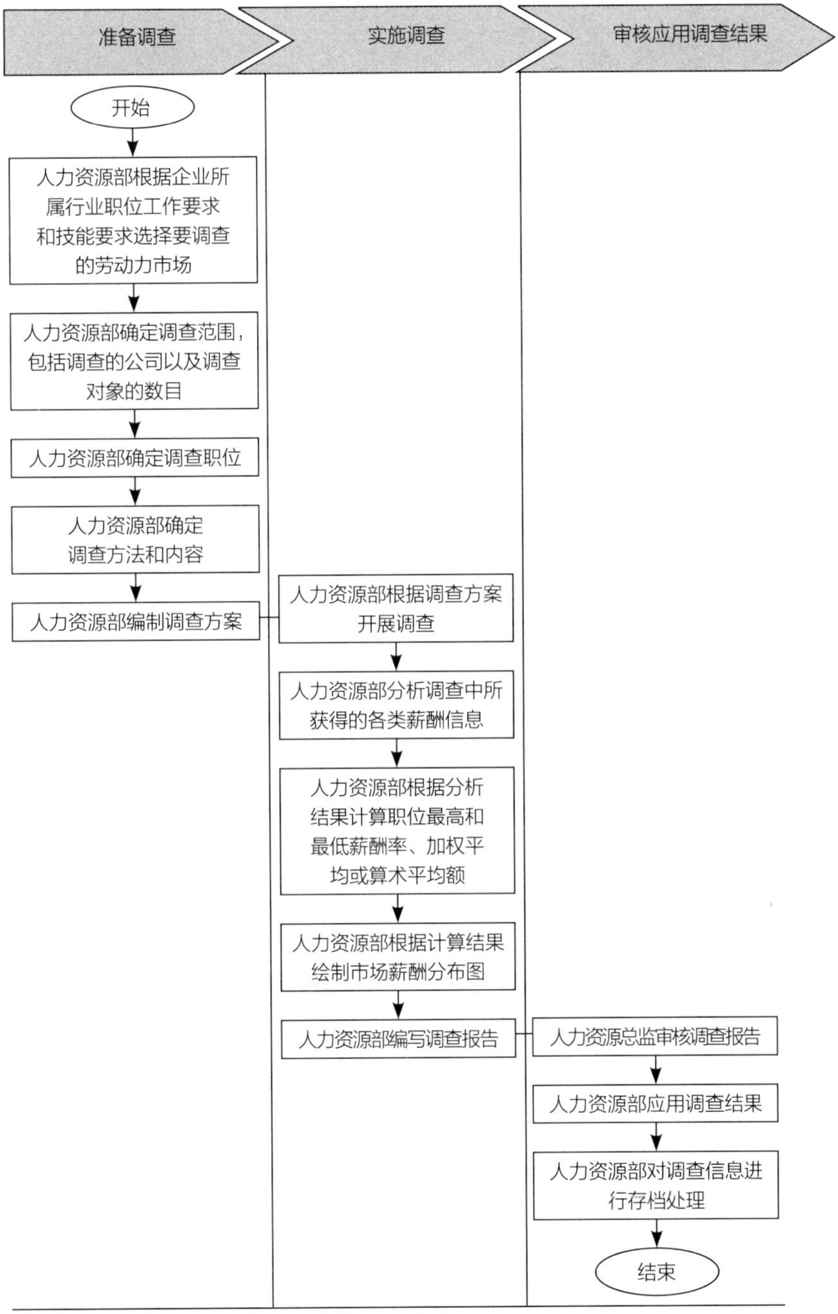

图 6–3　薪酬调查流程图

表 6–12　薪酬调查问卷表

调查对象基本信息							
姓　名		年龄		性别		入职时间	
所在部门		职务		学历		毕业院校	

企业资料	
贵企业所属性质	□外商投资　□民营企业　□股份制企业　□国有企业　□其他（请注明）
	注：若是外商投资，请选择
	□外商独资企业　□中外合资企业　□中外合作企业
所属行业	□加工制造业　□纺织服装业　□ 医疗卫生业　□酒店餐饮业　□其他（请注明）

企业成立时间		企业注册资金		企业员工人数	

薪资状况
1. 您目前的年薪　□ 1 万～ 2 万元　□ 2 万～ 3 万元　□ 3 万～ 5 万元　□ 5 万元以上
2. 您的薪资构成

薪资的组成	所占总薪资的比例

3. 各部门及人员薪酬状况（年薪）

生产部门	部门经理	□ 2 万～ 3 万元	□ 3 万～ 5 万元	□ 5 万～ 8 万元	□ 8 万元以上
	中层领导	□ 1 万～ 2 万元	□ 2 万～ 3 万元	□ 3 万～ 5 万元	□ 5 万元以上
	一般员工	□ 1 万元以下	□ 1 万～ 2 万元	□ 2 万～ 3 万元	□ 3 万元以上
研发部门	部门经理	□ 2 万～ 3 万元	□ 3 万～ 5 万元	□ 5 万～ 8 万元	□ 8 万元以上
	中层领导	□ 1 万～ 2 万元	□ 2 万～ 3 万元	□ 3 万～ 5 万元	□ 5 万元以上
	一般员工	□ 1 万元以下	□ 1 万～ 2 万元	□ 2 万～ 3 万元	□ 3 万元以上
人力资源部门	部门经理	□ 2 万～ 3 万元	□ 3 万～ 5 万元	□ 5 万～ 8 万元	□ 8 万元以上
	中层领导	□ 1 万～ 2 万元	□ 2 万～ 3 万元	□ 3 万～ 5 万元	□ 5 万元以上
	一般员工	□ 1 万元以下	□ 1 万～ 2 万元	□ 2 万～ 3 万元	□ 3 万元以上
财务部门	部门经理	□ 2 万～ 3 万元	□ 3 万～ 5 万元	□ 5 万～ 8 万元	□ 8 万元以上
	中层领导	□ 1 万～ 2 万元	□ 2 万～ 3 万元	□ 3 万～ 5 万元	□ 5 万元以上
	一般员工	□ 1 万元以下	□ 1 万～ 2 万元	□ 2 万～ 3 万元	□ 3 万元以上

续表

4. 福利待遇	
（1）体检	
新员工入职，是否为其提供健康检查	□是　□否
每年是否定期为员工提供健康检查	□是　□否
（2）社会保险	
社会养老保险	每月交纳（　　）元
社会医疗保险	每月交纳（　　）元
失业保险	每月交纳（　　）元
生育保险	每月交纳（　　）元
（3）假期	
除了国家规定的法定假日外，公司是否还提供其他节假日，若有，请注明：	
（4）其他	
5. 您觉得您所在企业的薪酬水平在同行业处于何种水平：□较低　□中等　□偏高	
6. 您对目前的薪酬满意吗？	
7. 您对本次薪酬调查的建议	
非常感谢您的合作，祝您工作愉快	

表 6–13　员工调薪记录表

部门名称：　　　　　　　　　　　　　　　　填写日期：　　年　　月　　日

姓名		年龄		性　别	
编号		职务		入职时间	
调薪原因	□试用期转正　□调职调薪　□晋升调薪　□年度调薪　□其他				
调薪具体情况	内容	调薪前		调薪后	
	职称				
	职位等级				
	基本工资				
	津贴数额				
	奖金数额				
人力资源部意见					
总经理签字					
调薪生效日期					

表 6–14　员工奖金核定表

本月营业额		本月净利润		本月利润率		
可得奖金		调整比率		应发奖金		
奖金核定	部门	姓名	职别	职务	核发奖金	备注

奖金核定标准	本月净利润 / 万元	可得奖金 / 元	本月营业额 / 万元	目标利润提高比率 /%
	10	0	400	0
	10 ～ 20	200	400 ～ 500	10
	20 ～ 30	400	500 ～ 600	20
	30 ～ 40	600	600 ～ 700	30
	40 ～ 50	800	700 ～ 800	40
	50	每增 10 万元增加 200 元	800	50

表 6–15 员工津贴申请单

班别： 津贴类别：□加班 □夜勤 □其他 申请日期： 年 月 日

姓名	工作时数	姓名	工作时数	补津贴具体事实

表 6–16 特别休假申请单

申请日期： 年 月 日

部门		姓名		职务			入职时间	
班组		编号		职称			职务代理人	
休假日期	自___年___月___日 星期___						共___天	
	至___年___月___日 星期___							
到职日期	___年___月___日 星期___							
全年特别休假天数								
已请特别休假天数								
本次申请天数								
尚余休假天数								
审核结果	班组意见		部门意见		人事意见		总经理签字	

表 6–17 员工保险月报表

序号	姓名	编号	工资总额	医疗保险		养老失业保险		其他保险	个人合计	企业合计	备注
				个人缴纳	企业缴纳	个人缴纳	企业缴纳				

表 6–18 员工福利金申请表

单位名称： 部门名称： 填表日期： 年 月 日

申请人姓名		职 位	
进入企业时间		入职时间	
申请事项	申请金额	申请说明	
短期残障			
长期残障			
人寿保险			
死亡福利			
休假期支付			
探亲费用			
退休费用			
职工储蓄计划费用			
员工福利总计			
部门意见			
人力资源部门意见			
财务部门意见			
主管领导意见			

表 6-19 员工活动补助申请表

单位名称：

申请部门		预计开始与结束日期	
参加者名单			
活动名称		领队	
活动目的			
活动地点			
活动内容			
自付费用		申请补助费用	
主办部门意见			
人力资源部门意见			
财务部门意见			
领导意见			

填表人： 填表日期： 年 月 日

7 绩效管理：激发员工的内在潜能

7.1 企业绩效管理落地实操

7.1.1 绩效管理的基本概念

20 世纪 70 年代后期，随着管理领域的专家学者对绩效研究日渐深入，以及缺乏管理系统支持的绩效评价短板越发凸显，绩效管理应运而生。到 20 世纪 80 年代后半期时，大量企业将绩效管理纳入人力资源管理系统中，使人们充分认识到了绩效管理在企业发展过程中扮演着不可取代的关键角色。

◆ 绩效管理的演变与发展

企业绩效管理的发展经历了三个阶段，如表 7–1 所示。

表 7–1　绩效管理的演变与发展

绩效管理的演变	具体内容
财务导向阶段	该阶段的理论基础是“利润最大化”，企业绩效管理的重点在利润方面，所以这种企业绩效管理又叫“财务型”绩效考核管理，只能反映结果，无法反映过程，无法对驱动因素做出科学评价，更无法使企业战略落地
目标导向阶段	该阶段的理论基础是彼得·德鲁克的目标管理（MBO），所以这一阶段的企业绩效管理又称为“目标型”绩效管理
战略导向阶段	该阶段的理论基础是“平衡计积分卡”，企业将关注重点放在了社会责任与员工发展领域，强调企业内外实现协调发展，所以，这一阶段的企业绩效管理又称为“战略型”绩效管理

“战略型”绩效管理是企业绩效管理的发展趋势，所以，绩效指标可以参考企业战略设定，借这种能充分体现战略思想的绩效指标激发员工工作的积极性，使企业战略全方位落地，让企业员工不要过度关注眼前利益，而是将关注重点转向长期目标。如果企业能按照心理学规律制定目标，汇报、评价指标，企业的绩效管理就能达到预期效果。

◆ 绩效管理的基本概念

绩效的含义非常广泛，处在不同的境况下，绩效的含义也不同。从字面意思上理解，绩指的是业绩，也就是工作成果；效指的是效率，也就是工作过程。由此，我们可以认为绩效 = 结果 + 过程，或者绩效 = 实际结果 + 预期结果。

目前主流的绩效管理理念包括以下几种，如表 7–2 所示。

表 7–2　绩效管理的理念

主流理念	具体内容
绩效管理是管理组织绩效的系统	该观点是对 20 世纪 80 年代和 90 年代的管理思想、观念及应用进行整合，更多地将绩效管理归属为战略或事业规划的范畴，强调绩效管理直接决定了企业的战略规划，并借助组织结构、技术事业系统与程序得以落地

续表

主流理念	具体内容
绩效管理是管理员工绩效的系统	该观点强调绩效管理是组织对个体工作业绩与发展潜力进行考核评估，并根据结果给予奖惩，具有明显的周期性
绩效管理是管理组织和员工绩效的综合系统	该观点强调绩效管理是一种管理组织和绩效考核的综合体系。所谓“绩效考核”，是指按照预先设定好的标准，采用合理的方法对员工的品德、能力、工作成绩、工作态度等内容进行综合评定，对其工作业绩与工作潜力做出科学判断的管理方法。对于人力资源管理来说，绩效管理是核心事项；对于绩效管理来说，绩效评价是关键环节，是通过对绩效指标进行考核体现出来的

绩效考核效果在很大程度上取决于绩效考核指标的设定，绩效考核指标是指“通过明确绩效考核目标的单位或者方法，对承担企业经营过程及结果的各级管理人员完成指定任务的工作业绩的价值创造进行判断的依据”。比如员工绩效考核指标就是用科学的方法，结合组织特性对员工的品德、工作绩效、能力和态度进行评定，从而确定其工作业绩与潜力。

绩效考核指标具有导向、凝聚、约束、竞争作用。先是明确工作目标，然后是对员工行为进行规范，通过对资源的整合利用聚集工作重点，最后通过考核指标将员工的工作潜能激发出来。

7.1.2 绩效管理的主要作用

在工作过程中经常会遇到这种情况，某项工作没有达到预期的成果，甚至引发了不良后果，于是所有与这项工作有关的人都开始推卸责任，极少有人会率先想到解决问题，弥补损失。就像那个“油瓶倒了该谁扶”的问题，一个小小的问题可以有无数种答案。

有人认为：油瓶倒了我来扶，虽然不是我的责任，但我要主动解决问题。

有人认为：油瓶倒了找人扶，谁碰倒的谁扶。

有人认为：油瓶倒了谁也不用扶。

有人认为：油瓶倒了可以先不扶。

之所以会出现这种情况，就是因为企业的绩效考核只注重结果，忽略了工作开展过程中个人的表现，而且绩效考核指标的制定需要几个部门通力完成，所以一旦某个指标没有完成，部门之间就可以相互推卸责任。

绩效管理的实施有一个很重要的前提条件，即让每位员工都明确自己的工作目标。为此，企业不仅要明确员工的角色和其所处的地位，还要保证所有工作都有专人负责，所有人都有工作可做。除此之外，企业还要制定可以对个体员工的努力程度进行衡量的指标，对员工的努力程度进行量化，从而对其他员工产生激励、鞭策作用。

具体而言，绩效管理的作用主要体现在以下几个方面，如表 7-3 所示。

表 7-3　绩效管理的作用

主要作用	具体内容
强化企业目标意识	很多企业会为自身制定发展战略，明确企业未来的发展方向、短期及中长期目标等，然后结合企业自身实际发展情况及对外部市场环境现状分析及趋势预测，制订系统的年度经营计划、投资计划，并明确年度经营目标。各部门对企业年度经营目标进行分解，确定各部门的年度业绩目标，然后再进一步分解为岗位业绩目标，在这个过程中，组织成员的战略目标意识也将得到有效加强
提高企业质量管理	在对组织绩效进行量化考核过程中，我们可以从质量和数量两个角度入手，从而提高企业的质量管理水平。绩效管理能为企业管理者提供实施 TQM（Total Quality Management，全面质量管理）的有效工具与技能，使 TQM 逐渐内化为组织文化

续表

主要作用	具体内容
推动组织结构调整	在开展绩效管理过程中，必然会涉及组织结构的持续优化调整，比如，组织扁平化、充分授权、组建项目小组、实行轮岗制等，长此以往，也将改变企业的管理思想与管理风格
增强员工学习能力	某种程度上，我们可以将绩效管理理解为企业的人力资本投资。得益于绩效管理的实施，员工可以快速高效地对自身的工作成果进行量化考核，这将促使员工不断增强自我能力，树立长期学习甚至终身学习的组织文化
建立绩效导向的企业文化	绩效管理是一种由内而外发生作用的管理方式，而企业文化是影响组织成员工作表现的关键内部因素，是绩效管理过程中需要借助的有效工具。绩效管理将会在企业内部树立以绩效为导向的企业文化氛围，变革传统企业普遍存在的“重资历、轻能力”的企业文化，激励优秀人才充分发挥自身的价值，同时，绩效管理强调组织成员高效沟通、协同合作，这将有助于企业树立沟通合作的企业文化

7.1.3 绩效管理的认知误区

许多企业管理者对绩效管理存在一些误区，具体如图 7-1 所示。

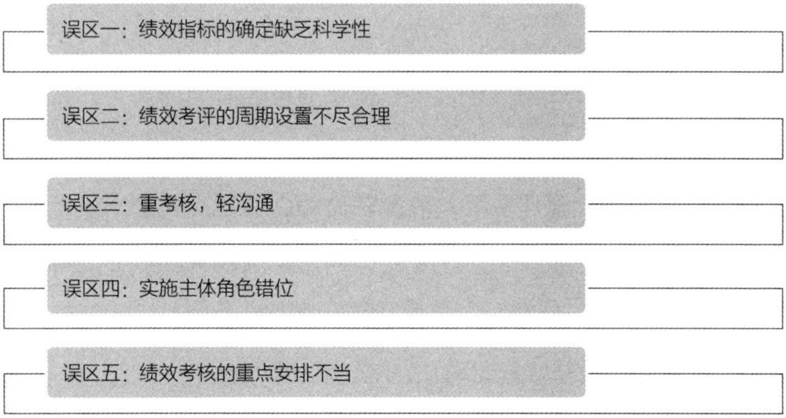

图 7-1 绩效管理的认知误区

◆误区一：绩效指标的确定缺乏科学性

在绩效管理过程中，绩效考评是核心环节，其根本目的在于解决问题。绩效考评定位对绩效考评的实施有着直接影响，定位不同，绩效考核的实施方法也不同。而有的企业只注重绩效考评的实施，忽略了绩效考评定位，导致绩效考评无法达到预期效果。

企业的绩效指标有很多，但在评价任务绩效方面只设定了一个经营指标，过于单一，导致评价结果不准确。而且企业设定的评价指标大部分都是评价性描述，不是行为性描述，对评价者的主观感受有着较强依赖，导致评价结果不太客观。绩效考核会直接影响考核对象利益，很容易引发纠纷，大部分管理者本身对绩效工作存在一定的抵触情绪，此时，还要让他们填写不被他们认可的绩效考核表，这将进一步加重他们的负面情绪。

◆误区二：绩效考评的周期设置不尽合理

评价周期指的是多长时间做一次评价，大部分企业都将评价周期设定为一年，也有企业将其设定为半年、一个季度、一个月。评价周期过短或者过长都会使绩效评价失去意义，所以企业最好根据自己的实际情况设定评价周期。

想要让绩效管理取得预期效果，需要通过长时间的努力，从诸多实践案例来看，绩效管理发挥作用的时间成本和企业基础管理水平存在直接关联，完善的绩效管理系统，需要较高的企业基础管理水平，而提高企业基础管理水平绝非一朝一夕之功。同时，绩效管理并非万能的，不能解决企业面临的所有问题，所有组织成员应该对此有清晰的认识。

◆误区三：重考核，轻沟通

绩效管理强调员工与管理者的双向沟通。一个完整的绩效管理体系涵盖的内容非常丰富，包括设定绩效目标、记录员工的绩效表现、期终绩效考评、合理运用绩效考核结果，可以概括为计划、执行、考核、反馈。可见，反馈、沟通是绩效管理非常重要的一个环节，企业不能只注重考核，忽略沟通，否则绩效考核除了奖惩之外毫无意义。

◆误区四：实施主体角色错位

很多人都认为绩效管理是人力资源部门之责，应该由人力资源部门全权负责。因此，在实际工作过程中，高层管理部门只是下达指示，具体的绩效管理工作全部交给人力资源部门负责，效果如何由人力资源部门一力承担。事实上，这种工作安排非常不科学。虽然人力资源部门应当是绩效管理的实施主体，但不能所有的工作都交给这一个部门负责。

◆误区五：绩效考核的重点安排不当

很多企业的绩效考核只注重结果，一旦出现问题，各部门、各员工就会相互推诿，而不是想办法进行补救。如果一个组织的关注点是责任而不是改善，这个组织就很难有光明的未来。所以，在企业绩效发生问题时，大家要关注如何改善绩效，而不是划定责任。虽然遇到问题划定责任是人们的惯性思维，但如果在问题发生时所有人都专注于划定责任，而不是解决问题，弥补损失，绩效管理的目标就永远无法达成。

综上，企业高层领导也好，人力资源部门也罢，既是绩效管理的推行者，也是被考核对象，必须正视绩效考核工作，对企业资源进行有效整合，对人力资源进行优化，赋予企业持久的核心竞争力，让企业在市场竞争中立于不败之地。

实施绩效管理是企业界的主流趋势，广大国内企业需要充分认识绩效管理的内涵与作用，结合企业实际情况有序、稳步推进绩效管理工作，善于从案例中总结借鉴，逐步提高绩效管理水平，不断强化企业市场竞争力。

7.1.4 绩效管理的五项内容

绩效管理系统是企业实现战略目标的重要保障，绩效管理水平越低，意味着企业实现战略目标的成本与难度越高，成功率越低。如何将企业的绩效管理系统和战略规划相结合，从“战略绩效”角度出发，科学把握企业管理系统之间的协同关系，持续强化企业的战略执行力，是企业界面临的时代课题。

战略绩效管理强调打造基于企业战略的绩效管理系统，是一项需要企业长期投入大量资源的系统工程，完善的绩效管理系统由以下五项内容构成，如表 7–4 所示。

表 7–4　绩效管理系统的五项内容

绩效管理系统	具体内容
明确公司战略	公司战略涵盖了企业愿景与使命、企业核心价值观、业务战略、智能战略、战略内外部环境等多项内容。只有先明确公司战略，才能设计出服务于公司战略的绩效管理系统，确保企业各项活动开展都围绕企业战略进行，最终在企业内部建立战略中心型组织
建立绩效管理系统	绩效管理系统由绩效考核内容设计（比如，KPI 设计）、绩效计划、绩效实施、绩效考核、绩效反馈等多个环节构成。在战略绩效管理制度的支持下，企业可以对一个循环周期内的个体、部门及组织绩效进行考核，考核结果将直接影响员工的薪资待遇、人事调整、下一周期战略目标等
组织协同	组织协同可分为纵向协同和横向协同两大类，纵向协同强调公司、部门及岗位目标的纵向一致性，也就是通过对公司目标进行纵向分解来确定部门及岗位目标，这需要企业对组织架构进行系统梳理，确保上下级高效协同交互；横向协同强调跨部门目标或平行岗位目标之间的协同配合，从流程视角上进行跨部门目标分解，这需要企业做好业务流程的持续优化完善
构建岗位胜任力模型	结合组织业绩目标和员工岗位业绩目标，建立任职资格系统与能力素质模型，为提高员工及企业战略执行力奠定坚实基础
培育绩效导向的企业文化	在这个过程中，尤其需要做好绩效辅导与绩效反馈工作，这不但能体现企业的人性化，还能促进员工全面发展，进而推动企业发展

7.1.5　战略绩效体系的设计

既然战略绩效体系对企业发展如此重要，我们又应该如何设计企业的战略绩效体系呢？具体而言，企业战略绩效体系设计应该遵循以下步骤，如图 7–2 所示。

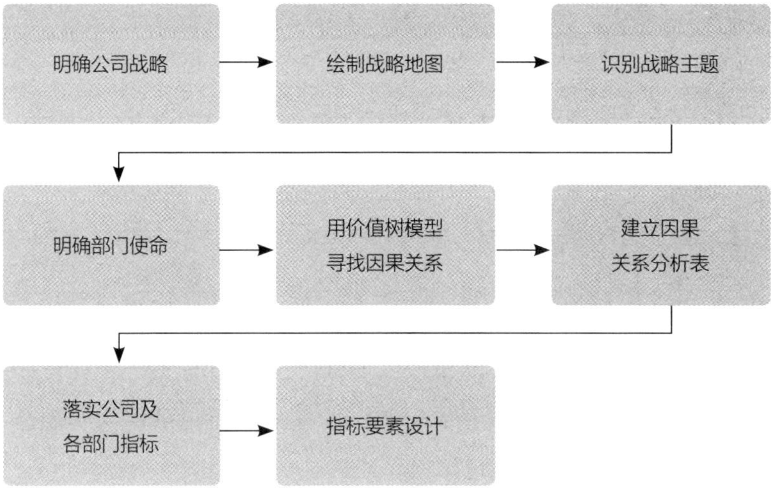

图 7–2　战略绩效体系的设计步骤

◆第一步：明确公司战略

对公司战略进行系统梳理，将确认战略问题视作公司战略的一项核心工作，具体操作方法如表 7–5 所示。

表 7–5　明确公司战略的操作方法

操作方法	具体内容
描述企业任务系统	任务系统是企业使命、愿景、核心价值观、战略总目标等的集合体： （1）企业使命，企业在经济、社会中扮演的角色，能够创造的经济价值与社会价值； （2）企业愿景，企业未来期望自身发展成为一个怎样的组织，是一个需要企业长期奋斗才能实现的目标，体现了整个组织的未来愿望； （3）核心价值观，企业判断是非的重要依据，是所有组织成员行为与决策要遵循的基本原则； （4）战略总目标，是企业使命具体化呈现，代表了企业发展过程中要实现的重要目标
明确发展战略诉求主题	发展战略体现了企业业务范围、现有业务组合及未来拓展规划、采取收缩或增长型发展战略、专注于某一领域或多元化经营、如何定位产品、目标客户及市场等

续表

操作方法	具体内容
明确竞争战略诉求主题	竞争战略体现了各个业务单元要如何参与市场竞争，比如低成本、差异化、集中突破等
明确职能战略诉求主题	职能战略体现了企业提高自身市场竞争力的手段，尤其注重实操性、可行性，可以从研发、采购、生产、营销、物流、人力资源、财务等多个环节着手提高企业市场竞争力

任务系统具有一定稳定性，是一段周期内企业要实现的目标。虽然发展战略需要持续优化，但其整体方向在一定周期内不会发生明显改变；竞争战略则要结合具体情况动态调整；职能战略可以理解为实现公司战略与业务战略需要采用的具体手段。

◆第二步：绘制战略地图

绘制战略地图是指对企业战略涉及的一连串假设进行分析，将其转化为一系列具体因果关系链，并基于因果关系链描绘战略地图。战略地图绘制方案是利用价值树模型对企业战略目标由上到下，遵循财务、客户、内部运营、学习成长四个维度的逻辑关系进行逐层分解，当然，可以用 KPI 取代企业战略目标，不过，大部分企业的 KPI 在该时间节点尚未制定完成。

将企业平衡计分卡中的多种衡量性目标纳入一条因果关系链中，是战略地图的重要价值，它使企业期望达成的目标与影响这些目标实现的关键因素相关联。战略地图使企业战略目标之间的因果关系实现可视化，它通过对平衡计分卡四个层面的目标进行集成，描绘公司战略，并提供实现战略的有效途径。具体操作方法如表 7–6 所示。

表 7–6　绘制战略地图的操作方法

操作方法	具体内容
财务层面	企业各项活动开展能够带来的财务结果，是公司为股东创造价值的直接体现

续表

操作方法	具体内容
客户层面	企业如何通过满足内部客户及外部客户需求推动组织发展
内部运营层面	企业应该建立怎样的经营流程体系，在吸引并留住目标客户的同时，创造较高的经营利润
学习成长层面	为了实现战略目标，员工、部门及组织需要具备怎样的能力等

虽然平衡计分卡提出者哈佛大学教授罗伯特·卡普兰（Robert Kaplan）与诺朗顿研究院（Nolan Norton Institute）的执行长大卫·诺顿（David Norton）强调上述四个层面的目标都应该设计 4 ～ 7 个指标，但在管理实践中，往往用 2 个指标即可较为精准地描述平衡计分卡的四个方面目标，因此，出于成本控制与提高效率的考虑，将指标数量控制在 3 个以内即可。

◆第三步：识别战略主题

职责分析法（Function Analysis System Technique，FAST）是战略主体识别的常用手段。企业价值链涵盖产品研发、生产经营、市场营销、采购供应、客户服务等多项重要环节，同时，还包括 IT、法律、财务、企业文化、人力资源、行政后勤等多项辅助环节，这提醒我们在识别战略主题过程中要统筹兼顾，将其逐层分解至各部门，并从中寻找推动战略主题与目标实现的关键因素。

◆第四步：明确部门使命

对战略主题进行逐层分解，具体化为部门战略主题的过程中，需要明确部门使命，从而为实现公司与部门利益一致奠定坚实基础。明确部门使命时，需要和各部门管理者进行充分沟通协商，这样才能得到各部门的认可与支持。对于部门使命，认识到以下三点尤为关键，如表 7–7 所示。

表 7–7　明确部门使命

序号	具体内容
1	部门使命并非简单地将部门职责进行堆砌，而是要体现部门职责与目标、工作范围与具体内容等
2	部门使命应该结合企业战略目标制定，为战略目标实现提供推力
3	从部门使命中，我们可以找到部门存在的意义与价值，在组织中的角色定位与职能等

需要指出的是，对企业价值链流程进行优化完善，以及组织架构的系统梳理，也是在该步骤完成的。

◆第五步：用价值树模型寻找因果关系

也就是通过价值树模型理清组织内部流程和战略主题间的逻辑因果关系。价值树模型在分析因果关系链方面有十分良好的实践效果，它能够让我们方便快捷地找到流程和战略主题间的逻辑关系。

具体策略为，先找出公司战略地图中的衡量性目标，然后是与之对应的关键绩效指标，之后是驱动这些指标的关键流程，最后是关键流程绩效指标。同时，明确战略主题、战略主题关键绩效指标、关键驱动流程分析、关键流程绩效指标等内容。

在价值树模型的支持下，我们可以快速找到不同指标间的因果逻辑关系，并将指标纳入平衡计分卡内，这就意味着战略地图描述从此前的“以目标描述”转变为“以指标描述”。

◆第六步：建立因果关系分析表

利用价值树模型建立因果关系后，结合价值树模型图中为我们提供的结果性指标（也称滞后性指标）或过程性指标（也称驱动性指标）的对应关系，可以将结果性指标或驱动性指标填入因果关系分析表中。

◆第七步：落实公司及各部门指标

部门是推动公司战略落地的重要主体，为各部门确定指标时，需要运用平衡计分卡理论，同时设计月度、季度、年度指标，强调公司战略实现结果的同时，也注重实现过程。有些指标需要从公司层面进行考核，有些指标则需要从部门层面进行考核，通常来说，年度指标等结果性指标适合从公司层面进行考核，而月度、季度等过程性指标适合从部门层面进行考核。

◆第八步：指标要素设计

公司性指标或部门性指标都是借助具体岗位中的员工实现的，所以，岗位性指标要素设计扮演着十分关键的角色，是战略绩效体系设计的重点工作，为此，我们需要结合组织层级及职位序列，并充分考虑公司战略、部门职能、岗位职责及业务流程，当然，确保员工付出一定努力可实现考核指标也尤为关键。

指标要素设计的工作内容主要包括设计岗位绩效考核表和设计考核指标内容两大组成部分，如表 7-8 所示。

表 7-8　指标要素设计的工作内容

指标要素设计	具体内容
设计岗位绩效考核表	不同公司对该表的具体命名存在一定差异，比如，有的公司将其称为岗位目标责任书，有的公司将其称为绩效合约，还有的公司则将其称为 KPI 协议书等，设计过程中要将定量指标 KPI 和定性指标 GS（Goal Setting，工作目标设定）及能力素质指标 CI（Competency Indicator，能力素质指标）相结合
设计考核指标内容	具体涵盖责任人、指标设定目的、指标名称、指标编号、指标定义、数据来源、考核周期、考核指标权重分配、考核指标计分方法、考核评分标准等多种内容

7.1.6 绩效管理的实施流程

◆绩效管理的四个环节

一个完整的绩效管理应该包括四个环节，即计划、管理、评估和反馈，具体如表 7–9 所示。

表 7–9　绩效管理的四个环节

四个环节	具体内容
计划	整个绩效管理过程从计划绩效开始。新一轮绩效管理开始之后，企业上下通过讨论制定绩效目标，对员工负责的工作内容、工作完成时间、要达到的效果等问题进行明确，并以协议的方式呈现出来
管理	在整个绩效管理期间，管理人员保持与员工的沟通，及时发现问题、解决问题，帮助员工提升个人绩效
评估	在绩效管理结束时采用科学的考核方法对员工绩效进行评估
反馈	在绩效管理结束时，管理人员、上级领导就绩效考核结果与员工面谈，有针对性地对其进行指导，实现报酬反馈

绩效考核与绩效管理不同，它只是绩效管理的一个环节。根据绩效管理的相关原则，所有部门都要制定自己的绩效目标，在实施绩效管理的过程中及时发现自己部门存在的问题，将问题消灭在萌芽期，以免造成不可估量的损失，保证本部门的绩效目标可以顺利完成，不要造成损失后再追究责任。如果各部门都能完成自己的绩效目标，企业总体的绩效目标自然也能完成。这样一来，企业就能在市场竞争中保持优势。

◆实施绩效管理的四个阶段

绩效管理的实施大致可分为以下四个阶段，如表 7–10 所示。

表 7–10　实施绩效管理的四个阶段

实施阶段	具体内容
第一阶段	确定绩效管理目标，在此阶段要注意三点：第一，让员工知晓企业的发展战略；第二，让员工参与设计绩效计划；第三，绩效考核指标要做到定量、定性
第二阶段	对于该阶段来说，沟通是重点，只有做好沟通才能让员工了解企业的经营目标、经营现状，才能让员工对个人目标进行调整，使其与企业目标相协调，明确努力方向，让管理者目标与员工目标达成一致，增进管理者对各项工作的了解，方便其在日后执行过程中做好监督、控制与协调工作

续表

实施阶段	具体内容
第三阶段	这一阶段，企业要对员工在过去一段时间的表现进行评价，评价内容包括工作行为、工作成果。在此之前，企业可以要求员工进行自我评估，然后由上级领导综合员工的自我评估结果和之前制订的绩效计划对员工绩效做出科学评价
第四阶段	这一阶段会生成最终的绩效评价结果，在这一结果正式生效前，企业管理者必须就评价结果和员工进行一对一沟通。沟通的目的有两点：第一，让管理者和员工都认同最终的绩效评价结果，尤其要让员工接受这个结果；第二，对于绩效评价结果不好的员工，管理者可以通过沟通帮其找到原因，通过制定绩效改善计划帮其在下一个绩效周期提升自己的绩效。同时，对于员工来说，这个过程还有利于其对职业生涯进行规划和设计

7.2　绩效考核的设计与构建

7.2.1　绩效考核的设计原则

在绩效管理中，绩效考核是非常重要的组成部分，绩效管理的目的在于不断提升组织绩效、员工能力和企业的核心能力。绩效考核是对一项工作的开展结果进行评价，而绩效管理则是提升管理水平的重要工具，可以不断地发现问题、解决问题，提升自身素质，提高组织管理绩效。如果管理者可以对这种工具进行灵活使用，就能让绩效考核发展为绩效管理。

通常情况下，绩效考核指标的设计应当遵循以下几个原则，如表7–11所示。

表7–11　绩效考核的设计原则

设计原则	具体内容
与组织目标一致	绩效考核指标必须与组织的战略目标保持一致，否则两者各自为政，不能相互协调、相互支持，会使企业的整体绩效受到不良影响。所以，在设计绩效考核指标之前，相关人员必须明确企业总的战略目标

续表

设计原则	具体内容
可量化	绩效考核指标要做到可量化，也就是数字化，不能出现“比较好”“还不错”等模棱两可的词汇，否则考核结果就会失去准确性、参考性
可实现	绩效考核指标不能设定得过高，必须是经过努力可以实现的。为此，绩效考核指标的目标值必须结合员工的个人情况、所在岗位情况、历史情况进行设定
突出重点	绩效指标的设定要有重点，不能过于宽泛，指标之间必须具有相关性，可以对员工行为起到有效的引导作用。绩效指标的数量最好在 5 个左右，不能太多，以免增加管理难度，引发员工不满，无法对员工行为起到引导作用；也不能太少，以免无法将职位的关键绩效水平反映出来
可控制	出于激励目的也好，出于学习目的也罢，绩效指标都必须做到可控。很多因素都会对工作绩效产生影响，不可控因素的影响越大，就越容易导致绩效指标信息歪曲，员工自身的努力就越难体现出来，最终导致员工个人努力产生的作用和外在因素造成的影响难以区分。所以在制定绩效考核指标时要尽量将那些不可控因素剔除出去，对员工贡献做出科学评价
公平性	绩效考核指标设计要具备足够的措施，保证结果公平、公正

7.2.2 绩效考核指标的依据

一般来说，一个绩效考核指标有三个依据，分别是公司目标、岗位 / 部门职责、上级 / 客户期望，具体如表 7–12 所示。

表 7–12 绩效考核指标的主要依据

主要依据	具体内容
公司目标	公司目标是在企业发展战略和业务重点的基础上形成的，该目标确定后要向各业务部门逐层分解，落实到业务部门形成业务指标，落实到职能部门就会形成工作计划。之后，再将部门指标、计划落实到具体的岗位，形成岗位考核指标。通过对部门指标、部门计划的完成情况进行考核，个人目标、部门目标就能和公司战略目标建立紧密联系
岗位 / 部门职责	岗位 / 部门职责是在工作分析的基础上形成的，一个部门需要完成的工作有很多，这些工作有的是必须完成的，有的是应该完成的，有的是适合完成的。绩效考核指标的设定就是要找到必须完成、应该完成的工作，通过提炼、加工将其打造成可考核的指标。这些工作在部门负责的所有工作中的占比要超过 80%。一般情况下，职能部门的日常行政管理、业务支持等工作的目标无法直接通过公司经营目标体现出来，其绩效指标主要体现在岗位职责中

续表

主要依据	具体内容
上级 / 客户期望	有些部门工作是上级领导交办的，更多工作是为客户提供服务的，所以，绩效指标的设定必须对客户期望、上级领导的期望进行综合考虑

7.2.3　绩效指标的构建思路

一般来讲，绩效系统涵盖了制定系统、执行系统、员工培养系统、信息交流系统，前面两个系统称为“双闭环”，后面两个系统称为“软保障”。

“双闭环”指的是有两个循环：从纵向上看，指标从上到下层层分解，同时，岗位指标对上级指标起到了支持作用，上下指标相互作用形成因果关系，从而形成一个闭环；从横向上看，绩效指标从制定、执行到评价又形成一个闭环。这两个闭环既相互独立，又相互联合，实现了对绩效指标的动态管理，所以称为“双闭环”。

“软保障”指的是以科学的测量和指标分解为手段，通过良好的沟通氛围的营造和员工素质的提升使绩效得以有效提升。企业绩效管理“软保障”的构建需要着力打造两个系统，一是员工培养系统，二是信息交流系统。

◆绩效指标的构建思路

绩效指标的构建必须先提取关键绩效指标，使员工的关键绩效指标与企业的战略目标保持一致。从纵向上讲，关键绩效指标的设定需要从上到下对绩效指标进行层层分解，保证绩效指标能真正落地；从横向上讲，关键绩效指标的设定需要业务部门、业务单位、职能部门相互协调，共同商讨。具体来看，关键绩效指标的构建需要遵循以下思路，如表 7-13 所示。

表 7-13　绩效指标的构建思路

构建思路	具体内容
确认关键成功要素	明确部门或个人的重点业务，找出会对公司产生影响的个体因素或组织因素。只有找到关键成功要素，对其进行定性描述，为关键绩效指标的制定提供依据，才能让关键绩效指标具体化，对关键绩效指标的测定产生积极影响
建立评价指标	在明确关键成功要素之后，要将每个职位的业务标准确定下来，对成功的关键因素进行定义，也就是重点业务开展需要的策略手段，简单来说就是建立评价指标。对关键成功要素进行评价可使用四大指标，分别是数量、质量、成本、时限。数量指标主要包括生产量、销售额、利润率、客户保持率、客户开发率等；质量指标主要包括准确性、创新性、耐用性等；成本指标主要包括成本节约率、投资回报率、折旧率；时限指标主要包括及时性、推出新产品周期、到货时间等。只有对关键成功要素进行科学考评，才能得出更有意义的结果
再次建立评价标准	在建立了评价指标后，就要确定绩效衡量尺度，也就是绩效评价标准。一般来讲，绩效评价标准解决了从哪些角度着手对关键绩效指标进行评价，评价“什么”的问题。标准描述的是员工在每一个指标层面应达到的水平。只有确定了评价标准，才能对员工的绩效完成情况做出量化评定，判断其是否达到了要求
确定数据来源	创建一个科学的信息来源系统，确定获取评价员工绩效的数据来源。数据来源一般分为两种，一种是客观的数据记录，另一种是自己的主观评价，这两种数据来源各有优劣，关键在于面向需要考核的岗位，采用合适的方式方法采集信息

7.2.4　绩效指标体系的构建

现阶段，企业在构建绩效指标体系的过程中经常出现以下几个误区，如表 7-14 所示。

表 7-14　绩效指标体系的构建误区

主要误区	具体体现
在理念层面	企业构建绩效指标体系的目的不明确，指标定位不准确；仅遵循“德、能、勤、绩”四大原则，缺乏创新；一味地追求面面俱到和公平公正，使绩效考核缺乏针对性，导致绩效考核结果失真
在技术层面	企业构建绩效指标体系的目标和标准缺失，没有科学理论做指导，大部分都是静态指标，动态指标比较稀缺
在执行层面	员工对绩效指标体系理解不深刻，其他部门不配合，权责不明

人力资源专家魏钧教授提出：绩效指标的构建可用“三段目标，两期工程”进行概括，其中“三段目标”指的是接受绩效指标、应用绩效指标、推动绩效指标发展，“两期工程”指的是初步构建绩效管理体系，全面应用绩效管理评估结果。整个过程始终要以战略目标为导向，构建科学合理的指标体系，解决绩效指标混乱问题。

首先要确定公司关键业绩指标的方向正确。一般情况下，公司绩效评价周期为一年，所以公司每年都可以根据公司的战略规划对绩效指标进行调整，以此为基础对影响公司 KPI 的工作事项进行逐层分解，构建公司的 KPI 指标库。

其次是提炼部门 / 岗位的关键绩效指标。年初，公司各个部门要根据公司 KPI 指标库制定本部门的 KPI 计划，形成年度业绩责任书。各部门在制订自己的 KPI 计划时，不仅要和部门月度 KPI 对照，还要和公司 KPI 对照，通过对比分析提炼出岗位 KPI。

公司要通过这个过程将员工的关注点吸引到公司战略目标的实现方面，通过实际工作将战略落实下去，让所有员工都明白自己所处位置、所做工作的重要性，从而激励员工努力工作，不断提升自己的业绩水平。

7.2.5 绩效指标的分解工具

◆利用财务工具分解运算关系

利用财务分析工具对绩效指标进行分解，比如杜邦分析评价法及能反映财务关系的公式：

资产报酬率 = 销售净利率 × 资产周转率

销售净利率 = 利润率 / 销售净收入

通过财务运算分析很容易发现指标的因果关系，完成绩效指标体系的构建。比如国家电网提出“一强三优”，其中一个“优”指的是“资产优良”，这个绩效关键点可以分解出很多财务指标。

◆利用关键成功要素分解相关关系

首先对关键成功要素进行分析，然后将其落实为关键业务指标，通过对相关关系的探寻构建整个指标体系。通过这个过程，不仅绩效指标得以分解，还实现了对整个管理流程关键点的深入思考，使绩效管理目标得以有效实现。

◆用鱼骨图分解因果关系

用鱼骨图分解因果关系，如图 7–3 所示。

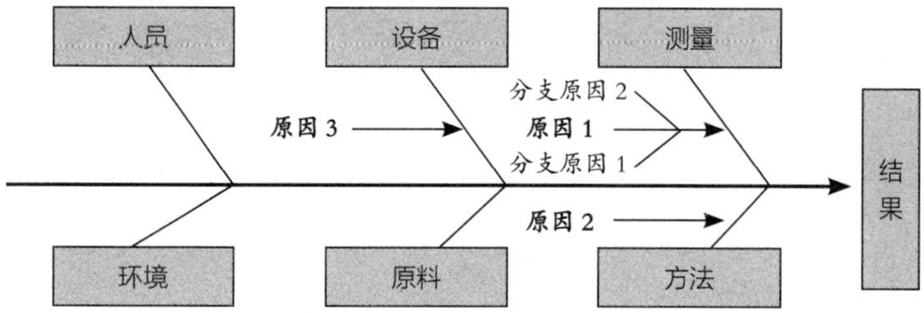

图 7–3　用鱼骨图分解因果关系

如图 7–3 所示，首先要从设备、人员、方法、环境、原料五个维度对绩效指标进行一级分解，然后再使用同样的方法对绩效指标进行二级分解，以此类推，最终完成对绩效指标的分解。

7.2.6　建立目标卡与指标库

从本质上看，目标卡就是绩效考核发展为双向互动的过程，可视为一份协议书。从功能层面来看，目标卡与智慧库存在较大差异，目标卡标注的是需要员工和主管协商确定的内容，智慧库标注的是可按照流程操作的内容。在实践过程中，目标卡的构建可能会出现以下问题，比如缺乏定量标准，定义不明确，无法开展指标管理，等等。

为解决上述问题，必须对目标卡的设计与操作进行规范，合理安排目标卡的字段，对目标卡的填写做出合理规定。除此之外，公司还要对目标卡与数据库的用途做出明确区分，做好各项指标的数据库管理工作，使目标卡的内容一目了然，信息充足有效。

一般来讲，一个目标卡主要由表头、表格、标注等内容构成，其中表头主要填写员工所在部门、就职岗位、实践情况等信息，表格主要填写工作模块、指标名称、考核标准、权重、等级、参考分数、主管评分、备注等内容。

对于目标卡的设计来说，表格内容的设计是关键。其中，工作模块要反映所描述岗位的核心职责；考核标准体现了量化要求；权重要能引导员工将注意力转向重点工作；等级要与考核标准相对应，等级靠前属于正向激励，等级靠后属于负向激励；参考分数要对等级做出科学的量化描述；主管评分要求主管给出一个客观的分数。考核实现量化之后，彼此之间就无须太多监督。

为保证目标卡规范有效，公司要对目标卡的填写做出规定，引导员工正确使用目标卡，将目标卡在辅助员工思考问题、解决问题等方面的作用切实发挥出来。

相较于目标卡来说，指标库拥有的指标信息更全面、更丰富。每个岗位都有很多指标，而且这些指标在不断变化，需要指标库进行有效管理。为能将指标信息全面反映出来，指标库要留出充足的字段，对指标的分管领导、岗位所在部门、岗位名称、指标属性、关键业绩领域、指标名称、指标定义、计算公式、指标收集、指标来源、指标核对、统计周期、统计方式、评价分数、相关说明等内容做出详细说明。

指标库管理有两个非常重要的功能，一是查询，二是统计。对于数据库管理来说，指标设计意义重大。

7.2.7 绩效指标的提炼方法

在绩效管理的各项工作中，岗位绩效指标提炼是一项基础工作，如果方法得当，这项工作就能事半功倍，之后的绩效管理工作也能更加顺畅，从而达到预期效果。在实践过程中，岗位绩效指标提炼经常出现一些问题，比如评价主体不当，主管全权负责；指标权重分配不当；等等。为防止这些问题出现，公司要对客户群体进行细分，科学划分评价主体，开展多元化评价，保证评价结果客观有效。

岗位绩效指标提炼还可以利用现有的“工作分析”和“岗位说明书”进行，这种提炼方法叫作“于用完达”表述法，即在一定时间期限内用一定的成本资源完成一定数量的工作，达到预期的质量标准。为防止指标权重分配失衡，指标缺乏挑战等问题出现，在提炼岗位绩效指标的过程中，公司可以对指标的重要程度进行排序，设计三级指标体系，然后对其进行分解。

下面以“于用完达”表述法为例，对岗位绩效指标提炼进行阐述。

格利波特提出绩效管理四分法，提倡从质量、成本、数量、时效四个层面对绩效进行评定。在具体的绩效考核实践中，可以用一种固定的表达方法将这四个方面的内容表述出来，即在什么时间内用多少资源做多少事，达到什么样的质量标准，等等。这种方法就是“于用完达”表述法。

以工资及统计岗位为例，该岗位的一大职责就是工资计划管理，用“于用完达”法描述该岗位的关键绩效指标，具体如下：第一，在每月

15 日，通过与财务部沟通、协调共同完成纳税计划，达到一次通过报批的标准；第二，在每月 30 日，使用财务系统制作工资表，达到一次通过的标准。使用“于用完达”法将这两项工作内容提炼出来，充分体现了绩效的四大原则。

除此之外，在具体的时间操作中，权重设计也是一大难点。如果只根据主管的意见设计各绩效指标的权重，设计出来的方案很有可能无法得到员工的认可；如果邀请员工参与设计，又很容易出现争执不休的情况，为了维护个人利益，员工很有可能增加简单指标的权重，降低复杂指标的权重。为了防止上述问题出现，绩效考核指标权重设计可以放弃赋值法，转用排序法，让主管和员工共同参与设计的指标权重更加合理。

使用排序法设计绩效考核指标权重，首先，让主管按照各项考核指标的重要性对指标进行排序，然后再由员工进行排序；其次，为排在不同位置的指标赋予不同的分数；最后，将主管意见与员工意见放在一起进行综合计算。相较于主管和员工直接讨论各绩效指标的权重来说，这种方法能有效解决权重数量方面的争论，凸显各个指标在序列方面的差别。

绩效指标设计可以采用很多方法，但要想绩效指标设计合理，切实提升全体员工的绩效水平，就必须与企业、岗位的实际情况相结合，不断探索、改进，只有如此，绩效指标设计才能合理，员工绩效水平才能不断提升，企业才能持续发展。

7.3 各岗位绩效考核表格范例

表 7–15 高级管理人员绩效考核表

部门： 岗位名称： 姓名： 考核日期：

项目		评价标准：优秀 5 分、良好 4 分、一般 3 分、较差 2 分、极差 1 分	自评分	上级评分	分管领导评分	平均分
能力考核	工作品质	服从上级指示、彻底贯彻并落到实处				
		严格遵守规章制度和业务规范				
	工作效率	能时时跟进、追踪工作，提前完成任务				
	领导能力	善于领导部署，提高工作效率，制订适当的工作计划，积极达成工作计划和目标，做事冷静、绝不感情用事				
		正确理解工作指示和方针，制订适当的工作计划和目标，对事务判断极正确，处理能力极强				
		分析决策能力强，并能正确判断处理				
		ISO 管理体系及验厂体系的执行情况				
		非常重视对储备人才的培养				
		妥善处理工作中的失败和临时追加的任务				
		善于分配权力，积极传授工作知识，引导部署达成任务，鼓励他们乐于协作的精神				
		善于上下沟通平衡协调，能自动自发与人合作				
态度考核	工作责任感	表现出维护公司利益与形象的具体行为				
		对下属的过失勇于承担责任				
	团队合作	采用合适的方式表达不同意见，与他人或部门沟通很有成效，有卓越的沟通与说服能力，且不树敌				
		参与和支持团队工作，推进团队目标的达成				
	工作态度与纪律性	奉公守法，热心工作，支持公司方面的政策，足为他人楷模				
		在人事关系方面，部下没有不满或怨言				
	品德修养	诚实守信，不搞虚假，保守秘密，不为利益所诱惑				
		廉洁自律，公私分明，自觉抵制不正之风				
		职业行为规范执行出色				

续表

考核得分	（1）（自评分 + 上级评分 + 分管领导评分）/3= 平均分，所有考核项的平均分相加 = 总分__分 （注：自评分高于上级评分或分管领导评分中最低分 1 分以上的，自评分自动失效，以上级评分和分管领导评分的平均分为准）		
出勤及奖惩	（2）出勤：迟到、早退__次 ×0.5+ 旷工__天 ×2+ 事假__天 ×0.3=__分		
	（3）处罚：警告__次 ×2+ 小过__次 ×4+ 大过__次 ×9+ 其他处罚__分 =__分		
	（4）奖励：表扬__次 ×2+ 小功__次 ×4+ 大功__次 ×9+ 其他奖励__分 =__分		
总分	考核得分 – 出勤得分 – 处罚得分 + 奖励得分 =__分		
评价等级	A +（95 分及以上） A（90 分及以上） B（80 分及以上） C（70 分及以上） D（60 分及以上）		
直接上级意见：		分管领导意见：	总经理意见：

表 7–16　基层管理人员绩效考核表

部门：　　　　岗位名称：　　　　姓名：　　　　考核日期：

项目		评价标准：优秀 5 分、良好 4 分、一般 3 分、较差 2 分、极差 1 分	自评分	上级评分	分管领导评分	平均分
能力考核	工作品质	出色、准确、无任何差错完成任务，并经常改善				
		严格遵守规章制度和业务规范				
	工作效率	工作方法正确，时间和费用安排合理有效				
		根据需要主动调整和加快速度				
		能在规则允许范围内改进方法以提高效率				
	管理能力	成本意识强烈，能积极节省，避免浪费				
		ISO 管理体系及验厂体系的执行情况				
		经常注意保持提高下属的工作积极性				
		妥善处理工作中的失败和临时追加的任务				

续表

能力考核	工作技能	具备良好的理解能力，很好地理解工作任务需求				
		具备良好的发现和解决问题的能力，及时发现问题和出现问题的原因，采取有效的措施解决问题				
态度考核	工作责任感	乐于接受额外的任务和必要的加班				
		有积极的责任心，能彻底达成任务，可放心交代工作				
	团队合作	采用合适的方式表达不同意见，与他人或部门沟通很有成效				
		与同事和协作部门保持良好的合作关系，愿与他人分享经验和观点				
	工作态度与纪律性	把工作放在第一位，努力工作				
		不仅能自觉遵守和维护公司各项规章制度，而且能以身作则为形成良好的工作秩序而努力				
	品德修养	谦虚谨慎、能自觉修正错误				
		廉洁自律，公私分明，自觉抵制不正之风				
		职业行为规范执行出色				
考核得分		（1）（自评分 + 上级评分 + 分管领导评分）/3= 平均分，所有考核项的平均分相加 = 总分__分（注：自评分高于上级评分或分管领导评分中最低分 1 分以上的，自评分自动失效，以上级评分和分管领导评分的平均分为准）				
出勤及奖惩		（2）出勤：迟到、早退__次 ×0.5+ 旷工__天 ×2+ 事假__天 ×0.3=__分				
		（3）处罚：警告__次 ×2+ 小过__次 ×4+ 大过__次 ×9+ 其他处罚__分 =__分				
		（4）奖励：表扬__次 ×2+ 小功__次 ×4+ 大功__次 ×9+ 其他奖励__分 =__分				
总分		考核得分 – 出勤得分 – 处罚得分 + 奖励得分 =__分				
评价等级		A +（95 分及以上） A（90 分及以上） B（80 分及以上） C（70 分及以上） D（60 分及以上）				

直接上级意见：	分管领导意见：	总经理意见：

表 7–17　工程技术人员绩效考核表

部门：　　　　　　岗位名称：　　　　　　姓名：　　　　　　考核日期：

项目		评价标准：优秀 5 分、良好 4 分、一般 3 分、较差 2 分、极差 1 分	自评分	上级评分	分管领导评分	平均分
能力考核	工作品质	出色、准确、无任何差错完成任务，并经常改善				
		严格遵守规章制度和业务规范				
	工作效率	工作方法正确，时间和费用安排合理有效				
		能在规则允许范围内改进方法以提高效率				
	客户及内部服务意识	倾听客户问题，努力发现，理解客户需求				
		以愉悦和友善的态度提供服务				
	工作技能	具备良好的理解能力，很好地理解工作任务需求				
		具有极丰富的专业技能，能充分完成本职工作，执行 ISO 管理体系及验厂体系				
		具备良好的发现和解决问题的能力，及时发现问题和出现问题的原因，采取有效的措施解决问题				
		能根据当前工作的特点，对现有的方法和技术做出灵活的运用，并创造性地提出新方法				
态度考核	工作责任感	肯为工作承担责任				
		乐于接受额外的任务和必要的加班				
		成本意识强烈，能积极节省，避免浪费				
	团队合作	参与和支持团队工作，推动团队目标的达成				
		与同事和协作部门保持良好的合作关系，愿与他人分享经验和观点				
	工作态度与纪律性	任劳任怨，竭尽所能完成任务				
		不仅能自觉遵守和维护公司各项规章制度，而且能以身作则为形成良好的工作秩序而努力				
	品德修养	对新工作表现出积极态度				
		谦虚谨慎，自觉修正错误				
		诚实守信，不搞虚假，保守秘密，不为利益所诱惑				

续表

考核得分	（1）（自评分＋上级评分＋分管领导评分）/3= 平均分，所有考核项的平均分相加 = 总分__分（注：自评分高于上级评分或分管领导评分中最低分 1 分以上的，自评分自动失效，以上级评分和分管领导评分的平均分为准）
出勤及奖惩	（2）出勤：迟到、早退__次 ×0.5+ 旷工__天 ×2+ 事假__天 ×0.3=__分
	（3）处罚：警告__次 ×2+ 小过__次 ×4+ 大过__次 ×9+ 其他处罚__分 =__分
	（4）奖励：表扬__次 ×2+ 小功__次 ×4+ 大功__次 ×9+ 其他奖励__分 =__分
总分	考核得分 – 出勤得分 – 处罚得分 + 奖励得分 =__分
评价等级	A +（95 分及以上） A（90 分及以上） B（80 分及以上） C（70 分及以上） D（60 分及以上）

直接上级意见：	分管领导意见：	总经理意见：

表 7–18 营销业务人员绩效考核表

部门：　　　　　岗位名称：　　　　　姓名：　　　　　考核日期：

项目		评价标准：优秀 5 分、良好 4 分、一般 3 分、较差 2 分、极差 1 分	自评分	上级评分	分管领导评分	平均分
能力考核	工作能力	正确理解工作指示和方针，制订适当的工作计划，对事物判断极正确，处理能力极强				
		分析决策能力强，并能正确判断处理				
		成本意识强烈，能积极节省，避免浪费				
		妥善处理工作中的失败和临时追加的工作任务				
		善于上下沟通平衡协调，能自动自发与人合作，有卓越的沟通与说服能力				
	客户及内部服务意识	倾听客户问题，努力发现，理解客户需求				
		对市场与竞争格局了解透彻，把握机会与开拓市场非常出色				
		对产品、材料及相关技术的掌握全面而深刻				

续表

能力考核	客户及内部服务意识	合乎组织规则地满足客户要求，提供清晰、完整的答案				
		善于与顾客沟通，且说服力强				
		以愉悦和友善的态度提供服务				
	工作技能	具有极丰富的专业技能，能充分完成本职工作				
		具备良好的发现和解决问题的能力，及时发现问题和出现问题的原因，采取有效的措施解决问题				
		具备必要的业务工作知识、技能和方法，能独立完成本岗位的工作，且常能提供改进意见				
		执行 ISO 管理体系及验厂体系				
态度考核	工作态度与纪律性	任劳任怨，竭尽所能完成任务				
		不仅能自觉遵守和维护公司各项规章制度，而且能以身作则为形成良好的工作秩序而努力				
	品德修养	职业行为规范执行出色				
		谦虚谨慎，自觉修正错误				
		诚实守信，不搞虚假，保守秘密，不为利益所诱惑				
考核得分		（1）（自评分 + 上级评分 + 分管领导评分）/3= 平均分，所有考核项的平均分相加 = 总分__分（注：自评分高于上级评分或分管领导评分中最低分 1 分以上的，自评分自动失效，以上级评分和分管领导评分的平均分为准）				
出勤及奖惩		（2）出勤：迟到、早退__次 ×0.5+ 旷工__天 ×2+ 事假__天 ×0.3=__分				
		（3）处罚：警告__次 ×2+ 小过__次 ×4+ 大过__次 ×9+ 其他处罚__分 =__分				
		（4）奖励：表扬__次 ×2+ 小功__次 ×4+ 大功__次 ×9+ 其他奖励__分 =__分				
总分		考核得分 – 出勤得分 – 处罚得分 + 奖励得分 =__分				
评价等级		A +（95 分及以上） A（90 分及以上） B（80 分及以上） C（70 分及以上） D（60 分及以上）				

直接上级意见：	分管领导意见：	总经理意见：

表 7–19　企业文职人员绩效考核表

部门：　　　　岗位名称：　　　　姓名：　　　　考核日期：　　年　　月　　日

项目		评价标准：优秀 5 分、良好 4 分、一般 3 分、较差 2 分、极差 1 分	自评分	上级评分	分管领导评分	平均分
能力考核	工作品质	严格遵守规章制度和业务规范				
		出色、准确，无任何差错完成任务，并经常改善				
		ISO 体系及验厂体系的执行情况				
	工作效率	工作方法正确，时间和费用安排合理有效				
		根据需要主动调整和加快速度				
		能在规则允许范围内改进方法以提高效率				
	工作技能	具备良好的理解能力，很好地理解工作任务需求				
		具有极丰富的专业技能，能充分完成本职工作				
态度考核	工作责任感	乐于接纳额外的任务和必要的加班				
		成本意识强烈，能积极节省，避免浪费				
		有积极责任心，能彻底达成任务，可放心交代工作				
	团队合作	与同事和协作部门保持良好的合作关系，愿与他人分享经验和观点				
		参与和支持团队工作，推进团队目标的达成				
	工作态度和纪律性	把工作放在第一位，努力工作				
		不浪费时间，不畏劳苦，交付工作能抢先完成				
		对新工作表现出积极态度				
		不仅能自觉遵守和维护公司各项规章制度，而且能以身作则为形成良好的工作秩序而努力				
	品德修养	诚实守信，不搞虚假，保守秘密，不为利益所诱惑				
		客观公正，坚持准则，实事求是				
		职业行为规范执行出色				
考核得分		（1）（自评分 + 上级评分 + 分管领导评分）/3= 平均分，所有考核项的平均分相加 = 总分__分（注：自评分高于上级评分或分管评分中最低分 1 分以上的，自评分自动失效，以上级评分和分管领导评分的平均分为准）				
出勤及奖惩		（2）出勤：迟到、早退__次 ×0.5+ 旷工__天 ×2+ 事假__天 ×0.3=__分				
		（3）处罚：警告__次 ×2+ 小过__次 ×4+ 大过__次 ×9+ 其他处罚__分 =__分				
		（4）奖励：表扬__次 ×2+ 小功__次 ×4+ 大功__次 ×9+ 其他奖励__分 =__分				

续表

总分	考核得分－出勤得分－处罚得分＋奖励得分＝__分	
评价等级	A＋（95分及以上） A（90分及以上） B（80分及以上） C（70分及以上） D（60分及以上）	
直接上级意见：	分管领导意见：	总经理意见：

表7–20　企业普通员工绩效考核表

部门：　　　　　岗位名称：　　　　　姓名：　　　　　考核日期：　年　月　日

项目		评价标准：优秀5分、良好4分、一般3分、较差2分、极差1分	自评分	上级评分	分管领导评分	平均分
能力考核	工作品质	超过定量，提前完成				
		仪容整洁，体能强健				
		ISO体系及验厂体系的执行情况				
		所做工作特别标准，在无监督情况下保持工作质量的稳定				
	工作技能	具备良好的理解能力，很好地理解工作任务需求				
		接受能力强，无须教导				
		具备必要的业务工作知识、技能和方法，能独立完成本岗位的工作，且常能提供改进意见				
态度考核	工作责任感	表现出维护公司利益与形象的具体行为				
		乐于接纳额外的任务和必要的加班				
		肯为工作承担责任				
	团队合作	与人协调无间，为工作顺利完成尽最大努力				
		爱护团体，常主动协助别人				
		以团队的利益为标准，要求并自动约束自己				

续表

<table>
<tr><td rowspan="7">态度考核</td><td rowspan="5">工作态度和纪律性</td><td>任劳任怨，竭尽所能地完成任务</td><td></td><td></td><td></td><td></td></tr>
<tr><td>不浪费时间，不畏劳苦，交付工作能抢先完成</td><td></td><td></td><td></td><td></td></tr>
<tr><td>对新工作表现出积极态度</td><td></td><td></td><td></td><td></td></tr>
<tr><td>不仅能自觉遵守和维护公司各项规章制度，而且能以身作则为形成良好的工作秩序而努力</td><td></td><td></td><td></td><td></td></tr>
<tr><td>安全意识警觉性高，处处防范</td><td></td><td></td><td></td><td></td></tr>
<tr><td rowspan="2">品德修养</td><td>诚实守信，不搞虚假，保守秘密，不为利益所诱惑</td><td></td><td></td><td></td><td></td></tr>
<tr><td>谦虚谨慎，能自觉修正错误</td><td></td><td></td><td></td><td></td></tr>
<tr><td colspan="2">考核得分</td><td colspan="5">（1）（自评分 + 上级评分 + 分管领导评分）/3= 平均分，所有考核项的平均分相加 = 总分__分（注：自评分高于上级评分或分管评分中最低分 1 分以上的，自评分自动失效，以上级评分和分管领导评分的平均分为准）</td></tr>
<tr><td colspan="2" rowspan="3">出勤及奖惩</td><td colspan="5">（2）出勤：迟到、早退__次 ×0.5+ 旷工__天 ×2+ 事假__天 ×0.3=__分</td></tr>
<tr><td colspan="5">（3）处罚：警告__次 ×2+ 小过__次 ×4+ 大过__次 ×9+ 其他处罚__分 =__分</td></tr>
<tr><td colspan="5">（4）奖励：表扬__次 ×2+ 小功__次 ×4+ 大功__次 ×9+ 其他奖励__分 =__分</td></tr>
<tr><td colspan="2">总分</td><td colspan="5">考核得分 − 出勤得分 − 处罚得分 + 奖励得分 =__分</td></tr>
<tr><td colspan="2">评价等级</td><td colspan="5">A +（95 分及以上）
A（90 分及以上）
B（80 分及以上）
C（70 分及以上）
D（60 分及以上）</td></tr>
</table>

直接上级意见：	分管领导意见：	总经理意见：

8 离职管理：如何应对离职的员工

8.1 员工离职管理操作规范

8.1.1 如何应对员工的离职

对企业来说，离职管理是一项基础工作，所以，很多企业都规范化了这一工作的流程。然而，离职管理工作并非想象的那样简单，即使建立了规范的操作流程，很多企业在面对员工离职问题时依然会感到颇为头痛。例如，一家成立10年的公司在老员工离职时就遇到了这样的问题：HR在获悉员工离职信息后，第一时间向公司总部进行了汇报，然而交接工作竟延续了三周尚未完毕。同时，老员工离职时存在情绪问题，其岗位核心技术工作交接模糊，致使新人无法快速融入工作，从而给公司造成严重损失。

做好离职管理可以有效降低员工离职风险，那么如何才能做好员工的离职管理呢？

员工离职的原因多种多样，但最主要的原因一般有两个：一是员工嫌工资太少；二是员工感到受到了委屈。当然，还有更细化的原因，比如员工出现职业倦怠、与上级产生矛盾、不满意工作环境和企业文化氛围、不适应企业的管理风格、感到工作压力大、企业缺少晋升机制、岗位待遇不公平等。为降低离职风险，企业应该提前做好离职防范，把离职隐患扼杀在摇篮中。

具体做法包括以下几点，如图 8–1 所示。

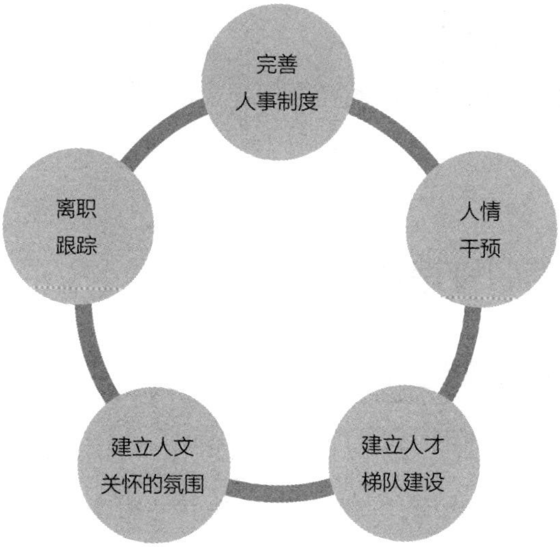

图 8–1　员工离职的五大措施

◆完善人事制度

有什么样的企业制度，往往就有什么样的企业文化。可以说，企业制度是企业文化的表达。企业员工的行为受企业制度约束，一种好的企业制度可以直接对员工行为产生积极影响。人才是企业发展的基石，做好离职管理，留住优秀员工是每个企业都必须重视的事情。

企业如何才能留住优秀员工呢？良好的工作和成长政策是人才发展的保障，所以这类政策在企业制度中必不可少。在离职管理上，人力资源部门要充分做好离职交接工作。在员工离职时，部门内部交接要详细填写交接清单，在完成清单上列明的交接工作后，要及时找部门负责人审核签字，只有离职申请，没有交接工作确认签字的员工，不能予以正常离职。

◆人情干预

很多企业都会产生员工与上级沟通不良的问题，这一问题也是员工离职的主要原因之一。如果员工与上级不能进行有效的互动交流，员工的意见无法传递给领导，也无法受到上级的重视，那么这将很容易造成员工心理上的不满。企业如果缺乏沟通渠道，员工的意见无法传达，抱怨无法发泄，他们的不满也会越来越多，最终导致离职现象产生。

而离职者对企业管理层的不满很容易会牵连到整个企业的形象问题，如员工在离职之后会在人前贬低原来的公司，这将会对企业形象造成严重损害。如何防止这类问题发生呢？最有效的做法是完善离职面谈机制，即企业人力资源部门要重视并做好对员工的离职面谈工作，挖掘员工离职的真实原因，疏导员工心中的不满，打消离职员工的顾虑，通过人情干预融洽离职者与企业的关系，实现友好、和谐离职。

◆重视人才梯队建设

企业若对人才梯队建设不够重视，往往就会在员工离职时感到猝不及防。有效建立人才梯队，分别做好管理梯队和技术梯队的调度和补充工作，能够有效应对人才流失、岗位空缺等情况。充足的人才资源储备和高效的人才梯队安排是企业良好发展的前提。

◆建立人文关怀的氛围

每个人都希望被爱，不仅包括父母、爱人、朋友的爱，还包括同事、单位和企业的爱。一个充满爱的企业往往能吸引人才的入驻，即使遇到员工离职现象，它往往也能通过平时对员工的付出挽留住有“跳槽”意向的优秀员工。所以在日常管理中，企业要格外重视对员工的人文关怀。

◆离职跟踪

离职跟踪涉及三项内容：离职手续、离职面谈和离职送别。企业在为无法挽留的员工办理离职手续时要态度温和，不能人为设置障碍。同时，还要做好离职面谈工作，具体内容如表 8–1 所示。

表 8–1　离职跟踪的工作内容

序号	工作内容
1	充分肯定离职员工以前对企业做出的贡献，感谢员工在工作期间为企业的付出
2	员工在离职时通常会放下顾虑，敢于说真话，这时向他们征询对企业的看法和意见，可以在一定程度上对改进和完善企业的管理制度提供帮助
3	向离职员工提出工作交接、离职后行为等方面的要求和希望，给曾经为企业做出过重大贡献或担任过重要职位的员工举行欢送会，以向他们表达尊重和情谊，同时还要及时建立离职人员档案以及档案转接工作

企业对离职员工的态度要开明，用人理念要人性化，一方面要提前做好员工离职的管理和应对工作，另一方面也要为离职者的未来发展提供方便，而这一切都需建立在一套完善、清晰的离职管理机制上。员工离职可能会让企业处于被动地位，但只要处理好与离职员工的关系，充分利用好员工离职背后可用的资源，就可能化被动为主动，为企业的发展提供新的支持。

8.1.2　离职管理的办理手续

◆离职办理，要注意哪些问题？

HR 要在员工确定离开时做好离职交接管理，所以就要制定一套规范严谨的交接流程。那么，在办理员工离职手续时应该注意哪些问题呢？具体如表 8–2 所示。

表 8–2 离职手续办理的注意问题

注意事项	具体内容
员工剩余年假的处理	员工在办理离职时若年假还未休完，可通过 HR 协调休完，或者由统计人员将剩余年假折合成工资进行结算
员工交接工作的处理	HR 在员工离职时要让对方签好离职单，并做好工作交接，比如返还公司的电脑、钥匙、出入证、账号等，在做好这些工作后，还要找部门负责人在离职交接清单上签字确认
工资和报销福利费用的处理	考勤部门要对离职者的报销、福利和借款等费用进行核对并为其计算出最终结算工资，在完成支付之后，还要请对方确认签字
员工通讯录和工作群管理的处理	员工离职时，HR 要同步删除其在公司通讯录、系统账号和交流群中的相关信息
开具离职证明	企业在解除或终止与员工的劳动合同时，应按照《劳动合同法》的规定，为劳动者出具离职证明。离职证明必要的信息包括：员工的工作岗位、工作年限、劳动合同的期限、劳动合同的起止日期等
“五险一金”减员，工作居住证转出	HR 要在企业的五险一金管理系统中及时做好离职员工的减员工作，同时也要做好离职者档案的移交和居住证的转出工作

◆员工离职后，还要做哪些工作？

员工离职后，HR 要做的工作主要包括以下内容，如表 8–3 所示。

表 8–3 员工离职后的工作内容

离后管理	工作内容
离职材料归档	在员工离职后，HR 要按照离职原因对员工档案进行分类管理，如果离职员工对企业仍具有价值，则需重点标注，并定期保持联系
员工流向	HR 要持续关注签订竞业协议的离职者的就业动向，督促他们遵循竞业协议和保密协议内容，及时阻止他们违反协议的行为
离职员工群	做好离职员工群是企业维持与离职人员之间关系的重要纽带，一个企业的文化不仅体现在现有的员工关系上，还体现在其与离职员工的关系上。例如，阿里巴巴、腾讯等大公司都十分注重与离职员工的关系，它们拥有完善的离职员工管理制度，而海底捞的员工在离职时可以享受企业的补贴。优秀的离职人员也可能成为企业的人才储备，管理和维护好与离职员工之间的关系不仅能为企业减少人员流失的损失，还可能给企业带来新的利益增长点

8.1.3 离职交接的操作规范

做好员工离职交接工作十分重要。员工在工作中通常会积累大量文档资料，这些资料是企业的无形资产，其中不仅有大量的企业知识和经验，还包括客户信息、工作重点等。这些资料一旦丢失就会给企业带来巨大的损失，而要想通过培养新人来重新构建这些资料不仅需要花费高昂的成本，还会浪费过多的时间。

◆资料梳理是关键

在离职工作交接时，如何才能做好资料梳理呢？这需要严格把控以下几个环节，如表 8–4 所示。

表 8–4 离职交接的资料梳理

资料梳理	具体内容
资料整理	在与离职者进行离职面谈时，人力资源部经理要明确交接工作的内容和重点，在指导员工办理离职手续的同时，督促其做好对原有工作内容的梳理和交接工作。在交接过程中，要让离职者按照要求完整填写交接表，一般来说，员工所需交接的内容包括：客户资源信息、所负责的工作任务、工作项目进度、各类书面材料和电子资料等
交接审核	离职人员在整理完交接的资料后，要第一时间在资料袋上注明资料存放方式和地点，然后再将打包整理好的资料交给其直接上级。上级负责人要对这些资料进行全面的审核，确保其准确性和完整性，其中有些跨部门进行的工作资料可以申请由协作部门共同审核
转交备份	离职者的直接上级审核完交接资料后，应由离职人员将这些资料转交给接替该岗位的新员工进行存档和备份。在这个过程中，其直接上级需要监督交接工作。交接的文件资料需要复印成三份，分别交给移交方、接收方和监交方签字确认，然后再由接收人、人事负责人和人事档案部分别进行保存

有些情况下，也可以让交接方与移交方直接进行工作交接，这不仅能提高效率，还能使接收方在工作交接过程中进一步熟悉工作岗位和具体的工作内容。不过，在交接时，离职员工的直接上级必须参与其中，并及时做好审核工作，这样可以避免出现重大疏漏。

◆交接培训不可少

作为接收方，新手员工在获得岗位相关资料后并不能快速熟悉工作内容。尽管一些新人也懂得通过阅读和学习文档资料来掌握工作方向，但简单的阅读和学习并不能让他们掌握岗位工作的精髓，许多工作的技巧、细节、注意事项、特殊情况等不能被他们快速领悟和掌握。而在现实工作中，交接工作具有急迫性，企业不能留给新员工更多的时间和精力去熟悉工作，他们在接收工作后也往往会存在各种各样的问题，比如工作没有效率、漏洞百出等。

为了快速地完成交接任务，使接收方快速掌握工作内容和要求，就需要进行相关的培训。一般来说，培训任务主要由移交方所在部门负责，交接培训的参与者至少包括移交方、接收方及其直接上级。

具体培训方案是：移交方对“打包资料”和岗位工作进行全面、细致的讲解和说明，接收方需要一边仔细阅读和学习文档资料，一边记录移交方所说的重点内容和步骤。在移交方讲解和接收方记录过程中，双方要及时进行有效的互动。接收方直接上级也要在这些过程中对移交方的讲解进行监管和把关，确保其讲解内容的准确性和全面性。在遇到讲解错误或遗漏情况时，直接上级要做好补充和纠正工作。在培训过程中，负责人也可以邀请与接收岗位工作密切相关的同事入席旁听和互动，这样有利于接收方对新岗位拥有全局观。

交接培训除了能让新手员工快速熟悉工作内容外，还能帮助员工及其直接上级就岗位工作进行一次全面的梳理和互动，从而发现其中存在的问题和弊端，有利于企业改进与变革工作的制定和实施。另外，交接培训可以保障岗位工作的连续性，确保在老员工离职后，新员工可以快速接替和胜任相关工作。

◆实操指导上手快

接收方在经过交接培训后基本可以对岗位知识和概念有一个较为全面的把握，但是知道并不一定就会操作，所谓知易行难，接收方要想完全胜任岗位工作，还需要进行一定的实操练习。

要使接收方的岗位工作不受外部因素影响，实现知行合一，就需要人力资源部门在组织离职交接时让移交方对接收方进行一定的实操指导。为提高指导效率，HR 要督促移交方把所要指导的实操内容集中在频繁且重要的工作任务上。

在实操环节，首先需要移交方明确原来岗位的核心业务，然后由直接上级确认接收方必须熟练掌握的工作内容，接收方要在移交方的指导下对岗位核心业务进行至少一遍以上的实际操作，并在操作过程中及时发现和反馈问题。在“学员”反馈问题后，“指导者”要及时予以处理，确保其能快速掌握业务的精髓。

人力资源部应严格把关交接资料、交接培训、实操指导等环节的审核工作，积极参与到抽检文档资料、定期备份离职材料、交接培训、实操指导等具体环节中去，督促各方按照规范流程和交接工作的具体要求高效、高质量地完成相关工作。

8.1.4 辞退员工的流程要点

企业有时会辞退一些员工，以满足自身发展的需要，但在此过程中，往往会引发不少劳动争议。企业辞退员工可能会对其他在职员工产生心理影响。例如，有些在职员工在见到企业辞退员工时通常会联想到自己身上，认为企业现在如何对待辞退员工，将来也可能如何对待自己。企业对辞退员工一旦处理不当，就可能损害企业的社会形象和市场形象，所以企业在辞退员工时一定要严格按照以下流程谨慎操作。具体流程要点如图 8–2 所示。

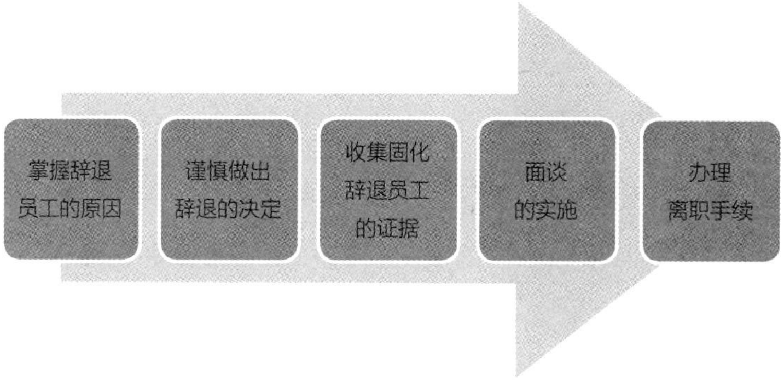

图 8–2　辞退员工的流程要点

◆ Step 1：掌握辞退员工的原因

企业辞退员工的主要原因可分为两类：一是员工犯错原因，二是非员工犯错原因。企业为保障自身发展，需要对部分员工予以辞退，这些员工既可能是一些被国家机关予以刑事处罚的员工，也可能是严重违反企业制度的员工，还可能是工作态度较差、工作能力不足和业绩不达标的员工。其中，严重违法违纪的员工可能会在企业内部形成负面示范效应，阻碍企业团队的健康发展。工作态度较差、工作能力不足和业绩不达标的员工可能会影响企业的正常发展，所以也要适当淘汰。

辞退工作的第一步是弄清辞退员工的原因，这是非常基础且重要的一步。辞退原因决定了后续工作的走向，是开展后续工作的前提和基础。

◆ Step 2：谨慎做出辞退的决定

辞退员工可能给企业带来一些负面影响，这些负面影响有的是有形的，如需要进行劳动仲裁或给予被辞退者补偿金等，也可能是无形的，比如影响在职员工的情绪、损害企业的社会形象和市场形象等。因此，在辞退员工工作上，企业应谨慎做出决定。企业在掌握辞退原因后，要进行以下思考：辞退原因是否真实？员工是否经常犯同样的错误？是否一定要辞退该员工？是立即执行，还是观察一段时间后再执行？企业辞退员工时应秉持能不辞退尽量不辞退、严格论证之后仍认为需辞退则坚决辞退等原则。

企业业务部门负责人可以决定是否辞退普通员工，有些企业还需要人力资源部协助决定是否辞退。如果员工的岗位较为关键，或者准备辞退部门主管及以上职位的员工，这时候就需要更高级别的领导签字确认。

◆ Step 3：收集固化辞退员工的证据

辞退决定一旦做出，人力资源部应在第一时间收集和整理好辞退证据，在取证过程中要坚持以事实为依据，以法律为准绳。

例如，一个试用期员工需要被辞退，企业就要拿出充分证据证明其不符合录用条件。当然，这需要企业在试用期员工上岗之前向员工出示录用条件，一般来说，企业的职位说明书就是录用条件的展现载体。职位说明书中的录用条件要具体或具备操作性。企业也可以在员工入职后制定相应的考核标准作为录用条件。

企业在收集员工不适用的证据时要客观、公正，证据不能是主观感受，而应是试用期考核结果等实实在在的书面证据。企业应提前做好相应的考核工作并让员工在考核结果上签字，这样一旦需要辞退员工，就可以直接向其出示试用期考核结果，这也是被员工认可的证据。

◆ Step 4：面谈的实施

辞退员工往往会对其造成心理伤害，这也是对当事者职业发展的沉重打击。因此，在与被辞退者进行面谈时要充分理解员工的心情，尽可能地表现出真诚的态度，不能居高临下和盛气凌人。面谈时，要多站在对方的角度考虑问题，真诚地为对方的职业发展出谋划策。

面谈人如果在离职面谈中处理不当，就可能引爆离职者的不满情绪，甚至促使对方做出过激行为，从而对自身造成伤害。因此，离职面谈需谨慎，处理方式要得当。

◆ Step 5：办理离职手续

面谈结束后，人力资源部要为员工办理好离职手续。在离职手续办理完毕后，企业要根据实际情况为离职者结算工资并支付离职补偿金，同时还要为离职者出具离职证明、转移社保和人事档案关系，从而为离职者之后的职业发展提供便利。

8.1.5 辞退员工的补偿标准

在现实的用人单位和员工之间，员工辞职和单位辞退员工都是很常见的事情。那么单位辞退员工需要补偿员工吗？法律上对此有何规定呢？

根据《劳动合同法》第四十七条规定，经济补偿按劳动者在本单位工作的年限每满一年支付一个月工资的标准向劳动者支付，六个月以上不满一年的，按一年计算，不满六个月的，向劳动者支付半个月工资的经济补偿，月工资是指劳动者在劳动合同解除或者终止前十二个月的平均工资。

对于用人单位而言，根据辞退员工需付出的代价不同分为以下四种类型：

◆需支付辞退员工赔偿的情形

用人单位违反劳动法相关规定解除或者终止劳动合同的，若员工不要求继续履行合同或者合同已经无法继续履行，用人单位应当依照法律规定向辞退员工支付赔偿金。

◆需支付辞退员工补偿的情形

根据法律规定，有下列情形之一的，用人单位应当支付被辞退员工补偿金：

（1）用人单位依照企业破产法规定进行重整，经过合法程序辞退员工的。

（2）劳动合同期满后用人单位决定不与员工续签的，但用人单位维持或者提高劳动合同约定条件续订劳动合同，劳动者不同意续订的情形除外。

（3）用人单位被依法宣告破产或用人单位被吊销营业执照、责令关闭、撤销时辞退员工的。

（4）用人单位决定提前解散时辞退员工的。

◆需提前30日通知或支付代通知金作为补偿的情形

劳动者有下列情况的，用人单位解除劳动合同只需提前30日以书面形式通知劳动者本人或者额外支付劳动者一个月工资：

（1）劳动者患病或者非因公负伤，医疗期满后，不能从事原工作也不能从事由用人单位另行安排的工作的。

（2）劳动者经过培训或调整工作岗位，仍不能胜任工作的。

（3）劳动合同订立时所依据的客观状况发生重大变化，致使原劳动合同无法履行，经当事人协商不能变更劳动合同达成协议的。

◆无须支付辞退员工补偿/赔偿金的情形

劳动者有下列情况的，用人单位可以不经通知即解除劳动合同：

（1）在试用期内被证明不符合录用条件的。

（2）严重违反劳动纪律和用人单位的规章制度的。

（3）严重失职，营私舞弊，对用人单位利益造成重大损失的。

（4）同时与其他用人单位建立劳动关系，对完成本单位的工作任务造成严重影响，或者经用人单位提出，拒不改正的。

（5）以欺诈、胁迫的手段或者乘人之危，使用人单位在违背真实意思的情况下订立或者变更劳动合同的。

（6）被依法追究刑事责任的。

8.1.6 离职员工的关系管理

◆依据价值大小划分不同等级，对离职员工实行分级管理

不同的离职员工对企业的价值也会存在差别，企业要根据价值的大小来对离职员工进行分级管理。具体操作步骤如表 8–5 所示。

表 8–5 离职员工分级管理操作方法

序号	操作方法
1	将离职员工分为 A、B、C 三个等级，依据可以是离职者对企业的贡献、影响力、职位和工作能力等
2	衡量员工的价值，然后对号入座：被动离职的员工一般划入 C 等，主动离职的员工根据价值大小分别放入 A、B 等级
3	实时监控离职人员的职务状态和技能状态，时时重新评估其价值，并对其价值等级进行动态调整
4	实行分级管理，对重点 A 类员工制定“个性化”管理策略，并保持密切联系。对 B 类员工给予生日祝福和节日问候，保持适当联系。对企业主动淘汰的 C 类员工，也需保持偶尔的联系，从而降低他们可能对企业产生的负面影响，保持企业的良好形象

◆建立离职员工数据库，保持长期联系

企业可设立专门的项目小组来进行离职员工关系管理，也可以在已有人力资源部门设立相应的管理职位，负责离职员工数据库维护工作。离职员工数据库的信息要尽量全面，可以包括离职员工的姓名、联系方式、在岗时的基本情况、离职去向、离职后的工作状况以及家庭情况等。此外，企业可以实时跟踪调查离职者的动态信息，及时更新数据库内容，确保数据库对重新开放和利用离职员工的有效性。

例如，企业可以利用数据库信息在节假日或生日时为离职人员送上祝福，表达原企业对离职者的关怀和关注；也可以通过数据库了解离职者的现状，并在适当时机“抛出橄榄枝”；还可以通过数据库定期向离职者发送公司电子刊物，邀请其参加企业庆典活动。总之，企业要利用

数据库信息加强与离职人员的良性互动，维系彼此之间的感情，增强离职者对原来企业的归属感，创造新的合作机会，实现双赢。

◆建立离职员工返聘制度，不拘形式，鼓励回来

重新聘用跳槽的优秀员工，不仅能降低用人成本，减少用人风险，还能为企业带来新技术和新经验。同时，由于这类员工经历过职业比较，其工作的稳定性和对企业的忠诚度也会大大提高。许多跨国企业都非常重视建立离职员工返聘制度，比如摩托罗拉等，我国企业也应该注重离职员工返聘制度的建立。

建立离职员工返聘制度具体包括以下步骤，如表 8-6 所示。

表 8-6　建立离职员工返聘制度的操作步骤

序号	操作方法
1	利用离职员工数据库筛选出业绩出色、能力优秀、担任过重要岗位和辞职原因合理的人员，并从中确定返聘对象
2	返聘离职人员需要一定的限制条件，HR 可以参考员工在职期间的绩效考核结果、离职时间、在职年限等来决定是否返聘，或者将之作为返聘后试用期确定的依据
3	员工返聘后的岗位一般不会低于原岗位，岗位的协调确定既需要参考员工的意愿，又需要考虑企业的实际情况
4	员工返聘的薪酬待遇要具有吸引力，除了对应的岗位薪酬外，还可以采用工龄累加、业绩累加和返聘补助奖励等方式

对企业来说，离职员工也是一种人力资源，他们的价值不容忽视。离职员工关系管理是现代企业发展不可或缺的工作内容之一。但是，很多企业对这项工作只是处于探索阶段，并没有形成完整的体系，有的甚至不能发现它的潜在价值。新一代的人力资源管理者应该用新态度、新思想来进行离职员工关系管理，努力建立并维系与离职人员的良好关系，时常给予他们关怀，充分发挥他们的潜在价值，为企业的发展提供新动力。

8.1.7 名企离职管理的艺术

◆惠普公司：握手话别，陪送“嫁妆”

如果有员工想跳槽，惠普公司通常会严格按照离职流程为决定离职者办理离职，在此过程中，面谈者既不会指责离职者，也不会强行挽留他。面谈者会表现得非常痛快、利落，不给离职员工带来任何心理负担，在员工正式离开时，惠普还为其举办欢送会，并与之握手言别。

惠普的一个离职员工说：“惠普每年都会花费巨额资金用于人才培训，不少人进入惠普其实是为了给自己镀金，他们在学了本事之后，价值也会水涨船高，就等着待价而沽了。”

惠普的管理层对企业人才的流动具有开明的态度，在他们看来，人们愿意来惠普就职说明企业对人才具有巨大的吸引力，如果员工想要离开，强行挽留留得住人也留不住心，所以不如不留。电脑企业的人员流动率普遍较高，不是所有招进来的人都能符合惠普的要求。用专业的培训系统打造出更多的人才，然后再输送到外面为社会服务，这也是惠普对社会的贡献。

◆摩托罗拉：不计前嫌，好马回头

摩托罗拉公司制定了一套完善的“回聘制度”，这使得许多离职员工可以不计前嫌，好马回头。该企业“回聘”的员工通常是那些具有企业所需的工作知识和技能且主动提出辞职的前任员工。摩托罗拉公司为鼓励优秀人才重新回来任职，制定了服务年限福利计算办法：若员工在离职后 6 个月内再次被聘用，其在职的工作年限将累积计算。如果员工离职超过 6 个月被再次聘用，企业依然会按照以前的服务年限为他提供奖励。另外，正式员工在离职后 6 个月之内再次被聘用可以免除试用期。

◆麦肯锡公司：建立“毕业生网络”

麦肯锡咨询公司将离职员工视为毕业校友，他们为此还制定了一本《麦肯锡校友录》。这本校友录详细记录了不同离职员工的信息，这些员工在离职之后，有的成了企业的CEO，有的成了单位的高级管理人员，有的成了大学教授，有的成了一方的政治家。麦肯锡的管理者认为离职者是一种特殊的人力资源，随着他们职业生涯的发展，将来很可能会成为企业的潜在客户。麦肯锡每年都会为维系毕业生网络投入大量的资金，而该公司从这一独特的投资中也获得了超出想象的回报。

◆ Bain公司：真心牵挂，人走心连

为充分利用离职员工资源，Bain公司不仅在人力资源部门设立了专门管理旧雇员关系的主管，还组织建立了前雇员关系数据库。其中，旧雇员关系管理主管的工作是跟踪离职员工的职业发展和成长变化情况。Bain公司的前雇员关系数据库中记录了北美地区2000多名离职人员的数据资料和变化情况，包括他们职业生涯的发展变化、婚姻情况、家庭状况等信息。Bain公司会定期与前雇员联系，并经常邀请他们参加公司聚会。Bain公司通过对离职员工的管理和投入，不仅树立了良好的企业形象，还赢得了大量的客户。

8.2 离职面谈流程与技巧

8.2.1 离职面谈的基本概念

每一个管理者都应该“重视人才”，这是企业管理的必修课。管理者应将“重视人才”体现在员工的入职、在职和离职的全过程中，而不是单独体现在某个单一过程中，它必须是全方位的，不能因为员工有离职意向，就将“重视人才”的理念抛诸脑后。

企业要认真对待和妥善处理好每一位成熟员工的离职。对企业来说，一名员工从入职到培养成熟所需付出的成本十分高昂，相当于该岗位工资的4~8倍。当员工离职时，管理者应做好与员工的沟通工作，并尽可能地挽回那些成熟、优秀的员工，同时，管理者也需要通过离职沟通来了解和发现企业管理中存在的各种问题和弊端。充分做好离职沟通是管理者对企业的基本责任，而要想做好此类工作，就需要认真学习好离职面谈的技巧和方法。

如何来定义离职面谈呢？离职面谈是指“企业为了解进入离职程序或已离职的员工对于企业各种内部状况的最终意见和看法而与员工进行的谈话”。

（1）离职面谈的主体既可以是已经离职的员工，也可以是自愿放弃现有工作正处于离职办理过程中的员工，但并非指有意向离职的员工。

（2）离职面谈并不是以留住员工为主要目的，而是通过与进入离职程序或已离职的员工面对面交流，了解他们对公司内部情况的意见和看法，帮助企业发现生产经营过程中的漏洞和不完善的地方，为企业管理者认清工作形势提供有用信息，帮助他们有效解决管理上的各种问题，从而使企业在不断地改进和提升中获得更好的发展。

（3）员工离职的种类有很多，这就需要管理者根据不同的离职方式采取不同的应对策略。从员工和企业的态度上来看，员工离职主要有两种类型：一是失能性离职，二是功能性离职。首先来看失能性离职。失能性离职会给企业带来较大的损失，因为企业对这类员工的评价是积极的、正面的，员工离职时，管理者常常会通过离职面谈来极力挽留他们。功能性离职通常不会损害企业效益，因为企业对这类员工的评价通常是消极的、负面的，企业对他们选择离开并不在乎，甚至极力促成这种离职。

（4）管理者应该留心观察员工的工作状态，并能够敏锐地捕捉到员工离职的相应征兆。一般来说，员工如果想要离职，通常会有以下表现：过多地抱怨公司的相关政策，对公司的态度发生转变，对工作的积极性和主动性降低，行为散漫，无视工作纪律，频繁请长假，经常迟到、早退和工作时间外出，时常向管理者询问年终奖、休假等政策。

（5）管理者对员工离职的一般原因也要做一定的了解。如果员工感到公司的晋升机会不多，薪资待遇不够合理，既没有前途，又不能被企业赏识，那么他们常常会选择离职。另外，当员工对上级不满，对工作强度不满或者对工作氛围不满，他们也可能选择一走了之。

8.2.2 离职面谈的六大价值

离职面谈的典型案例自古就有，如“徐庶走马荐诸葛”的典故。三国时期蜀国君主刘备不仅是一个出色的领导者，还是一个优秀的“离职面谈官”。刘备有一个“优秀员工”叫徐庶，徐庶“离职”时，刘备极力挽留，于是，徐庶向刘备推荐了一位优秀的“新员工”——诸葛亮。诸葛亮比徐庶更优秀，徐庶的离职对蜀国来说是一个损失，但刘备通过离职面谈将这个损失降到了最低，而且还意外收获了更优秀的人才。由此可见，从某种意义上来说，离职的员工也是企业潜在的人力资源，如果能通过离职面谈充分利用这种资源，企业不仅不会遭受损失，还可能收获良多。

具体而言，离职面谈对于公司的价值主要体现在以下几个方面，如表 8–7 所示。

表 8-7 离职面谈的六大价值

离职面谈的价值	主要体现
挽留核心员工	离职面谈是通过沟通的方式缓解企业与离职员工的紧张关系，它可以在一定程度上挽回那些优秀的、核心的员工的心，使他们重新回来工作。同时，也能为企业树立良好的形象，使那些在职的优秀员工看到企业人性化的一面，从而使他们打消“跳槽”和离职的念头
关怀离职员工	对于离职员工，即使企业不想留用他们，离职面谈也是必要的。这样做可以消除离职员工对企业的敌对意识，使他们感受到企业对自己的尊重和关怀。这样，即使他们离开了公司，也不会对企业充满敌意，更不会对外宣扬企业的不是。企业应该重视在职员工，珍惜宝贵的人力资源，职工一旦出现问题或遇到困难，要及时给予安抚和帮助。对于离职员工，企业也要提高重视程度，在他们离开之前，给予足够的关心，这样企业就能建立优良的人际关系网络，那些离职的员工尽管已经不在公司上班了，他们也会在人前竭力维护原来的“老东家”
预防不利行为	一般来说，员工在离职时往往会对公司具有各种不满。这些员工很可能会在离职后诋毁公司形象，给企业带来负面影响。而离职面谈能够在一定程度上避免此类情形的发生，使离职员工感受到原来的公司并没有想象的那样糟糕。总之，离职面试可以舒缓员工的抱怨情绪，降低离职员工对企业的敌对态度，一定程度上阻止或杜绝他们对企业发展造成不利的影响
获得真实心声	员工在离开时往往会放下顾虑，说出真话。他们可能会真实地说出对公司的看法，这些看法中除了肯定的部分，大多数是平时员工不敢说的负面部分。员工在临别之际吐露心声是一种难得的“谏言”，这些“谏言”能够充分暴露企业的不足和做得不完善之处，甚至能揭露一些“阴暗面”，若企业能重视和采纳这些“谏言”，势必会对其以后的发展带来帮助
提升公司形象	离职面谈可以显示企业对离职员工的重视，特别是对他们意见和看法的重视，这对内对外都是企业形象的加分项。企业重视和尊重人才，就可能通过离职员工之口，对外树立企业以人为本的优良形象，这将大大增加企业的人才吸引力
放眼未来合作	良好的离职面谈可以使企业与离职员工建立新的友谊，员工虽然离职了，但如果企业能继续与他们保持良好的关系，则可能会给企业带来新的客户源、新的市场机会和人才推荐机会等，有时候，一些优秀员工仍可能会在企业需要时重新回来效力

8.2.3 离职面谈的实施流程

◆离职面谈的三个阶段

（1）离职面谈的准备阶段。

HR 应对离职员工进行多方面的了解，如通过相关资料了解其性格特点，分析其离职的原因，预测其态度和情绪，掌握其近来的表现及变化，了解人们对他的评价。同时，HR 还要了解离职员工所享有的权利和应承担的责任，明确企业可能给想挽留员工的机会和福利。

（2）离职面谈的实施阶段。

第一次离职面谈：员工提出辞职要第一时间向部门经理和人力资源部反映，及时派专人与其进行离职面谈，并充分了解其离职的原因。如果企业想挽留离职员工，要尽快说明挽留意向，如果离职面谈负责人把握不准是否要挽留离职者，就需要向人力资源部反映，并共同研究和决定应对措施。

第二次离职面谈：主要负责部门是人力资源部。对于主管级以下员工的离职，企业派出的面谈者可以是人力资源部副经理，也可以是员工关系主管。对于主管及其以上级别员工的离职，可以派人力资源部经理与之面谈。一般来说，谈话者要比离职者的职位略高。面谈结束后，企业负责人应尽可能地让离职者留下联系方式，以便创造与优秀员工再次合作的机会。

（3）离职面谈的统计阶段。

记录面谈信息，检验信息真伪，提炼输出报表，制定改进措施，及时保存入档。面谈时，敏感问题最好不要当面记录，应等到面谈结束后再梳理记录。面谈人需通过与离职者上级和同事的沟通，验证离职者信息的真伪，然后客观分析出其离职动机，还要在面谈过程中将重点信息记录下来，方便日后的分析和整理。

人力资源部门需要在每个月、每个季度或者每一年的固定时间对离职面谈信息进行仔细的分析，提炼出员工流失的主要原因，测算出流失成本，形成统计报表，并在此基础上制定改进策略或提出管理制度上的建议。

◆离职面谈的实施流程

HR在面谈之前，需要充分做好准备工作，因为这决定着面谈是否能达到企业想要的效果。具体而言，离职面谈的实施流程如表8-8所示。

表8-8 离职面谈的实施流程

实施流程	具体内容
基本信息	充分了解离职者的基本信息，避免因叫错名字、弄错岗位信息等使离职者感到不被尊重
了解梳理	根据离职者的基本信息，推测其离职原因，梳理面谈的主要内容，确定交接方向： （1）转岗可能：若员工离职是因为不满意工作岗位或不适应办公环境，可根据企业情况提出转岗可能。 （2）挽留员工：若员工因一时冲动选择离职，HR要懂得疏导其情绪，并鼓励其冷静下来认真考虑再做决定，同时也要根据情况适当挽留。 （3）资源交接：若员工已确定离职，就需要确定其离职原因，听取离职员工意见，然后再进行人脉、信息等资源的交接
面谈时间和地点的安排	（1）面谈时间：一是员工提出离职时，这时安排面谈可以及时挽留员工。二是员工办理完离职手续后，这时安排面谈可以让基本无顾虑的离职者说出真话并提出有效建议。 （2）面谈地点：面谈地点要宽敞、明亮，能令人精神放松。这样可以打消离职者的顾虑，使其在轻松的氛围中自由谈论问题。同时，面谈地点还要具有隐私性，避免被他人干扰和打断
面谈人员的选择	（1）部门主管或高层领导。员工因情绪原因提出离职时，面谈要以挽留员工为目的，这时安排部门领导或高层与之面谈，可以让员工感到企业对自己的重视，从而起到挽留的作用。 （2）资深HR。大数据显示，员工离职多是由员工与上级之间发生矛盾导致的。遇到此种情况，应选择资深HR与之面谈，并向员工提出是否有转岗可能。若无转岗可能，HR可重新分析矛盾点和挖掘其离职原因。若是上级领导与员工之间存在沟通问题，HR在及时发现后可对这些领导进行相关培训

8.2.4 离职面谈的实战技巧

员工离职时多能说真话。离职面谈能让 HR 了解员工离职的原因，帮助企业改善在人员配置、团队建设以及薪酬福利中存在的问题。离职面谈是离职员工表达对公司看法的平台，也是一场正式的告别会。与离职员工进行友好的交谈不仅能维护双方的良好关系，还能为企业树立良好的形象。然而，真正能做好离职面谈的企业并不多，很多企业的离职面谈只是流于形式。

离职面谈如此重要，HR 如何才能从中挖掘有效信息呢？具体来说，在跟离职员工进行面谈的过程中,HR 可以采取以下技巧，如表 8–9 所示。

表 8–9 离职面谈的实战技巧

面谈技巧	具体内容
做好充分准备	HR 与员工进行离职沟通时，应尽量选择在休息区、咖啡厅等休闲场所，这样既能放松员工精神，又能保护员工隐私。而提前了解员工性格并做好沟通方案可有效提升沟通效率
确定沟通目标	薪资水平较低、团队相处不快、职业发展受限等都可能成为员工的离职原因。HR 在面谈之前，需要先分析和判断员工的离职原因，同时确定沟通目标。例如，员工若因为与团队不合而离职往往会表现得怨气十足，这时 HR 应通过面谈及时舒缓员工情绪，防止员工离职后损害公司形象
掌握沟通技巧	HR 在面谈过程中要扮演好多重角色，既要是一个好的聆听者，又要是一个好的记录者，同时也要是一个及时的反馈者。HR 要鼓励员工进行更多的表达，这样他才能获得更多的有效信息，同时他也要懂得聆听员工的“心声”，做好安抚工作。另外，离职面谈的沟通也要注重双向性，给予员工及时的反馈
挽留优秀人才	尽管通过面对面的沟通挽留离职员工并非离职面谈的主要目的，但 HR 依然可以通过这种方式来挽留人才，为企业减少损失。即使无法挽留人才，也能为他们留一扇门，随时欢迎他们“回家”，更重要的是，这种方式可以传达“以人为本”的理念，帮助企业吸引更多的人才
做好面谈记录	收集大量信息，形成面谈记录，提出改进计划，这是 HR 的重要责任。让同一位 HR 专职负责离职面谈，不仅便于统计离职原因和研究离职规律，也便于提出改进计划和帮助企业完善用人制度

8.2.5　离职面谈的四个原则

通常而言，HR 在与离职员工进行面谈时需要把握以下四个原则，如图 8–3 所示。

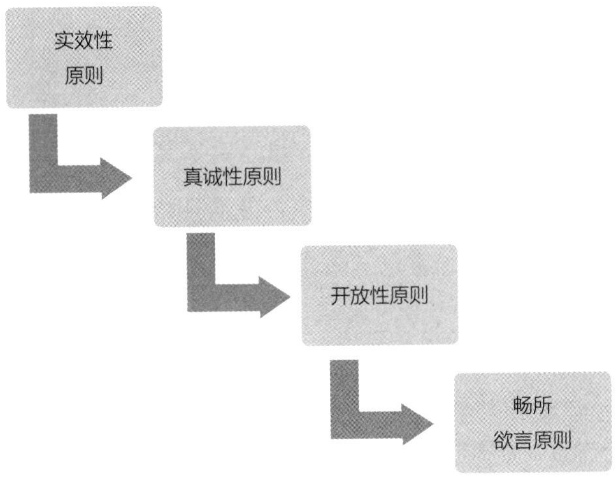

图 8–3　离职面谈的四个原则

◆实效性原则

离职面谈一般在半个小时内为宜，HR 要充分考虑面谈的实效性，不能只是与员工寒暄客套，做表面文章。离职面谈若没有深度交流，不能获得有参考价值的信息，便是浪费时间。所以，离职面谈是一件看似简单，却需要花费心思去做的事情。

◆真诚性原则

离职面谈其实是管理工作的重要组成部分，整个过程要始终坚持公平、公正、和平的原则。面谈时，不仅要了解员工心理，尊重员工感受，消除员工的不满情绪，还要尊重客观事实，以正确、恰当的方式来处理矛盾。同时，HR 应杜绝受到员工情绪影响，与之达成“共愤”，要始终以树立企业良好的文化为基准。

◆开放性原则

离职面谈过程中，HR 应多问开放式的问题，少问封闭式问题，多用“如何”“什么”的方式询问，少用“是”“否”的方式询问。要在面谈之前就准备好交流主题，选择与离职员工利益直接相关的话题。综合了解员工的辞职原因，了解其想法、意见。

◆畅所欲言原则

面谈时，企业代表应多听少说，给予离职者充分的发挥空间，不要对其施加压力，必要时可以适当引导，打消其顾虑。要明确面谈的目的是挖掘出离职者的意见、看法和关于企业问题的答案，千万不能把离职面谈变成一场训诫会。

8.2.6　离职面谈的注意事项

离职面谈要讲究技巧、思路，不能把它当作一次简单的聊天，对于需要注意的地方要给予高度重视。面谈过程中，HR 要尽量保持在第三方的立场，不要轻易发表个人看法和判断孰是孰非，语言上也要尽量客观。

（1）面谈之初，HR 要尽量缓解紧张气氛，消除离职者的对立情绪。开场要轻松，姿态要平等，自我介绍要不卑不亢。离职面谈不宜直奔主题，而应在适当寒暄后先告知对方面谈的目的及其保密性，然后等到气氛缓和或融洽之后再进入主题。另外，要记住，面谈时既不要带过多的资料，也尽量不要当面记录相关信息。

（2）进入主题时，要注意交流形式和方法，谈及离职话题时，要以倾听为主，反馈为辅。要多用“什么”“怎样”“如何”等开放式问题来发问，鼓励对方发表真实见解，从而实现面谈目的。例如：

“是什么原因使你决定离职呢？”

“公司需要怎样做才能打消你离职的念头？”

“你认为公司如何才能使你更好地发挥才能和潜力？”

HR 要注意把控面谈的时间，在与善谈的离职者交流时要引导对方围绕主题交流，如果对方偏离主题，不要强行打断，而应通过适当引导，委婉地将话题拉回来。例如：

“您说的这些问题我了解了，也非常认同您的观点，不知道您关于公司目前员工工作压力有什么样的看法？”

对于已经确定离职的员工，企业应该把离职面谈的重点放在对其的人文关怀上。HR 可以在了解员工的职业追求和计划之后，给予其适当的建议，甚至代表公司为其献上推荐信，为企业树立高尚的人文形象。

面谈结束后，HR 应礼貌地与离职者“握手言和”，同时献上美好的祝福。但也要明确，这只不过是离职管理工作的开始，而并非结束。在此之后，HR 还要根据离职面谈所采集的信息展开以下工作：

- 立刻整理并完善面谈记录，进行统一管理和归档，为以后的分析工作提供便利。
- 及时完成资源交接，包括公司人脉、信息等资源的移交。
- 定期分析离职面谈记录，提出合理性建议，完善管理工作。

离职面谈要始终围绕“以人为本”的核心理念，一方面要对离职员工给予适当抚慰，另一方面也要对优秀员工进行及时挽留。HR 应尽量减少离职给员工带来的心理影响，给予他们人性化的心理安慰，不能将离职面谈当作例行公事而流于形式，或者当作一种负担和包袱。

优良的离职面谈体系是优秀企业文化的展现，如百度的“百老汇”、阿里巴巴的“前橙会”以及腾讯的“南极圈”，它们不仅能体系化、标准化管理离职员工，还能通过离职者获得更多的资源和市场机会。

8.3 离职管理制度与表格范例

8.3.1 离职管理制度范例

【范例 1　员工离职管理制度】

第一章　总　则

第一条　为保证公司人员相对稳定，规定正常的人才流动秩序，特制定本办法。

第二条　本办法适用于本公司所有在职员工。

第二章　辞职程序

第三条　正式员工辞职应提前 30 天向其部门主管提交书面辞职申请。

第四条　试用期员工辞职应提前 7 天向部门主管提交书面辞职申请。

第五条　员工辞职申请获准后，部门主管应安排办理离职工作移交手续，对相关工作进行交接与清理，并详细填写《工作交接单》，离职资料包括：生产材料、生产工具、电子版资料、书面版资料、U 盘、合同、方案、业务联系部门的联系方式与工作进展状况及待办事项等。

第六条　到相关部门办理离职物品移交手续，并详细填写《离职物品移交单》。移交物品主要包括：公司价值在 20 元以上的办公用品、工作工具、公司工作证、名片、钥匙、其他所有属于公司的财物。

第七条　以上资料及物品交接完毕后，离职人员应到财务部进行在职期间的借款、还款等财务账目清算，主要项目包括：

1. 员工拖欠未报销或未还的公司借款或业务预付款。

2. 员工应承担的赔偿金、抵押金或罚金。

3. 其他未尽款项。

第八条　上述工作交接完毕后，请各部门主管在《离职审核表》上签字确认，行政部根据以上部门的清缴记录状况，呈交总经办签字确认，由财务部做最后的薪金结算。

第三章　解聘程序

第九条　因为违反公司规章制度达解聘程度或者是试用期被解聘的员工，用人部门应向行政部提交《员工解聘申请表》，经过相关权限部门审核批准后，由行政部提前30天通知被解聘人员离职，特殊情况经过权限主管审批后特殊对待。

第十条　被解聘人员的离职交接程序同辞职程序。

第四章　其他离职管理规定

第十一条　员工离职均应办理离职交接手续，经各部门主管签字确认后方可离职。

第十二条　员工离职工作应确保工作进展连贯、顺利。

第十三条　员工离职时，必须按照规定自提出离职之日起一个月内把所有工作交接清楚，没有按时交接的员工，赔偿公司经济损失。

第十四条　员工离职前工作交接必须由员工的上级主管或上级主管指定人员监交，交接记录要求书面化，由于交接不清楚而给公司造成的一切损失或为工作带来的不便，均由监交人和相应接收人共同负责。

第十五条　员工离职时，部门主管要及时通知该员工业务关联系统，该系统应该全力配合该员工业务的清查工作，如果没有及时清查而造成损失，由该系统主管负责。

第十六条　部门工作交接记录原件由行政部统一保存，复印件由工作接收人保存；特殊岗位的保密资料，原件要由部门主管保存，复印件由接收人保存。

第十七条　离职手续办理完毕后，离职员工即与公司解除劳动关系。

第十八条　辞职人员因为特殊原因不能亲自办理离职手续时，应寄回有关公司物品，或请人代理交接工作，但必须提供委托书及代办人身份证及复印件。

第五章　工资福利结算

第十九条　离职员工领取工资、享受福利待遇的截止日为离职生效日，情况特殊的由相关主管出具书面证明后再另行处理。

第二十条　离职员工结算款项：

1. 结算工资。

2. 应付未付的奖金、佣金。

3. 公司拖欠员工的其他款项。

第六章　附　则

第二十一条　本办法由行政部解释、补充和修订，总经理办公室讨论决定。

第二十二条　本办法自公布之日起执行，如有补充、修订，则以新办法为准。

【范例2　离职补偿协议书】

甲方：____________________有限公司

乙方：__________________________________

身份证号码：____________________________

依据《中华人民共和国劳动合同法》及相关劳动法律法规，甲、乙双方在平等自愿、协商一致的前提下就终止双方劳动合同，自愿达成如下补偿协议：

1. 甲、乙双方劳动合同关系自____年____月____日正式终止，乙方即日即正式予以离职。

2. 乙方离职后，甲方一次性支付乙方补偿金合计人民币______元（大写：______），乙方同意甲方代扣代缴乙方依法应缴的税款。该补偿金额已包括需依法支付乙方的一切补偿，含经济补偿金、双倍工资差额（如有）、代通知金、加班费（如有）等，但不仅限于上述所列的几项赔偿。

3. 本协议签订后，甲方将于乙方正式离职之日起至下一月份的__日前支付上述补偿金。

4. 甲方依本协议约定支付全部款项后，乙方承诺不再以任何理由和任何方式向甲方主张权利，否则乙方不仅应无条件返还甲方已支付的全部款项，而且须向甲方承担50%的违约责任，并且乙方不得以本协议作为其主张权利的依据。

5. 乙方还承诺保证在甲方任职期间未做出任何有损甲方权益的行为，若乙方在任职期间有损害甲方权益之行为或严重违反甲方规章制度造成甲方经济损失的，甲方有权通过法律途径予以追究乙方责任。

6. 乙方应于正式离职日前办理完毕离职交接相关手续。

7. 乙方离职后不得作出任何有损甲方公司名誉或利益之行为，否则应向甲方承担责任。

8. 本协议一式两份，甲乙双方各执一份，具有同等法律效力，本协议自双方签字盖章后生效。

甲方代表人：	乙方 ：
（签字或盖章）	（签字或签章）
年　月　日	年　月　日

8.3.2 离职管理表格范例

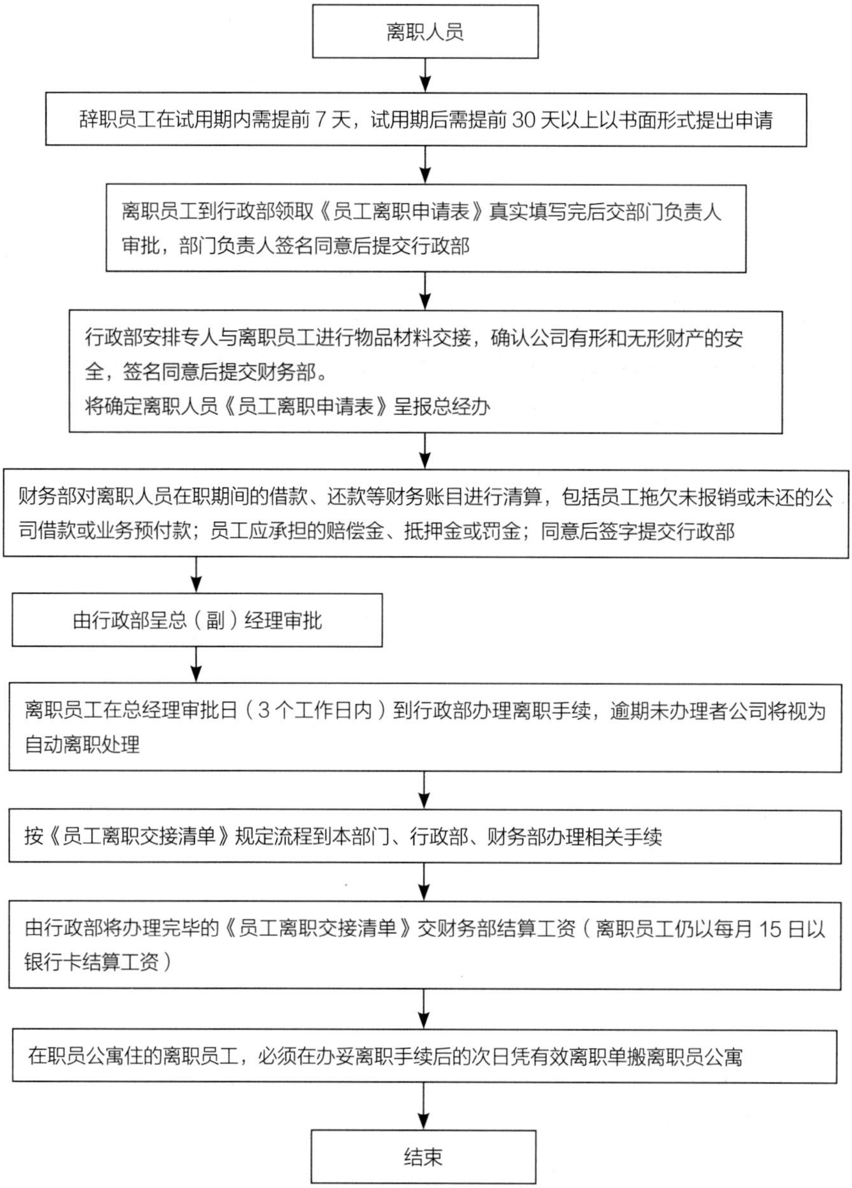

图 8-4　员工离职流程图

表 8–10 员工离职申请表

姓 名		加入时间	
部 门		职 位	
离职原因：			
离职时间：			
本部门主管意见： 签字： 日期：			
行政部意见： 签字： 日期：			
财务部意见： 签字： 日期：			
总经理意见： 签字： 日期：			

表 8–11 员工解聘申请表

姓 名		加入时间	
部 门		职 位	
解聘原因：			
解聘时间：			
本部门主管意见： 签字： 日期：			
行政部意见： 签字： 日期：			
财务部意见： 签字： 日期：			
总经理意见： 签字： 日期：			

表 8–12　离职工作交接单

移交人姓名		所属部门		岗位名称	
移交原因					

物品资料移交：

物品资料名称	接收情况	接收人	接收日期	监交人
电子版文件资料				
书面版资料				
U 盘				
合同				
方案				
业务联系部门的联系方式				
其他物资				

待办事项移交：

待办事项	当前进展状况	接收人	接收日期	监交人

表 8-13　离职物品交接单

移交人姓名		所属部门		岗位名称	
移交原因					
物品名称		接收情况	接收人	接收日期	监交人
办公用品					
公司工作证					
名片					
钥匙					
其他物资					

备注：

表 8–14　离职面谈记录表

日期：　　年　　月　　日

姓 名		部 门		岗　　位	
学 历		专 业		联系电话	
入职年限	□3个月以内　□1年以内　□1～2年（不含2年）　□2～3年（不含3年）				
入职日期			离职日期		
离职类型	□自愿离职　□非自愿离职　□协议解除劳动合同				
谈话日期		谈话方式	□面谈 □电话	谈话人	
个人在公司期间的感触和意见（请就以下问题发表个人评价）					

请参考以下评价标准

1	2	3	4	5
非常不满意	不满意	不确定	满意	非常满意
表现与公司的期望相差很大	表现没有达到公司的期望	表现一般	表现达到了公司的期望	优秀，符合公司需求

面谈测评

1. 你对公司总体的感觉怎样？	□1分　□2分　□3分　□4分　□5分
2. 你对公司为员工搭建的平台满意吗？	□1分　□2分　□3分　□4分　□5分
3. 你觉得公司所提供的各种措施是否达到你的要求？	□1分　□2分　□3分　□4分　□5分
4. 你对薪酬福利感觉如何？	□1分　□2分　□3分　□4分　□5分
5. 你认为公司为你的工作创造了良好的条件吗？	□1分　□2分　□3分　□4分　□5分
6. 你认为公司为你提供的平台可以让你的技能和专长得到正常发挥吗？	□1分　□2分　□3分　□4分　□5分
7. 你觉得公司管理阶层听取意见平等、支持、协助、包容的态度及作出的改善程度怎样？	□1分　□2分　□3分　□4分　□5分
8. 在日常工作中你的主管领导给予你支持完成和全力协助解决困难的评价怎样？	□1分　□2分　□3分　□4分　□5分
9. 在工作中你与同事合作得怎么样？	□1分　□2分　□3分　□4分　□5分
10. 你认为员工间的团队和合作意识够强吗？	□1分　□2分　□3分　□4分　□5分
11. 你认为公司为每位员工提供充分展示自我的空间如何？	□1分　□2分　□3分　□4分　□5分

续表

12. 你认为公司在以下哪方面需要加以改善（可选多项）

□公司政策及工作程序　□部门之间沟通　□上层管理能力　□工作环境及设施

□员工发展机会　□工资与福利　□教育培训及发展机会　□团队合作精神

其他：____________________

13. 若能挽留需要解决的问题？

□增加专业培训　□改善工作环境　□调整工作岗位　□解决其他问题

（可以简单描述）：____________________

____

____

14. 你即将离开公司，无论当前你的想法和心态有多么复杂，但我们仍真诚地希望你能给公司一些个人的意见

以上调查资料属保密资料，一律不允许对外公开，公司特此申明，并在此承诺！谢谢！

<table>
<tr><td rowspan="3">离职原因（人事行政部填写）</td><td>公司原因</td><td>□薪资福利差　□缺少培训提升机会
□工作环境不佳　□与同事关系不融洽
□不满公司的制度和政策　□与上司关系不融洽
□缺少晋升机会　□工作压力大
□工作量太大　□工作量太少和太枯燥
□其他：____________</td></tr>
<tr><td>个人原因</td><td>□找到更好的职位　□身体健康原因
□不续签劳动合同　□转换行业
□家庭原因　□自行创业
□继续升学（研修深造）　□其他：____________</td></tr>
<tr><td>其他原因</td><td>□自动离职　□工作不胜任岗位要求
□无偿解雇　□其他：____________</td></tr>
</table>

离职分析：

9 档案管理：让行政工作更加高效

9.1 档案管理的流程与规范

9.1.1 档案与文件的关系

《中华人民共和国档案法》对档案的定义是：档案是指过去和现在的国家机构、社会组织以及个人从事政治、经济、科学、技术、文化、宗教等活动直接形成的对国家和社会有保存价值的各种文字、图表、声像等不同形式的历史记录。那么如何将企业文件转化成档案呢？实际上这主要需要以下三个条件：

◆必须是办理完毕的文件

如果一份文件正处于承办过程中，那么这份文件便不可能作为档案。虽然这份文件具有其现行效用，但它正处于未办理完毕的状态，只有等它办理完毕之后，才可能被归于档案之中。大多数情况下，一件事情完成的时候，也正是相关文件处理程序完成的时候。但是，也存在例外情况，比如有些事情还没有处理完毕，但其文件处理程序已经完成，这种状态下的文件具有其现行效用，但也可转化为档案。所以，要想把一份文件变成档案材料，就需要在其处理程序结束之后。

◆必须是具有一定保存价值的文件

我们在工作过程中可能形成大量的文件，但这些文件并不一定都有保存价值。一些文件的现行效用会随着相关工作的结束而丧失，这些文件不能对未来工作提供帮助，也没有任何参考价值，因此没有保存的必要。所以这部分文件是需要淘汰和销毁的文件。与此同时，也有不少文件具有保存价值，它们可以为未来工作提供参考价值，所以这部分文件会被收集、整理并安全地保存下来。

◆必须是按照一定的程序集中保存起来的文件

不是所有有价值的文件都能成为档案。有价值的文件还需要经过人们的挑选和集中，并按照一定的规律和特点整合起来才能形成档案。纸质档案多由人工整理、归档，一些电子档案，除了需要人工整理、归档外，也可以通过计算机进行整理和归档。文件需要经过归档程序才能转化为档案，其本身不能自动转化为档案。

档案与文件之间具有密切的联系，但同时两者也存在重要的区别，这些联系和区别主要表现在以下几点：

（1）档案是由文件通过归档程序转化而来的，文件是档案的基础。档案与文件看起来是同一种事物，但它们却处于不同的发展阶段。文件的质量决定着档案的质量，文件是什么样的，档案就是什么样的。

（2）形成档案的文件必定是有保存价值的文件，没有保存价值的文件不能转化为档案。所以，并不是所有的文件都能成为档案。但是，文件是档案的根基，一般来说，文件中只有精华的部分才能转化为档案。所以管理者在归档时，不能把所有的文件都加入档案，同时也不能把有价值的文件遗漏在外。

（3）文件必须经过整理，即必须完成归档过程才能成为档案。不经过归档过程整理的文件，即使再有价值，也不能成为档案。所以区分文件与档案的重要标志是看其是否经过归档程序整理。

文件的取舍、挑选工作对档案的形成起着重要作用，我们应在日常工作中注意文件材料的积累和提高文件材料的质量，这也是了解档案与文件之间联系与区别的目的。

档案的载体材料形式多样，可以是甲骨、金石、纸张，也可以是胶片、磁带、光盘等。纸质材料是最常见的档案载体材料。档案的记录方法也五花八门，既可以是手写体，也可以是印刷体，还可以是刀刻的、摄影的和录音的。档案的表达方式可以是文字、图表，也可以是摄像、录音。随着互联网和电子信息处理技术的不断发展，档案的形式也不断发生变化。除了纸质档案外，以光盘、磁带等形式储存的档案也有很多。

9.1.2 企业档案管理的作用

企业组织和进行的各项活动所形成的全部档案被称为企业档案。企业档案内容的增加和更新主要受以下因素影响，如：随着企业活动和职能的不断增加，企业档案也会不断增加新的内容。或者受政策影响，如政企分开、产业结构变化、组织形式改变以及经营机制变革等，都可能影响企业档案内容的更新。内容形式上较新的企业档案包括企业资产评估、股份和债券等相关文件。

◆企业科学决策的重要依据

做好决策是现代企业科学管理的核心内容，而要想做好决策就需要首先进行科学预测。那么如何做好科学预测呢？获取全面、可靠、完整的信息流是实现科学预测的前提。企业档案记录了企业各项活动中一切有价值的过程和变化，这些有价值的信息是企业最主要、最基本的信息资源。所以，企业档案是现代企业全面进行信息管理、质量管理、成本管理、目标管理、经营管理的基础。

企业质量认证体系的运行过程都被详细、真实地记录在企业档案之中。所以，要想了解企业的质量体系是否符合规定，就需要以企业档案为依据。企业在监控产品质量的过程中，如果能利用好这些档案信息，就能及时、有效地查清质量问题发生的原因以及明确各部门应该承担的责任。

企业档案之所以重要，是因为它所解决的问题都直接或间接地与企业的经济利益相关。例如，企业做决策时，企业档案是重要的预测依据；在开发新产品时，企业档案能提供技术资源；在排除故障时，企业档案可以提供技术信息支持。企业档案不仅能为企业制定合理战略提供原始数据，还能为企业解决各类问题提供基础凭证，它是企业解决劳务纠纷、降低成本、提高产能和经济效益的保障。

◆维护企业合法权益的法律凭据

档案不同于其他文献，它是对个人历史的真实记录，具有一定的法律效用。档案不是凭空编制出来的，也不是为了某种用途而专门制作的，它是由工作活动过程中使用的文件转化而成的，是一种自然形成的东西。因此，档案记录的历史情况具有客观性，在必要情况下，它可以成为令人信服的证据。

企业在生产经营过程中，难免会遇到各种经济纠纷和劳动争议，而随着我国法律法规的日益健全，劳动仲裁过程中产生的文件材料越来越多，劳务合同、协议等与经济技术相关的材料也逐渐增多。企业档案不仅是保障企业正常生产、经营和管理的重要条件，而且是企业法人及股权所有者维护自身权益的法律凭证。

随着教育的普及，现代劳动者的素质普遍提高。因此许多劳动者都拥有较强的维权意识。在用人过程中，一些企业往往会与劳动者发生纠纷。当员工对企业产生不满或对劳动合同产生异议时，他们常常会借助网络或寻求律师进行维权操作。一方面，劳动者可能通过网络平台查询相应的法律法规，从而更加严苛地与企业计较利益得失；另一方面，一些劳动者也可能会聘请律师，为他们争取相应权益。劳动者维权意识的提高会为一些企业带来压力，督促他们避免企业人力资源管理不规范的地方。所以，HR 在执行权能的过程中，一定要严格按照规定行事，不要心存侥幸违规操作，否则，将可能会令人力资源部成为企业的“隐患”，甚至让企业遭受严重的经济损失。

人力资源部门是企业吸纳和管理人才的重要职能部门，企业的 HR 需要拥有较高的专业素质。HR 不仅要拥有较强的法律意识，还要懂得按照劳动法的相关规定去操作。在员工关系上，HR 要懂得维系好企业与劳动人员的关系，做到人性化管理；在档案管理方面，人力资源管理人员要收集和完善好员工档案，做到手续齐全、档案完整。档案资料上需要员工和主管领导签字的地方必须严格落实到位。在管理员工关系过程中，相关文件也要及时签字或盖章，以便在遇到劳动纠纷时随时提供证据。

9.1.3 员工档案的主要类型

作为人力资源管理的有力抓手，员工档案的重要性不言而喻。企业既要建立并管理好员工档案，同时也要有效利用好员工档案。做好员工档案管理和利用工作不仅能够极大地降低用工风险，避免劳动纠纷，同时还能规范用人制度，提高人力资源管理水平。另外，企业人才选拔和人才职业发展也都有赖于员工档案的有效管理和利用。

员工档案管理涉及各个人事管理环节，包括员工入职、转岗、培训、调级、离职等。所以，企业要做好人事管理，首先要从档案管理入手。这就要求人事管理部门要严格按照流程办事，需要填写资料的地方要按要求填写资料，需要签字或盖章的地方要按规范签字或盖章，从而建立严格的员工档案管理制度。严格的员工档案管理制度能规范人事管理的整体流程，使企业人事管理向着专业化、标准化的方向迈进，所以它是企业人事管理的推进器。

一个完善的员工档案库就相当于一个全能的人才选拔数据库。每一位员工从入职的那天起，他的学习、发展、调级、晋升形成的相关资料都会被列入这个档案库，这将对企业的人才选拔、人才发展、人才规划等关键工作起到举足轻重的作用。

若能建立这样的人才数据库，那么企业在对人才的评估、评测、选拔和任用等工作上就有了详尽的历史数据为依据，而不是通过某位领导的主观判断或者一面之词。有了分析判断的客观基础，企业便能够保障人才选拔、人才规划和人才发展的科学、公平和高效，所以，完善的员工档案是企业人才发展的“护航者”。

在进行员工档案管理时，管理者需要明确员工档案资料的具体内容，那么，哪些资料是员工档案中不可或缺的内容呢？具体如表 9–1 所示。

表 9–1　员工档案的主要类型

主要类型	具体内容
基础入职类档案	基础入职类档案所涉及的内容主要分为三个部分：人员的招聘资料、面试资料和入职资料。具体包含员工简历、身份证复印件、户口复印件、学历学位证书复印件、上家公司离职证明书、体检报告、面试评价表、入职审批表、人员信息表等
合同协议类档案	合同协议类资料是员工档案主要的组成部分，我们熟悉的劳动合同便是其中之一，此外，竞业限制协议、保密协议、培训协议等也是重要的合同协议类档案材料

续表

主要类型	具体内容
业绩考核类档案	顾名思义，业绩考核类档案就是与员工业绩考核相关的资料。多数情况下，员工进入企业后都要经历试用期，因此员工在试用期转正考核所产生的资料就是首先生成的员工业绩考核类的档案部分。企业通常会对员工的业绩进行考核，相应地就会生成月度业绩考核表、季度业绩考核表以及年度业绩考核表，这些表格资料也是业绩考核类档案重要的组成部分。另外，员工职称评定表、管理能力评估表等资料也归属于业绩考核类档案
培训学习类档案	员工在入职后通常会参加各类岗前培训或能力提升培训，包括外部培训和内部培训。由这些培训产生的培训记录、培训材料、培训成绩、培训证书复印件等资料都属于员工的培训学习类档案
职位异动类档案	员工在职期间所涉及的提薪、晋升、调岗等产生的资料都属于职位异动类档案，具体包括员工薪资调整的审批和证明材料、员工职位级别调整的审批和证明材料、企业内部岗位调动形成的审批材料和证明材料等
行政奖罚类档案	行政奖罚类档案涉及企业对员工的奖励和惩戒内容，包括企业对员工的奖励书面材料和行政处罚书面材料。同时，员工的离职审批和交接材料也属于此类档案

9.1.4 档案管理的工作内容

人力资源管理人员的主要工作是建立并维护员工档案。从员工入职的第一天开始，人力资源管理人员先要为他们建立档案，员工的档案资料需包括员工入职后转正、岗位变动、薪酬调整等内容。人力资源管理人员需要在员工入职后的一周内将新员工的相应资料全部整理归档。

员工的档案需要保持更新状态，这有利于保障档案的时效性。一般来说，员工需要按照公司要求每年在固定时间填写新的员工登记表，大多数企业的填表时间集中在每年的 3 月。员工在准确填写完最新的员工登记表之后，由人力资源管理人员重新整理，并将之与原登记表一起归档保存。

为了方便查询，档案管理人员需要按照公司各部门编号将员工档案分类管理。在统一归档时，档案管理人员需要及时更新《档案存放登记表》，建立《员工档案目录》。另外，在员工辞职或被辞退后，档案管理人员还要及时将这些员工的档案从原部门提出，并单独予以保管。

员工档案的保密工作是档案管理的重要内容之一。由于员工档案中包含员工个人及家庭信息等资料，一旦泄露就可能损害员工的隐私，所以档案保密工作需严格执行。若非工作需要，任何人不得随意翻阅、泄露员工档案内容。在工作需要时，HR 经理可以对员工档案进行查阅，各部门经理可以对本部门员工档案进行相应查询，其他人要查阅或查询员工档案需要经人事部门经理同意。

人事部门对员工档案管理的具体工作内容包括以下几个方面，如表 9-2 所示。

表 9-2　档案管理的主要内容

序号	主要内容
1	公司人事部要及时收集并整理员工资料，包括考察内容、考核材料、培训资料、奖惩信息等内容，确保员工档案的完整性
2	人事管理专员在收集、整理和归档员工资料后，需要第一时间在档案袋上详细填写员工的姓名、所属部门以及档案资料清单等内容，同时按照档案材料分类目录的相应顺序对员工档案进行排列，人事管理专员一方面要注重员工各种资料的分类装订，另一方面也要准确注明相关材料收集人的姓名
3	档案管理人员需按照部门编号对员工档案进行统一管理，在完成员工资料归档之后，需及时更新《档案存放登记表》，并建立《员工档案目录》，这样有利于工作需要时及时、有效地查询员工资料。此外，辞职、辞退员工的档案应该及时提出并单独保管
4	员工的档案需做到材料真实、字迹清晰、手续完备，这就要求公司各部门要对所有归档材料进行认真的考核与鉴别。在相应的考核和鉴别之后，档案管理人员要及时向各部门责任人或分管领导就材料归档签字或盖章
5	《档案存放登记表》《员工档案目录》和档案袋的样式、规格实行公司统一的制作标准
6	任何人不得私自保存他人档案，更不能利用他人档案材料营私舞弊。如若发现违反规定者，公司应视情节轻重对其进行严肃处理

续表

序号	主要内容
7	人力资源部档案管理人员要严格按照规定做好档案管理工作，并对可能出现的问题负责。如若遇到档案丢失、损毁等问题，需及时申报和补救，避免因此类问题对公司和员工个人造成损失
8	其他部门员工因工作需要查阅和借用档案时，要经由部门负责人同意才能展开，必要时还要请部门负责人签字或盖章
9	一般情况下，员工档案不借出查阅，如若遇到特殊情况，需提前申请并说明理由，同时还要得到部门领导批准才能借出查阅。在申请过程中，借阅人员要严格办理登记手续，并按照承诺的借阅时间予以归还
10	员工不得私自查阅或借用本人及亲属（包括父母、配偶、子女及兄弟姐妹等）的档案
11	查阅者不能涂改、圈画、抽取、撤换档案，更不能泄露或擅自对外公布档案内容，要严格按照阅档规定查阅档案，在做好保护档案材料工作的同时，严格做好保密工作。一旦有人违反规定，公司应视情节轻重对其进行批评教育或纪律处分
12	在遇到档案取证问题时，管理员要在复制档案材料和办理材料调取手续前向部门负责人申请批准
13	对于主动辞职、解除劳动合同或被开除、辞退的员工，公司应从离职申请表中员工所填写的离职日期开始计算，对离职员工的档案实行两年的保管，转递档案不得由本人携带，须通过专门渠道或专人送取
14	在超出保存期限后，由管理人员按规定对超期档案实行统一销毁
15	转出档案时，须按统一规定的企业职工档案转递通知单的项目登记，并对档案材料进行密封包装
16	转出档案时，企业不得分批转出员工档案，也不得私自扣留员工档案
17	员工档案材料不可随意销毁，如需销毁应该按照公司的规定实行，如必须经过公司主管档案工作的领导批准，档案管理人员才能销毁员工档案
18	单位在收到并核对好档案后，需在回执单上签名、盖章，并将回执单及时寄回，以防止员工档案丢失

9.1.5 档案管理存在的问题

企业员工档案是员工完整的历史记录。它涉及企业劳动、组织、人事等部门的多个工作环节，如人员的招聘、选拔、任用、培训、考核、调配、奖惩等。这些工作中所形成的员工个人经历、业绩、技术水平、政治思想、工作表现和岗位变动等信息资料都被统一管理，共同组成企业员工档案库。

近年来，市场经济发展迅速，许多人才市场相继建立，人事制度不断改革完善。企业也越来越重视员工档案的管理工作。但是，一些单位在进行档案管理时仍难免会出现诸多问题，比如一些经验不足的档案管理者在管理员工档案的过程中会出现管理混乱、档案损毁或丢失等问题。

档案管理工作的不到位，会造成许多问题，如员工身份无法核定、企业政策无法落实、员工退休手续无法办理等。因此，许多企业开始加强员工档案管理工作，强调档案管理的流程化、标准化和专业化。对现代企业来说，建立严格的档案管理制度，全方位优化人力资源管理配置已经成为当务之急。

具体而言，目前企业档案管理中主要存在以下五个方面的问题，如图 9-1 所示。

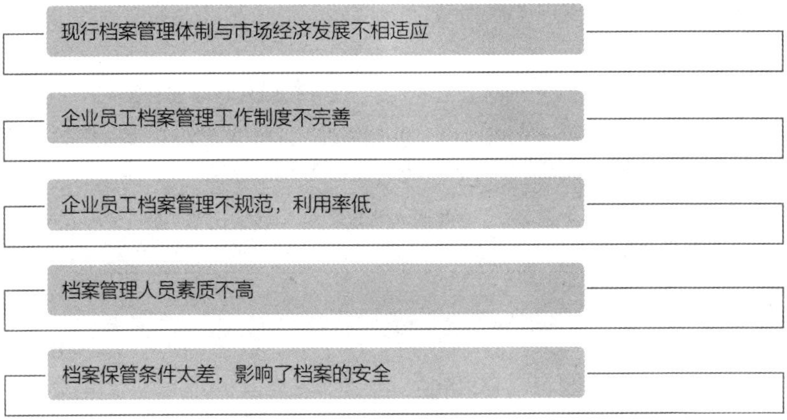

图 9-1　企业档案管理存在的问题

◆现行档案管理体制与市场经济发展不相适应

企业员工档案的管理涉及多个部门，这些部门在分工管理员工档案时也会存在职责交叉重叠的情况，但它们对员工档案管理却可能存在着不同的要求。

不同企业的档案管理部门可能不同，档案管理制度也可能存在差异。在国有企业中，许多大中型企业的员工档案一般会分级管理，如企业领导成员的档案交由各级组织部管理，或者托于企业工委代管。有一部分企业会把中层以上的员工档案交给人才中心或者档案馆代为管理。

此外，还有一些企业的管理方式相对落后，依然按照计划经济时期的管理方式来管理员工档案，比如把企业员工档案分成干部档案和工人档案来分别管理。这些档案交托的管理部门也不一样。干部档案由各级组织部门分类管理，工人档案由劳动部门分类管理。这种分管方式一定程度上会使员工的身份、岗位界定不清，同时也与劳动法的相关制度相悖。按照劳动法的规定，企业需要依法实行全员劳动合同制度。所以，这种管理方式很可能会给员工档案管理带来诸多不必要的麻烦。

◆企业员工档案管理工作制度不完善

有些企业在发展的过程中一味追求利润，常常忽略对员工档案的管理。这些企业的高层对员工档案管理的意识不够，认为档案管理工作不重要，固执地要求各部门把精力和资金投入到企业的生产经营和产品销售上。在他们看来，企业与员工之间只是雇佣关系，员工档案管理工作不应该占用管理部门的精力，企业也不应该对档案管理工作投入大量资金，这就导致这些企业在档案管理工作上常常处于被动、应付的状态。企业不能在档案管理工作上保证质量，势必影响企业的人才选拔、人才发展和人才任用等工作，而这又会间接影响企业生产经营和产品销售等工作。

◆企业员工档案管理不规范，利用率低

造成企业员工档案管理不规范，利用率低的主要原因有四个：

（1）员工个人档案材料分散，内容简单且存在大量雷同。有些企业的员工档案材料过于简单，其中只收集和记录了员工的姓名、年龄、性别等基本信息，而且还存在材料与材料之间诸多信息雷同的情况。同时，由于操作不规范，个人档案材料分散、混乱，给审查和调用带来诸多不便。更为重要的是，过于简单的人事档案往往会失去参考价值，它们不能为企业在人才选拔和任用方面提供帮助，也不能为员工的晋升和轮换提供参考。

（2）档案转递流程不规范，档案无法及时转递到接收单位。举例来说，一些企业在员工离职很久之后，仍不能按照规定将员工档案转递到新的用人单位。有时，这些企业还会违规操作，将离职员工档案当作普通邮件处理，这往往会使档案在转递过程中丢失、混淆。还有部分企业在转递人事档案时粗心大意，既不密封档案材料，也不填写转递单，甚至将档案直接交给离职员工自行携带，这不仅极易导致档案丢失，还容易致使档案被随意篡改。

（3）一些企业在档案管理上的漏洞容易被别有用心者加以利用，他们很可能会利用这些管理漏洞来制造虚假档案材料。例如，有些人会将档案材料中的个人学历改高，把个人年龄调小，把工作时间改长，等等。这些行为既不道德，又有悖于法律。档案材料一旦失去了真实性、严肃性、权威性，那么其价值和意义也不复存在。

（4）建档、存档时间滞后影响档案管理的质量。有的企业在改革过程中会频繁变更管理模式，这种变化可能会直接或间接地影响员工的建档、补档、存档等工作，建档、存档时间的滞后和存档资料量的减少会严重影响员工的档案鉴定和工作开展。

◆档案管理人员素质不高

档案管理相较于其他管理工作，具有较强的规范性和政策性。这就要求档案管理人员要具备较高的政治素质和业务能力。但是，就目前企业而言，许多企业的档案管理人员在专业素质、文化程度和职业技能上还无法担起档案管理工作的重任，他们的综合能力还无法适应新时期档案管理工作的需要。与此同时，一些档案管理人员的责任心不高，在档案收集、整理和分类上不能按照要求操作，这常常会导致档案材料不够完整和准确，并且缺少客观性。一些企业对档案管理工作不够严肃，没有严格要求员工填好每一份档案材料，不能保证员工档案的准确性，而漏洞百出的档案势必给员工办理失业、退休等手续增加困难和阻碍。例如，有些档案中记录的员工年龄与个人身份证上的年龄不一致，从而导致员工的工作时间十分混乱，个人的履历前后不一致，甚至出现记录缺失、矛盾等现象。

◆档案保管条件太差，影响了档案的安全

档案管理条件也会影响档案管理工作的展开。有些企业档案管理的基础设施和设备相对落后，软硬件条件无法满足现代企业对员工档案管理的要求。而简陋的保管条件很可能无法保障档案的安全。档案保管条件太差也会影响档案管理人员的情绪和责任心。一些管理人员在条件较差的情况下通常会养成得过且过的习惯，他们不仅不会进一步改进档案管理业务，还可能由于不够熟悉档案业务而遗失和损毁员工档案。而恶劣的条件又会助长他们消极、懈怠的心理，使档案管理工作陷入恶性循环，最后导致员工档案越来越不完整。

9.1.6 加强档案管理的对策

企业在强化档案管理的过程中，可以从以下几个方面着手，如图9–2 所示。

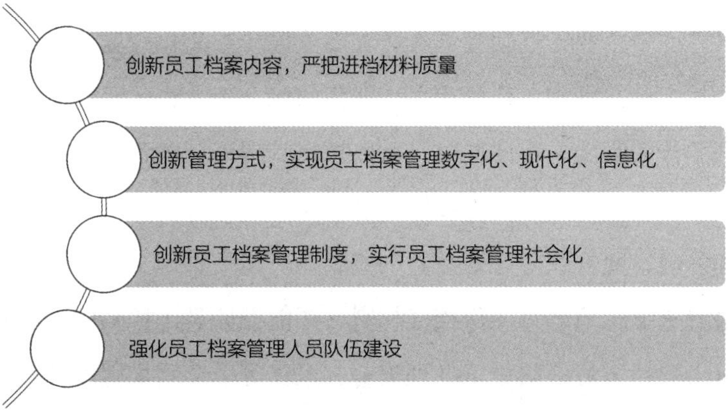

图 9-2 加强档案管理的对策

◆创新员工档案内容，严把进档材料质量

员工档案内容既不能千篇一律，也不能过于简单。企业要不断创新员工档案内容，提高档案进档材料的质量。员工档案内容反映了员工的整体素质，其中的内容应该足够全面和具体。

企业要在转换档案材料内容时抓住重点，收集、筛选和整理高质量的档案材料，材料的重点应该包括员工的“德、能、勤、绩、廉”等多个方面，在鉴定员工档案时，也要抓住这些重点材料进行相关考察。员工的档案材料内容不能过于粗糙，而要实现“观其卷、知其人、用其才”的目的。

而要达到这样的标准，就需要档案管理人员在收集、归档和鉴别员工档案的过程中严格按照档案管理制度，规范化、标准化地开展相关工作。同时，管理人员还要注重员工档案的时时更新，要及时将员工新的重大成长经历收集并补充到相应的档案材料中，严格保证进档材料的质量。

管理人员要认真审核进档手续，严格把关档案鉴定流程，做到讲原则、有依据、负责任，在材料归档方面，务必做到“六不归档”，即不经审查的材料不归档、手续不全的材料不归档、内容不实的材料不归档、填写不符合规定的材料不归档、国家不承认的不归档、与政策不符的不归档。

◆创新管理方式，实现员工档案管理数字化、现代化、信息化

最具原始凭证性的档案是纸质档案。但纸质档案具有局限性，当企业员工流动性较大时，随着档案审查和调取频繁开展，纸质档案会出现信息失真、档案材料磨损或毁坏的情况。因此，现代企业要及时将员工的纸质档案转化为电子型档案，通过互联网和电子信息手段建立个人征信体系，为社会信用制度的建立添砖加瓦。

◆创新员工档案管理制度，实行员工档案管理社会化

现代企业应该从自身实际出发，建立科学、合理的员工档案管理制度。在员工档案管理工作上，企业要制定相应的年度方针和目标，明确划分各个档案管理人员的责任和义务，每月进行一次考核，每年进行一次总结评比，对表现突出的管理者要予以奖励，对表现差的员工予以惩罚，既要维持好员工与企业的关系，又要适当地调动他们的工作积极性。

在档案收集和整理方面，档案管理人员要确保收集档案材料的及时性，确保档案内容的完整性，同时也要注重档案内容的更新和补充。在鉴定档案时，管理人员要本着“去伪存真”的原则，不能敷衍、应付。员工档案的整理要严谨，归档和分类要科学。档案的借阅要遵循相关流程实行，做到有签字、有批准和严格保密。

员工档案的真实性、严肃性、有效性是档案价值和意义的集中体现，所以管理人员要严格把控和维护好档案的这些需求属性，只有这样，人力资源部门才能做好企业人才流动、人才配置、人才利用等工作，也才能更好地为企业的人力资源管理提供相应的服务和帮助。

◆强化员工档案管理人员队伍建设

员工档案的管理应与时俱进，比如从员工档案实体管理转向信息化管理。而要实现档案的信息化管理，就需要企业加强对档案管理人员的培训。一般来说，档案管理人员的培训主要分为两个方面：

第一，对员工档案管理人员进行基础理论和业务技能的培训。这种培训既可以提高档案管理人员的档案学基础理论知识储备，同时也能提高他们的档案分类和管理技能。

第二，对员工档案管理人员进行现代化信息技术培训。这种培训的重点在于使员工熟练掌握网络软件的使用和信息处理知识的运用。

在这样的培训过程中，档案管理人员能够逐渐掌握电子档案管理应用软件的实际技能，积累档案信息化管理的相关经验，并成为电子档案管理的“高手”。他们在这些知识和技能的帮助下，可以快速接手信息化档案管理工作，确保电子档案管理系统的平稳、高效运行。

9.2 档案管理制度与表格范例

9.2.1 档案管理制度范例

【范例 1 企业档案管理制度】

第一章 总 则

第一条 为加强档案的规范化管理，维护档案的完整与安全，充分发挥档案的信息作用，使之更好地为公司的发展服务，根据《中华人民共和国档案法》的规定，结合公司的具体情况制定本制度。

第二条 公司档案指公司自筹建以来，在各项工作和活动中形成的有保存价值的各种形式的记录材料。公司档案的构成包括行政档案、会计档案、业务档案和人事档案四大类。

第三条　档案工作是公司管理工作的组成部分，是提高工作效率和工作质量的必要条件，是公司进行日常工作、总结经验、业务研究的依据，是维护公司历史真实面貌的一项重要工作。因此，公司员工都有保护档案的义务。

第四条　为确保档案完整、准确、系统、安全和有效利用，公司档案由行政财务部集中统一管理，不得分散保存。

第五条　公司业务档案，按照公司制定的《投资管理业务决策程序》归档、管理。

第六条　公司会计档案，按照财政部《会计档案管理办法》归档、管理。

第七条　公司人事档案，按照《干部档案工作条例》《企业职工档案管理工作规定》归档、管理。

第八条　档案工作人员应当忠于职守，遵纪守法，具有相应的档案专业知识和业务能力。

第二章　归档范围

第九条　为了完整系统地保存公司在各项工作和活动中形成的各种门类和各种载体的档案，提高归档文件材料的质量，以适应领导决策科学化和公司各项工作的需要，制定公司档案的归案范围。

第十条　公司文件材料的归档范围：

凡公司各项工作和活动中形成的具有保存价值的文件材料，都属于归档范围。具体包括：

1．上级机关（各级党政部门、行政主管部门、行业管理部门）颁发的文件材料：

(1) 上级部门召开的需要贯彻执行的会议的主要文件材料。

(2) 上级机关颁发的所属公司主管业务并要执行的文件，以及普发的、非公司主管业务但需要贯彻执行的法规性文件。

(3) 上级领导参加公司重大活动的影像、图片等记录材料（如光盘、录音带、录像带等）。

(4) 上级机关部门领导对公司工作所做的指示、讲话以及专题会议形成的会议纪要等。

2．本公司的文件材料：

(1) 公司股东大会、董事会、监事会会议材料。

(2) 公司内部会议材料，公司召开的工作会议、专业会议文件材料。

(3) 公司制发的（包括转发、联合制发）的各种正式文件。

(4) 公司的请示与上级机关的批复文件，所属机构的请示与公司的批复文件。

(5) 公司领导公务活动形成的重要信件、传真，从外单位带回的与公司有关的未经文书登记处理的文件材料。

(6) 公司成立、改制、合并、分立、撤销、各项变更登记等原始决策性、法律性文件和工商登记材料。

(7) 公司制定的章程、制度等文件材料。

(8) 公司重要活动及内部活动形成的工作计划、总结、报告、统计报表、统计分析、影像、图片等记录材料（如光盘、录音带、录像带等）。

(9) 公司员工职务任免、员工教育和培训、职称评聘、党、团、员工名册、报表，以及员工录用、转正、定级、调资、退职、退休等工作及员工奖惩等文件材料。

(10) 公司办理的员工转移工资、行政、党、团等组织关系介绍信及存根。

(11) 公司购买房地产、车辆、大型固定资产的文件材料正本、附件，财产交接凭证、清册、报表。

(12) 公司签订的各种合同、协议的正本及补充材料等。

(13) 公司所发生的各类民事诉讼（包括诉讼、仲裁及调解案件）材料。

(14) 其他对公司有保存价值的文件材料。

第十一条　档案的归档要求。

公司按照文件材料的自然形成规律和特点，保持文件之间的有机联系，区别不同价值，便于保管利用。一般采用分年度、分项目、分问题、分期限等分别立卷。

归档文书材料采用年度分类方法按国家规定的永久、长期和短期三类不同保管期限分别立卷，业务文件材料按国家规定制定各种门类档案的立卷分类。

具体应符合以下要求：

1．归档的文件材料必须准确、完整、系统且为原件，有原签字或加盖原印章的复印件文件、作为正文附件的复印件，可作为档案材料。

2．所有归档文件的电子版本（光盘）要和文件双套归档。

3．在归档文件材料中，应将每份文件的正文和附件、请示和批复、转发文件和原件，立在一起，不得分开。

4．不同年度的文件一般不得放在一起立卷，但跨年度的请示与批复，放在复文年立卷；没有复文的，放在请示年立卷；跨年度的规划放在针对的第一年立卷；跨年度的总结放在针对的最后一年立卷；跨年度的会议文件放在会议开幕年立卷；诉讼案件放在结案年立卷。

5．卷内文件材料应区分不同级情况进行排列，即批复、指示在前，请示、报告在后；正文在前，附件在后；转发件在前，被转发件在后；非诉讼案件结论性材料在前，依据性材料在后；其他文件材料按时间顺序排列。

6．各类档案在装订前要去掉文件中的金属物，传真件必须复印，纸张破损和字迹已扩散的文件必须及时修补或复制，复制件和原件一起立卷，装订规范、牢固、整齐。

7．各类案卷必须按规定格式逐件填写文件目录及备考表，对文件材料的题名不要随意更改和简化，没有题名应拟写题名，卷内文件材料应按排列顺序，依次编写页号或件号。

8．案卷封皮，应逐项按规定填写清楚，案卷题名应简明、确切、工整、清晰，书写工具必须用钢笔（蓝黑墨水）或毛笔。

第十二条 归档时间。

1．行政档案：每年3月底前将上年度文件材料归档、立卷。

2．会计档案：每年3月底前将上年度文件材料和对应的电子文档归档。

3．业务档案：项目负责人需在正式文件形成十日内负责将文件材料和对应的电子文档交行政财务归档、立卷。

4．人事档案：按相关法规和制度，及时归档新形成的员工档案材料。

第三章 档案的保管利用

第十三条 公司在各项工作和活动中形成的全部档案，应按照档案管理的要求交由专人进行分类、加工管理和保管。

凡是反映公司主要职能活动和基本历史面貌，对公司有长远利用价值的档案，列为永久保管。

凡是反映公司一般工作活动，在较长时间内，对公司工作有参考利用价值的文件材料，列为长期保管。

凡是在较短时间内对公司工作有参考利用价值的文件材料，列为短期保管。

第十四条 档案管理人员应严格按照档案管理的要求，及时收集、整理、归档各类文件材料，健全立卷说明、全宗介绍、检查记录、交接凭证和销毁清册等，确保档案的真实性、完整性，并负责防火、防盗、防潮、防尘、防虫等工作。

第十五条　档案管理人员应建立档案借阅登记清册，凡需借阅、复印相关档案人员，按规定履行审批和登记手续。借阅档案人员对档案应妥善保管，不得遗失、泄密和污损，不准抽换、涂改和拆散案卷。

项目负责人可查阅参与项目的档案，查阅其他档案需经公司总经理批准。会计档案原件一律不得外借，特殊需要可以复制，但须总经理批准。

第四章　档案的鉴定和销毁

第十六条　公司档案应根据国家有关档案保管期限的规定，制定公司档案的保管期限表，定期对档案进行鉴定，准确地判断档案的存毁。

档案管理人员应按期提交超过保管期的档案清单，会同财务和业务部门的人员，共同负责对超过保管期的档案进行鉴定，并编制档案销毁清册，提出销毁意见，经总经理批准后，在指定地点监销。

第十七条　会计档案终结处理按财政部、国家档案局《会计档案管理办法》的有关规定办理。

第五章　附　则

第十八条　本制度按照国家相关法律、法规制定，如国家相关法律、法规进行修订，则按修订后的相关规定执行。

9.2.2 档案管理表格范例

表 9-3 文件归档登记表

序号	名称内容	交件部门	归档日期	交件人签名	收件人签名

表 9-4 归档案卷目录表

卷宗号： 目录号： 部门：

案卷顺序号	立卷类目号	案卷标题	起止日期	卷内张数	保管期限	备注

表 9-5 企业档案存放表

全宗名称：

全 宗 号：

<table>
<tr><td>案卷目录号</td><td></td><td>案卷目录名称</td><td colspan="2"></td></tr>
<tr><td rowspan="6">目录中案卷起止号</td><td rowspan="6"></td><td rowspan="6">存放位置</td><td>楼</td><td></td></tr>
<tr><td>层</td><td></td></tr>
<tr><td>房间</td><td></td></tr>
<tr><td>档架</td><td></td></tr>
<tr><td>栏</td><td></td></tr>
<tr><td>格</td><td></td></tr>
</table>

制表人： 制表日期： 年 月 日

表 9-6 企业档案索引表

编号	档案号	档案名称	归档日期	储存位置	档案内容	处理

表 9-7 文件保管备查簿

归档日期	原文件编号	内容摘要	经办部门	档号	预定保存期限	份数		备注
						副本	影本	

表 9-8 企业档案明细表

保险库号			柜位号		拟存至日期	
公司	部门	文件名称内容	类别	入库日期	出库日期	收件人签收日期

表 9-9　作废档案焚毁单

档号	收文号	发文号	简由	档案起讫日期

申请人：　　　　　　　　　　　　　　　　　　　　制表日期：　年　月　日

表 9-10　企业档案调阅单

<table>
<tr><td>档案名称</td><td colspan="4"></td></tr>
<tr><td>审　批</td><td colspan="2"></td><td>调阅人</td><td></td></tr>
<tr><td rowspan="2">档案号及件数</td><td>号码</td><td></td><td rowspan="2">还卷宗日期</td><td rowspan="2">年　月　日
经收人签章</td></tr>
<tr><td>件数</td><td>共计______件</td></tr>
</table>

表 9-11　企业阅档催还单

× × 同志：

您所调阅的下列档案还期已逾，为方便他人使用和管理，依档案调阅规定，请于 × 月 × 日前送还

档案室

年　月　日

档号	文号	名称	借期	送还期	数量		备注
					宗	册	

表 9-12　档案移交签收单

归档部门：　　　　　　　　　　　　　　　　　　年　月　日

类别	归档文件名称	份数	密级	备注

归档人：　　　　　　　　　　　　　　签收人：